LA FORME DANS VOTRE ASSIETTE

LA FORME DANS VOTRE ASSIETTE

MIRIAM POLUNIN EN COLLABORATION
AVEC **L'INSTITUT PASTEUR DE LILLE**

70 RECETTES
SAINES ET SAVOUREUSES
POUR AUGMENTER SON TONUS ET SA VITALITÉ

HACHETTE

HACHETTE
Pratique

Traduction :
Monique Maillet
Adaptation et réalisation :
Marie Vendittelli-Latombe
Couverture :
Dominique Bouchard
Photo de couverture :
Image Bank - A. Johnson

Imprimé à Singapour par Star Standard Industries Pte. Ltd.
23.28.6395.0/01
N° d'édition : 48572
Dépôt légal : 3938.09.1999
ISBN : 2.01.23.6395.4

SOMMAIRE

Introduction

Il y a plus de 2000 ans, Hippocrate écrivait déjà : *« Chacune des substances apportées par l'alimentation de l'homme agit sur son organisme et le modifie d'une façon ou d'une autre et c'est sa vie entière qui repose sur ces changements, qu'il soit en bonne santé, malade ou convalescent. »*

En dix ans, la recherche étudiant le rapport entre la nourriture et la santé a apporté un nouvel éclairage sur ce que l'on appelle une alimentation saine. Il apparaît aujourd'hui qu'il est aussi important de manger en plus grande quantité des aliments variés qui nous attirent que de restreindre notre consommation de graisses ou de sucres. L'être humain limite son alimentation à quelques centaines d'espèces végétales et animales parmi les milliers qui l'entourent. La recherche actuelle est en train d'établir que la plupart des couleurs, des odeurs, des textures et des saveurs que nous apprécions dans les aliments courants ne sont pas uniquement une coquetterie de la nature. Depuis les années 1950, des enquêtes épidémiologiques, des expériences en hôpital et des tests de laboratoire ont apporté la preuve que, même dans les sociétés d'abondance, les habitudes alimentaires jouent un rôle important dans l'apparition des maladies. Celui-ci n'est pas toujours facile à évaluer car les maladies sont souvent multifactorielles, mais un consensus quant à la meilleure façon de se nourrir pour rester en bonne santé est en train de se dégager. Les experts conseillent non seulement de manger moins de graisses et plus de fibres mais surtout de consommer en plus grande quantité certains aliments précis qui jouent un rôle protecteur.

L'image négative souvent associée à la cuisine diététique est en train de changer grâce à cette nouvelle approche. Il n'est plus question de se priver, cela détruit le plaisir et suscite un sentiment de révolte qui nous fait renoncer à manger sainement. Il convient plutôt d'adopter une alimentation équilibrée basée sur une plus grande consommation d'aliments variés – ce qui permet de conserver la notion de plaisir. C'est un pas essentiel pour modifier les mauvaises habitudes alimentaires qui font tant de victimes dans les pays développés avec les maladies cardio-vasculaires, le diabète et certains cancers.

Pour rester en bonne santé, il faut également que nous nous adaptions à une forte réduction de l'activité physique, la vie moderne ne permettant pas de brûler autant de calories qu'avant. En choisissant des aliments aux vertus protectrices, nous répondons aux besoins de l'homme moderne puisque nous consommons moins de calories et de graisses, tout en absorbant suffisamment d'éléments nutritifs.

Cet ouvrage apporte une information concrète pour adopter une alimentation équilibrée, fidèle aux recommandations des experts du monde entier, et dresse le portrait de 50 aliments aux qualités nutritionnelles remarquables.

Chaque portrait présente des données scientifiques concernant les qualités nutritionnelles et les propriétés particulières de l'aliment, ainsi que des indications sur son utilisation comme remède traditionnel et des suggestions pour l'intégrer à vos menus.

Dans cet ouvrage, l'information scientifique a dû être résumée et simplifiée ce qui peut créer l'impression que les données sont à la fois plus certaines et plus directes qu'elles ne le sont en réalité. Les connaissances scientifiques sur le rôle des aliments sont loin d'être exhaustives. Ainsi, nous ne savons pas dans quelle mesure en réduisant un facteur de risque, tel qu'un taux élevé de cholestérol dans le sang, on réduit le risque de maladies qui y est lié pour chaque individu. J'estime pour ma part que la recherche actuelle donne des points de repères pour agir concrètement contre des maladies courantes.

Même si les effets protecteurs des aliments ne sont pas tous absolument établis, ils permettent en tout cas de diversifier ses habitudes alimentaires, ce qui est essentiel pour la santé.

On connaît aujourd'hui toutes les règles à suivre pour se nourrir de façon optimale. Ceux d'entre nous qui ont la chance de disposer d'aliments variés en quantités suffisantes peuvent se donner pour objectif d'apprécier la nourriture tout en choisissant des aliments qui contribuent à prévenir et à soigner les maladies et à renforcer la santé. La quête n'est pas tant le nombre d'années que nous voulons gagner que la qualité des années qui nous restent.

Miriam Polunin

VERS LA SANTÉ

Découvrez comment l'alimentation agit sur la santé et le bien-être.
Laissez-vous guider sur le chemin de l'équilibre alimentaire et apprenez
à connaître les propriétés particulièrement bénéfiques de certains aliments.
Vous pourrez ainsi choisir et savourer les aliments en toute confiance.

LA SANTÉ ET L'ALIMENTATION

De tout temps, l'homme, a utilisé les aliments à la fois pour prévenir et pour soigner les maladies : les médecins de l'ancienne Égypte conseillaient de manger du foie pour traiter les troubles de vision nocturne. Il fut un temps, dans les pays industrialisés, où le rôle de l'alimentation dans la guérison fut minimisé et même nié, mais aujourd'hui plus personne ne conteste la place de l'alimentation dans la santé. Une des raisons principales à ce revirement vient de la possibilité offerte par les ordinateurs de comparer les habitudes alimentaires d'un vaste échantillon de personnes avec le risque de maladies. Ces enquêtes ont démontré à quel point la nourriture joue un rôle dans la prévention des maladies et ont suscité des recherches sur l'effet de certains aliments et de différentes habitudes alimentaires sur la santé.

LES REMÈDES TRADITIONNELS

LES VERTUS MÉDICINALES DES ALIMENTS

L'emploi des aliments à des fins médicinales est le fruit de l'observation et de la vérification de leur action sur une longue durée. Les effets entraînés par la consommation de certains aliments étaient observés et notés et, progressivement, une communauté accumulait des connaissances qui servaient à améliorer la santé et les chances de survie de l'homme. Les périodes de famine et de maladies incitèrent nos ancêtres à faire des expériences pour découvrir les qualités nutritives ou médicinales de ce qui les entourait.

De nos jours, les superstitions et les rites qui accompagnaient ce savoir traditionnel sont souvent tournés en dérision, mais il serait déraisonnable de rejeter en bloc l'usage des aliments à des fins thérapeutiques.

L'étude des effets physiologiques de plusieurs aliments confirmerait certaines données traditionnelles : le chou possède effectivement les propriétés protectrices que décrivaient les Romains, et les graines de potiron préviennent les troubles de la prostate comme l'affirmaient les herboristes dans le passé. Il est plus difficile d'apprécier la valeur des aliments lorsque celle-ci n'a pas reçu de confirmation scientifique. Dans ce cas, les questions-clés sont : pendant combien de temps et à quelle échelle a-t-on utilisé un aliment pour ses propriétés curatives ? Le fenouil par exemple, utilisé à des fins médicinales depuis la Grèce et la Rome antiques, en Grande-Bretagne à l'époque médiévale, l'est aujourd'hui encore en Chine. Intrigués par un usage si répandu, les chercheurs commencent à étudier de plus près les effets de certains aliments sur l'organisme.

Les aliments ont un avantage par rapport aux médicaments car, même si naturel n'est pas forcément synonyme d'inoffensif, ils ont été testés pendant plus longtemps et par un plus grand nombre de personnes.

Indiens d'Amérique
Les colons européens qui s'installèrent en Amérique du Nord découvrirent de nombreux aliments grâce aux Indiens. Ils apprirent ainsi que les airelles jouaient un rôle dans la prévention du scorbut.

La recherche scientifique

Étude des bienfaits des aliments

Les effets liés à la consommation de certains aliments constituent un domaine de recherche passionnant qui comporte encore de nombreuses zones d'ombre. Nous ne savons pas si les aliments agissent sur le plan nutritionnel, en fournissant à l'organisme les ressources nécessaires pour combattre la maladie, sur le plan physique, en apportant des substances particulières telles que les fibres alimentaires, ou sur le plan pharmaceutique, par l'action préventive ou curative de certains éléments, voir p. 21. Dans la plupart des cas, l'effet obtenu résulte de l'association de plusieurs composants. Les tests effectués avec un élément isolé, tel que le bêta-carotène des légumes, donnent des résultats différents de ceux effectués avec les aliments entiers.

La façon dont certains aliments ou certaines habitudes alimentaires préviennent, provoquent ou guérissent de nombreuses maladies suscite un intérêt grandissant chez les scientifiques. Toutefois, certains aliments ou substances nutritives ont fait l'objet de recherches plus poussées que d'autres. Ainsi, environ un millier d'articles ont été publiés sur les poissons gras et à peine une poignée sur le miel. Des centaines d'études ont présenté les effets de différents taux de fer dans l'organisme, mais il en existe très peu concernant le zinc.

Blanchaille
Les bienfaits des poissons gras ont été largement étudiés. Mais, en général, les sommes dévolues à la recherche sont faibles.

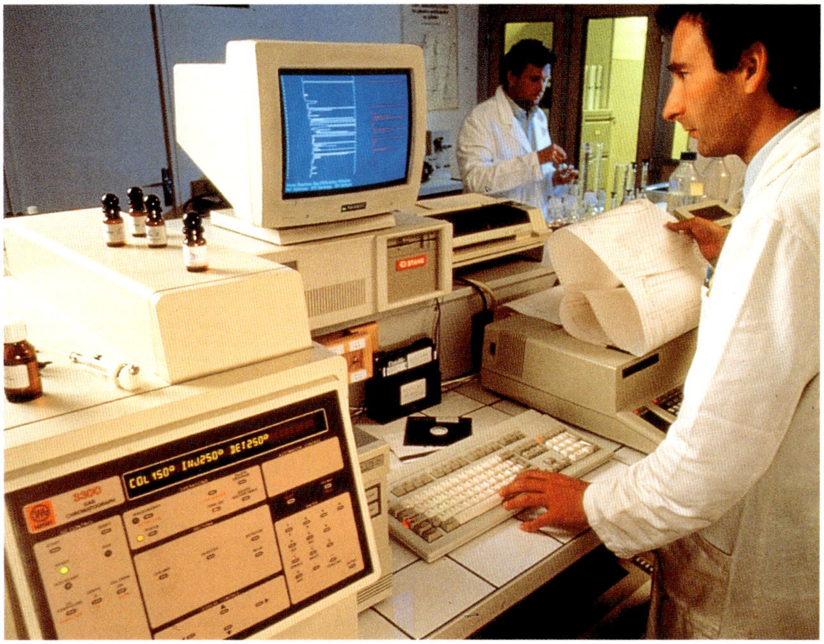

La recherche de haute technologie
Au cours d'enquêtes menées à grande échelle, fichiers de données alimentaires et résultats médicaux sont comparés à l'aide d'ordinateurs.

L'état de la recherche

Le manque de preuve scientifique ne signifie pas qu'un aliment n'est pas bénéfique. Certains aliments font moins l'objet de recherche pour des raisons de coûts, de débouchés commerciaux, de problèmes éthiques, de difficultés pratiques d'analyse ou d'approvisionnement, ou simplement parce qu'ils n'ont pas encore retenu l'attention des chercheurs. La solidité des preuves scientifiques est variable, selon le type de recherche qui a été mené. Par exemple, la relation établie entre l'alimentation et la maladie est plus forte si elle est basée sur plusieurs études comportant des expériences rigoureusement contrôlées comparant deux groupes de personnes. Un groupe consomme une quantité précise de l'aliment faisant l'objet de l'expérience, tandis que le groupe témoin reçoit un placebo. Les expériences les plus probantes, menées en double aveugle, comportent une deuxième étape où l'on échange les groupes.

Les études portant sur un large échantillon de personnes sont plus convaincantes que celles portant sur un groupe restreint. Il est bien moins intéressant d'étudier ce que les malades se rappellent avoir mangé au cours de la période précédant le diagnostic de leur maladie que d'enregistrer l'alimentation d'un grand nombre de personnes pendant une semaine puis d'attendre un certain nombre d'années pour étudier leur état de santé à ce moment-là.

Les études d'observation ne permettent jamais de prouver qu'il suffit de modifier le régime d'une personne pour la protéger ou la guérir d'une maladie, et ce en raison du nombre élevé de facteurs qui entrent en ligne de compte dans l'apparition d'une maladie. Cependant, la science confirme de plus en plus le rôle majeur de l'alimentation dans la santé.

Une bonne alimentation

À chaque bouchée que vous avalez, vous alimentez le mécanisme chimique le plus sophistiqué qui soit : le corps humain. Les aliments et l'eau apportent les substances nutritives nécessaires au bon fonctionnement de l'organisme. Qu'il s'agisse de combattre une invasion de bactéries pathogènes ou d'assurer des milliers d'autres processus, l'organisme a besoin, pour fonctionner correctement, des éléments chimiques apportés par les aliments. Certains aliments sont plus utiles que d'autres mais vous n'êtes pas obligé de renoncer à ceux que vous aimez pour des raisons de santé : tous les aliments peuvent trouver leur place dans une alimentation équilibrée. Le plus important, c'est de bien associer les aliments et de les consommer en quantité appropriée.

Fruits et légumes
Consommez une grande quantité de fruits et de légumes variés. Les légumes verts à feuilles et les fruits et légumes jaunes, orange et rouges sont particulièrement bénéfiques.

Les principaux groupes d'aliments

La ronde des aliments ci-contre, illustre la répartition des principaux groupes d'aliments qui constitue la base de l'équilibre alimentaire. Il n'est pas nécessaire de suivre un régime strict ou de calculer la part exacte que chaque aliment doit représenter dans un repas : le corps humain est capable de s'adapter à des quantités légèrement inférieures ou supérieures à ses besoins. Bien que la quantité globale varie en fonction des besoins énergétiques de chacun, cette répartition des différents groupes d'aliments est conseillée pour toutes les personnes de plus de quatre ans.

Viandes, poissons et autres protides
Consommez une quantité modérée d'aliments appartenant à ce groupe qui comprend viandes, poissons, volailles, œufs, légumes secs, fruits de mer, oléagineux et graines.

Produits sucrés et riches en graisse
Mieux vaut limiter la consommation des aliments très sucrés ou très gras. Ce groupe comprend les fromages à teneur en matière grasse moyenne ou forte, les huiles et spécialités à tartiner, ainsi que les biscuits et autres produits sucrés.

FÉCULENTS
Consommez une bonne quantité de féculents, parmi lesquels on trouve le pain, les pâtes, les pommes de terre, les patates douces, les céréales, telles que l'avoine, l'orge, le riz, le millet, la farine de maïs et la farine de sarrasin. Préférez les versions contenant le moins de sucre et de matières grasses possible.

PRODUITS LAITIERS
Consommez les produits laitiers avec modération. Choisissez de préférence du lait demi-écrémé ou écrémé, des yaourts à faible teneur en matière grasse, du fromage frais, du fromage blanc et des yaourts à la grecque.

LES QUANTITÉS

La proportion des différents groupes d'aliments au sein d'une alimentation équilibrée doit être la suivante d'après les experts internationaux :

FÉCULENTS

Les féculents tels que le pain, les céréales et les pommes de terre sont à la base d'une alimentation équilibrée. Dans les pays développés, la plupart des gens devraient consommer 50 % en plus de ces aliments, en choisissant en particulier des produits non raffinés qui apportent plus de fibres, de vitamines et de minéraux.

FRUITS ET LÉGUMES

Essayez de consommer au moins 5 portions de fruits et légumes par jour, ce qui équivaut à environ 400 g, sans compter les pommes de terre qui entrent aussi dans la catégorie des féculents. Les aliments frais ou surgelés sont les meilleurs. Les jus de fruits, les fruits en conserve et les fruits secs peuvent être consommés en petite quantité à l'intérieur de la ration journalière.

VIANDES, POISSONS ET AUTRES PROTIDES

Il est conseillé de manger du poisson au moins deux fois par semaine, de la viande, maximum une fois par jour, des légumineuses deux fois par semaine ; les céréales sont source de glucides et de protéines végétales : on peut en consommer quotidiennement. Les oléagineux contiennent, comme les légumineuses beaucoup de protéines végétales. En dehors de ces aliments, il est préférable de choisir des produits contenant moins de lipides.

PRODUITS LAITIERS

Ces aliments sont à consommer avec modération, en privilégiant des produits à faible teneur en matière grasse. Préférez le fromage blanc à 20 % et les yaourts natures. Les yaourts à la grecque remplacent avantageusement la crème fraîche.

PRODUITS SUCRÉS ET RICHES EN LIPIDES

Bien que ce groupe comprenne certains aliments tels que le fromage et l'huile de tournesol qui sont utiles en petites quantités, la plupart des aliments sucrés ou gras apportent peu de nutriments par rapport à leur teneur en calories. Il s'agit du beurre, de la crème, des aliments frits, des chips, des bonbons, du chocolat et de la plupart des gâteaux. En consommant moins d'aliments de ce groupe, vous pourrez manger davantage de féculents, de fruits et de légumes sans prendre de poids.

La composition des aliments

Les éléments contenus dans les aliments se rangent en quatre catégories : les macronutriments, nécessaires en quantités importantes pour fournir de l'énergie comprenant les glucides, les lipides, dont deux acides gras essentiels, et les protéines ; les micronutriments, essentiels mais en petites quantités comprenant les vitamines et les minéraux ; les fibres alimentaires n'apportant pas d'énergie et enfin l'eau.

Les aliments contiennent de nombreuses autres substances. Certaines d'entre elles possèdent des qualités qui pourraient jouer un rôle bénéfique pour notre santé. Notre système nutritif, qui est très sophistiqué, reste encore assez mystérieux. Heureusement, il suffit de suivre les indications fournies au chapitre intitulé Une bonne alimentation, p. 12-13, pour couvrir nos besoins essentiels.

Les glucides

Les différentes sortes de glucides

Leur forme la plus simple se trouve dans les sucres, tels, le glucose et le fructose qui, associés, donnent la saccharose, c'est-à-dire le sucre cristallisé. Il est rare de consommer de grandes quantités de sucre par l'intermédiaire de produits naturels tels que les fruits et les légumes car il est dilué par l'eau et les fibres alimentaires.

Les glucides complexes associent plusieurs sucres. Le plus courant parmi ceux-ci est l'amidon que l'on trouve dans le pain, les pâtes, les pommes de terre, ainsi que dans les légumes secs et les bananes peu mûres. Pendant la digestion, les glucides sont hydrolysés et absorbés dans l'intestin grêle. L'insuline produite par le pancréas permet leur utilisation cellulaire.

Les fibres alimentaires et les amidons résistants sont des glucides que l'organisme ne peut pas entièrement digérer.

Essentiels pour la santé

Les féculents, tels que le pain, les pâtes, le riz et les autres céréales, les pommes de terre et les patates douces constituent notre principale source de glucides complexes. Ces aliments nous apportent également une bonne quantité de protéines, de vitamines, de minéraux et de fibres, et peu de lipides. Pour être en bonne santé, d'après la plupart des nutritionnistes, les féculents doivent représenter environ 50% de l'apport calorique quotidien. Beaucoup d'entre nous apprécient ces aliments mais au cours des 50 dernières années, la consommation des féculents dans les pays occidentaux a chuté et représente maintenant environ 30% de l'apport calorique quotidien.

Dans les régions du monde où l'on consomme peu de féculents, on constate généralement des taux plus élevés de maladies cardio-vasculaires, d'obésité, de différentes formes de cancer, de diabète, de calculs biliaires et de troubles digestifs que dans celles où la consommation y est plus forte. Le lien de cause à effet pourrait être que les gens qui mangent plus de féculents consomment généralement moins de graisses. Mais les féculents apportent aussi des fibres et l'amidon – sous certaines formes – pourrait avoir des propriétés protectrices, qui font aujourd'hui l'objet de recherches.

Champ d'orge. *Les céréales coûtent moins cher que les produits animaux non parce qu'elles ont moins de valeur sur le plan nutritif mais parce que leur production demande beaucoup moins d'énergie.*

Consommer moins de lipides

Il est essentiel de manger davantage de féculents si vous souhaitez réduire votre consommation de lipides et de sucre.
Par exemple, si vous évitez de consommer une cuillerée à soupe de matière grasse, vous évitez 135 kcalories.
En vous abstenant de manger 4 cuillerées à café de sucre, vous économisez 80 kcalories. A moins de vouloir perdre du poids, vous devez récupérer ces calories sous une autre forme. Vous pouvez les remplacer par des fruits et des légumes mais la plupart d'entre eux contiennent si peu de calories que vous risquez d'avoir du mal à en manger la quantité nécessaire. Vous pourriez consommer davantage de produits laitiers, de viandes ou de poissons peu gras, mais la consommation excessive de protéines présente un certain nombre d'inconvénients, voir p. 20, et coûte cher. Les féculents constituent une réponse agréable et peu onéreuse à ce dilemme.

Teneur en calorie des aliments.
Quelques tranches de salami fournissent autant de calories qu'une portion généreuse de féculents sans pour autant calmer la faim.

Les féculents permettent de réguler le poids

Un des principaux avantages des féculents, c'est qu'ils contiennent beaucoup moins de lipides que la plupart des autres aliments.
Ils rassasient davantage que la même quantité de calories sous forme de lipides. Par exemple une portion de 55 g de riz (blanc ou brun, poids sec) apporte 200 kcalories, tandis que la même quantité de calories est apportée par à peine 40 g de salami. C'est tout simplement parce que 1 g de graisse apporte 9 kcalories tandis que 1 g de glucide apporte environ 4 kcalories.

Les féculents permettent de satisfaire l'appétit sans consommer trop de calories. En consommant davantage de féculents et moins de graisses et de sucre, on peut contrôler son poids. En outre, si les calories ne sont pas dépensées, celles consommées sous forme d'amidon sont moins stockées par l'organisme que celles consommées sous forme de graisse. D'une part, les glucides en excès sont brûlés ou stockés sous forme de glycogène dans le muscle ; tout excès de lipides est stocké et accroît la masse corporelle. D'autre part, l'organisme dépense davantage d'énergie pour stocker les glucides que pour stocker les lipides.

Choisir les féculents

Les féculents perdent leurs bienfaits lorsqu'on leur ajoute une grande quantité de sucre ou de matières grasses. Par exemple, les céréales consommées avec un peu de sucre constituent un bon petit déjeuner. En revanche, l'intérêt en fibres et en glucides des gâteaux et des biscuits est réduit à néant par leur forte teneur en sucre et en graisse.

Les lipides représentent moins de 3% des calories apportées par le pain tandis qu'ils représentent environ 56% des calories apportées par les pâtes à tartes. Les pâtisseries, la plupart des biscuits sucrés ou salés, les chips et les frites sont à consommer rarement. Mais cela laisse encore de nombreux aliments que l'on peut savourer, dont certains inattendus, tels que les crêpes et le gâteau de riz. Lorsque vous consommez des féculents tels que du pain ou des pâtes, accompagnez-les de sauces à faible teneur en matières grasses. Plus vous consommez de féculents, plus vous devez y puiser vitamines et minéraux. Il devient donc essentiel de les choisir non raffinés, car les céréales complètes contiennent beaucoup plus de vitamines et de sels minéraux que les céréales raffinées.

Glucides

Pâtes

Riz

Pommes de terre

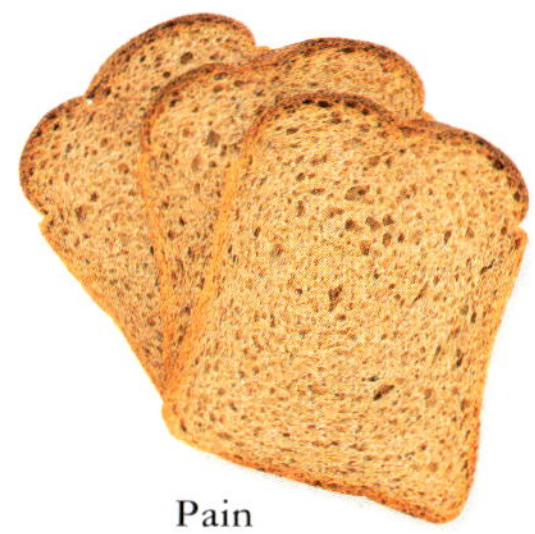
Pain

Aliments riches en lipides

Gâteau

Salami

Pâte à tartiner

Fromage à pâte dure

❖ Types de fibres ❖

Il existe deux catégories de fibres alimentaires, solubles et insolubles, et les deux sont nécessaires pour être en bonne santé. Les fibres solubles sont essentiellement présentes dans l'avoine, les légumes secs, les oléagineux, les graines, les fruits et les légumes. Les céréales, en particulier les céréales complètes non raffinées, sont la source principale de fibres insolubles.

Les fibres solubles favorisent une énergie plus stable

Les fibres solubles n'accélèrent pas le transit intestinal mais elles ralentissent la digestion dans l'estomac et apportent ainsi une énergie plus durable. La consommation d'aliments riches en fibres solubles aide à limiter le taux de cholestérol.

Porridge

Le sucre et les aliments pauvres en fibres sont digérés plus rapidement que les aliments riches en fibres solubles.
Après l'ingestion de sucre ou d'aliments pauvres en fibres, la glycémie augmente rapidement et apporte une énergie qui peut être stockée ou dépensée.
Mais plus la glycémie monte rapidement, plus rapide sera la chute. Les féculents riches en fibres solubles augmentent moins la glycémie.
Chez les diabétiques ou les personnes trop enrobées, une glycémie stable et normale est le reflet d'un meilleur équilibre métabolique.

Lorsque la glycémie est relativement stable, l'insuline est moins sollicitée. Cet équilibre retarde l'apparition de la sensation de faim, qu'elle soit réelle ou simplement en réaction à la chute de la glycémie, ce qui est intéressant si l'on cherche à ne pas prendre de poids.

Des études montrent qu'en cas d'obésité abdominale (ventre), l'insuline perd son effet et s'élève.

D'autre part, l'accumulation de graisses abdominales, outre l'inconfort physique qu'elle provoque, accroît le risque de maladies cardiovasculaires ainsi que celui de certains cancers, notamment celui du sein.

Les aliments riches en fibres solubles *tels que les abricots secs et les lentilles font augmenter le taux de glycémie plus progressivement que les aliments riches en sucre.*

Abricots secs

Lentilles corail

Parmi les aliments riches en fibres, certains font monter la glycémie plus rapidement que d'autres.
Les aliments contenant moins de sucre ou plus de fibres solubles, et les aliments constitués de grains d'amidon plus gros ont tendance à moins faire monter la glycémie.
Les chercheurs ont publié un « Tableau des index glycémiques » des aliments, voir p. 91, qui permet de comparer l'augmentation moyenne de la glycémie après la consommation de chaque aliment avec le niveau obtenu après avoir consommé la même quantité de glucides sous forme de glucose.

Les fibres insolubles accélèrent le transit

En augmentant le volume des selles, les fibres insolubles facilitent le transit intestinal. La consommation d'une bonne quantité de céréales et de féculents permet non seulement de lutter contre la constipation, qui est souvent accompagnée d'hémorroïdes et d'un risque accru de maladies du système digestif, mais favorise aussi l'évacuation plus rapide des substances toxiques.
Des études sont en cours pour établir si la consommation accrue de fibres insolubles et d'amidons résistants réduit le risque de maladies graves de l'appareil digestif, dont le cancer du colon et de l'intestin.

Les aliments complets non raffinés sont une source importante de fibres insolubles. L'enveloppe externe des céréales, qui contient presque toutes les fibres, est également riche en vitamines et en sels minéraux. Essayez de consommer le plus possible de céréales complètes et de légumes et de fruits non épluchés. À noter toutefois qu'une consommation excessive de fibres insolubles, en particulier sous la forme de son, ne présente aucun intérêt. Dans le son, les fibres et une substance appelée l'acide phytique diminuent l'absorption du zinc, du fer et du calcium apportés par les aliments. L'excès de fibres peut également provoquer une sensation de ballonnement.

Pain complet. *Il est préférable de puiser des fibres insolubles dans du pain complet plutôt que dans des céréales au son qui réduisent l'absorption des sels minéraux.*

AUGMENTER L'APPORT QUOTIDIEN DE FIBRES

La plupart des gens se porteraient mieux s'ils consommaient plus de fibres solubles et insolubles. En Occident, l'apport est d'environ 12 à 18 g par jour, bien en dessous des 16 à 28 g par jour conseillés, par rapport à notre apport calorique total. Il n'est pas nécessaire de consommer du son ou uniquement des céréales complètes pour obtenir un bon apport journalier de fibres.

Menu riche en fibres

		Teneur approximative en fibres (en g)
PETIT DÉJEUNER	2 tranches de 25 g de pain complet	3,0
	ou 30 g de céréales complètes avec du lait	
	150 g de pomme pesée non épluchée	2,7
EN MILIEU DE MATINÉE	175 g de banane, pesée non épluchée	1,2
DÉJEUNER	1 sandwich confectionné avec	
	75 g de pain complet, sans garniture	4,5
	100 g de salade de chou	1,6
GOÛTER	1 muffin au son d'avoine	2,0
DÎNER	300 ml de soupe à la tomate	1,5
	1 portion de poulet rôti	0,0
	50 g de riz brun, poids sec	1,0
	100 g de petits pois, frais ou surgelés	5,0
	1 part de tarte aux pommes	4,4
TOTAL		**26,9**

Menu pauvre en fibres

		Teneur approximative en fibres (en g)
PETIT DÉJEUNER	2 tranches de 25 g de pain blanc	1,0
	30 g de corn flakes avec du lait	0,3
EN MILIEU DE MATINÉE	30 g de biscuits au blé complet	0,7
DÉJEUNER	1 sandwich confectionné avec	
	75 g de pain blanc, sans garniture	1,4
	150 g de pomme, pesée non épluchée	2,7
GOÛTER	1 paquet de chips de 30 g	1,6
	1 barre chocolatée de 50 g	0,4
DÎNER	300 ml de bouillon de poulet	traces
	1 portion de poisson grillé	0,0
	50 g de pâtes, poids sec	1,5
	200 g de salade verte	1,8
	1 part de gâteau au fromage blanc	0,6
TOTAL		**12,0**

LA FAIBLE VALEUR NUTRITIVE DU SUCRE

Bien que le sucre contienne les mêmes 4 kcalories par gramme que n'importe quel autre glucide, c'est le seul aliment qui n'apporte pas de fibres, pas de vitamines, pas de sels minéraux, ni aucun autre nutriment utile à l'organisme. Le corps n'a pas besoin de sucre et celui-ci n'est pas une meilleure source d'énergie que les autres aliments, sauf après une séance prolongée d'exercice physique.

Le sucre ne fait pas forcément grossir et, consommé en petite quantité, il n'est pas néfaste. Il n'est pas nécessaire de limiter l'apport en sucre naturel présent dans les aliments tels que les fruits et le lait. Mais la plupart des Occidentaux gaspillent environ 9 à 14 % de leur apport énergétique quotidien avec du sucre ajouté, par exemple dans les plats préparés ou les boissons sucrées. Un grand verre de boisson au cola contient environ 30 g de sucre et une barre chocolatée de 60 g apporte 30 g de sucre.

Les enquêtes montrent que les enfants ont tendance à consommer une quantité excessive de sucre et sont également plus exposés aux caries. Dans les sociétés industrialisées, les besoins énergétiques ont baissé de manière importante mais notre besoin en nutriments, lui, n'a pas changé. Si nous voulons consommer autant de nutriments tout en mangeant moins, n'augmentons pas notre apport en calories avec des produits sucrés qui n'apportent aucune substance nutritive.

Les produits sucrés *tels que les sodas ou les boissons au cola doivent être consommés rarement ou, mieux, pas du tout.*

Les lipides

Les différentes sortes de lipides
Dans nos aliments, les lipides sont surtout constitués d'acides gras. Bien que les aliments gras contiennent 3 sortes d'acides gras, les acides gras saturés prédominent dans les viandes et les produits laitiers, tandis que les végétaux contiennent essentiellement des acides gras insaturés, et les poissons et les fruits de mer surtout des acides gras polyinsaturés. Une forme d'acide gras, connue sous le nom de forme trans, est naturellement présente en petite quantité, mais résulte essentiellement de l'hydrogénation, un procédé utilisé pour faire durcir des acides gras insaturés afin de les utiliser pour la fabrication industrielle de certains aliments, tels que les biscuits ou les spécialités à tartiner.

Composition chimique
Il existe 26 acides gras courants, constitués de chaînes d'atomes de carbone longues ou courtes, liées à des atomes d'hydrogène. Si chaque atome de carbone est lié à deux atomes d'hydrogène, l'acide gras est saturé ; si une paire d'atomes d'hydrogène manque, une double liaison se produit entre deux atomes de carbone et l'acide gras est monoinsaturé ; s'il en manque deux paires ou plus, le nombre de doubles liaisons est accru et l'acide gras est polyinsaturé. Dans les aliments, les lipides sont groupés en triglycérides, association de 3 acides gras et de glycérol.

Le besoin de lipides
La consommation d'une certaine quantité de lipides est inévitable car la plupart des aliments contiennent des matières grasses. Les lipides sont la seule source d'acides gras essentiels. La vitamine E est en majorité présente dans les aliments riches en lipides et les lipides sont nécessaires pour absorber les vitamines A, D, E et K.

Les personnes qui manquent de vitamine D, synthétisée grâce aux rayons du soleil sur la peau, doivent manger certains lipides qui contiennent cette vitamine. Les lipides d'origine animale apportent également de la vitamine A, bien que l'organisme puisse produire tout ce dont il a besoin à partir du carotène contenu dans les légumes et les fruits.

Attention danger
L'excès de lipides mène facilement à l'excès de poids, ce qui augmente le risque de maladies ; l'excès d'acide gras saturé entraîne un risque important de maladies cardio-vasculaires. Les lipides apportent 9 calories par gramme, alors que les protéines et les glucides n'en apportent que 4 environ et les calories en trop sont plus facilement stockées sous forme de graisse lorsqu'elles proviennent de lipides.

Pour les personnes qui désirent perdre du poids, la meilleure façon de limiter la quantité de calories sans réduire l'apport nécessaire en nutriments consiste à réduire la consommation de lipides.

Les différents acides gras ont des effets distincts. Il est vivement conseillé de consommer moins d'acides gras saturés. En général, plus un corps gras est solide à température ambiante, plus le taux d'acides saturés et trans est élevé. Les experts pensent qu'il suffit de ramener la consommation de lipides à 30-35 % de l'apport total en calories au lieu de la moyenne actuelle de 40 %, et de consommer moins d'acides gras saturés et trans pour diminuer de façon notable les risques de maladies. Pour la plupart des gens, cette réduction est minime. Pour une femme dont l'apport énergétique total est de 1 800 calories par jour, cela signifie passer de 80 g de lipides par jour à 60-70 g. Pour un homme consommant environ 2 400 calories par jour, cela signifie qu'il faut ramener les lipides de 106 g à 80-93 g. Cette réduction peut être obtenue surtout en consommant moins d'acides gras saturés et d'acides gras trans. L'objectif est de ramener cet ensemble à 10-11 % de l'apport énergétique, environ 22 g par jour pour une femme et 28 g pour un homme.

Le cholestérol
L'organisme a besoin de cholestérol pour assurer différentes fonctions : par exemple, il est nécessaire dans la construction des membranes et pour la fabrication de certaines hormones, de la vitamine D et des acides biliaires. En l'absence d'apport de cholestérol alimentaire, l'organisme le synthétisera.

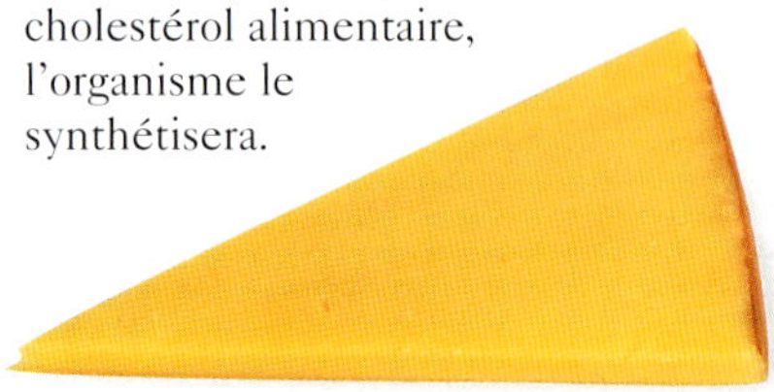

Fromage

Crevette

Cholestérol : ce qu'il faut savoir
Chez la plupart des gens, la consommation d'aliments riches en lipides et en acides gras saturés, tels que le fromage, est davantage susceptible de favoriser une hausse du cholestérol sanguin que les aliments contenant beaucoup de cholestérol mais peu de lipides tels que les crevettes et autres fruits de mer.

L'hypercholestérolémie est un facteur de risque accru de maladies cardio-vasculaires, voir p. 82-83. Il a été démontré que l'augmentation du taux de cholestérol peut être accrue suite à la consommation d'aliments riches en cholestérol tels que le foie et les œufs. En cas d'hypercholestérolémie, il faut consommer moins de graisses saturées et réduire les aliments riches en cholestérol.

Il est conseillé d'arrêter de fumer, de maigrir et de pratiquer davantage d'exercice physique.

Une distinction est établie entre le « bon » cholestérol ou lipoprotéines de haute densité (HDL), qui est bénéfique lorsqu'il est élevé, et le « mauvais » cholestérol, lipoprotéines de basse densité (LDL) qui favorise le dépôt de cholestérol dans les artères lorsqu'il est en excès, voir p. 82-83.

Les acides gras polyinsaturés

Il existe deux familles d'acides gras polyinsaturés : oméga 6 et oméga 3. L'acide linoléique oméga 6 et l'acide alpha-linolénique oméga 3 sont essentiels car l'organisme ne peut pas les fabriquer et nous devons les puiser dans notre alimentation : à partir de ceux-là, l'organisme est capable de fabriquer les autres.

Les acides gras polyinsaturés ont plusieurs fonctions dans l'organisme. Certains des acides gras oméga 3 sont liés à une réduction du risque de décès par infarctus. On les trouve essentiellement dans les poissons gras, tandis que les graines de lin, les noix, les graines de soja, et les germes de blé apportent l'acide alpha-linolénique.

Les graines de tournesol *constituent une des meilleures sources d'acide linoléique oméga 6 et de vitamine E.*

Les poissons gras et les noix. *Ils apportent des acides gras polyinsaturés oméga 3 qui jouent un rôle favorable dans la prévention de l'infarctus et le risque de formation de caillots sanguins.*

L'acide linoléique est présent en grande quantité dans les noix, les graines et les huiles fabriquées à partir de ces derniers. Nous n'avons besoin que d'une toute petite quantité d'acides gras polyinsaturés : moins de 20 g pour un apport de 1 800 calories par jour. La plupart d'entre nous consomment assez d'oméga 6 mais trop peu d'oméga 3, en particulier la forme présente dans les poissons gras.

Les acides gras monoinsaturés

Les huiles riches en acides gras monoinsaturés, telles que l'huile d'olive, de colza ou de sésame, ont aussi une place dans notre alimentation. Notre consommation d'acides gras polyinsaturés étant généralement suffisante, il est préférable de remplacer les graisses saturées par des graisses monoinsaturées pour la cuisson des aliments.

L'avocat. *Les acides gras monoinsaturés présents dans les avocats sont meilleurs pour la santé que les acides gras saturés mais tous deux sont riches en calories.*

Les acides gras monoinsaturés ne réduisent pas le taux de cholestérol autant que les acides gras polyinsaturés, mais ils sont plus efficaces pour stabiliser le taux de « bon » cholestérol (HDL). La plupart d'entre eux peuvent être consommés sans augmenter les besoins en vitamine E, et ils peuvent être chauffés à plus forte température pendant la cuisson sans s'oxyder.

Le rôle de la vitamine E

Plus vous consommez d'acides gras polyinsaturés, plus vous devez manger d'aliments riches en vitamine E.

Dans la nature, les aliments riches en graisses polyinsaturées contiennent généralement de la vitamine E qui les protège contre une oxydation excessive. Cependant, une grande partie de cette vitamine peut disparaître pendant le stockage des aliments. Une partie de la vitamine E est également détruite pendant la fabrication des aliments : par exemple, le pain complet en contient une quantité non négligeable tandis que le pain blanc n'en contient que des traces. Les poissons gras et les graines de lin sont riches en acides gras polyinsaturés mais pas en vitamine E ; il est donc recommandé de les consommer en même temps qu'un aliment riche en vitamine E, tel que du pain complet. Les aliments qui contiennent beaucoup de vitamine E jouent un rôle essentiel dans la prévention de l'infarctus et des maladies dégénératives.

LE BON ÉQUILIBRE

À consommer plus souvent

Les aliments riches en acides gras polyinsaturés oméga 3, tels que les poissons gras dont le saumon, le maquereau, les sardines, la blanchaille, les harengs et les harengs fumés ; les germes de blé ; les aliments un peu moins riches : les noix ; l'huile de colza et les germes de soja.

À consommer en petites quantités

Les aliments riches en acides gras polyinsaturés oméga 6 tels que les noix, les graines et l'huile de tournesol.

À consommer moins souvent

Les aliments riches en acides gras saturés et trans tels que les corps gras solides et les produits laitiers.

Les protides

Aliments riches en protides
Les protides, constitués à partir de 20 acides aminés, sont nécessaires pour la fabrication et la réparation des cellules et pour la synthèse des hormones et des enzymes. Les 9 acides aminés essentiels sont présents dans les aliments d'origine animale, dont les œufs et le lait, dans des proportions qui correspondent généralement à nos besoins. Cela n'est pas le cas des protéines d'origine végétale, qu'il s'agisse des oléagineux, des graines, des céréales ou des légumes secs, mais une consommation de protides variés couvre largement nos besoins.

Un des premiers pas vers une alimentation équilibrée consiste à choisir des aliments d'origine animale pauvres en graisses saturées tels que les poissons, la volaille, les viandes maigres, le lait et les fromages pauvres en graisses et à les consommer avec modération. La consommation de protéines sous la forme d'aliments riches en fibres et peu gras, tels que les féculents et les légumes secs, permet de réduire la consommation de lipides et d'augmenter l'apport en fibres.

Les quantités de protides nécessaires
Les protides doivent représenter 10 à 15 % de l'apport calorique quotidien. Dans les pays occidentaux, l'alimentation en contient souvent beaucoup plus. L'excédent de protides est soit dépensé soit stocké mais il déséquilibre l'alimentation et peut entraîner une perte de calcium.

Des protéines complémentaires
Les acides aminés présents dans les légumes secs tels que les haricots, les petits pois et les lentilles complètent ceux présents dans les céréales, et les oléagineux. Par exemple, les pâtes et les pois chiches peuvent être associés dans un potage.

Les vitamines et les minéraux

L'importance des vitamines et des minéraux
On connaît 13 vitamines et au moins 15 sels minéraux, qui sont nécessaires en petites quantités pour être en bonne santé. Hormis les vitamines D et K que l'on peut synthétiser, on les puise dans les aliments. Une carence d'un de ces micronutriments crée des problèmes de santé soit directement en provoquant des troubles soit en réduisant les défenses contre les maladies.

Dans les pays développés, les carences résultent essentiellement d'un mauvais équilibre alimentaire, lorsque l'on consomme trop peu de fruits et de légumes frais, ou trop d'alcool ou de produits sucrés, mais elles sont aussi dues à la destruction d'une partie des nutriments lors de la préparation des aliments. Les régimes draconiens réduisent également l'apport en nutriments. Moins on mange, plus il faut choisir des aliments dont la densité en vitamines et en minéraux est élevée par rapport à leur teneur énergétique.

Les compléments alimentaires
Les complexes vitaminiques et minéraux sont parfois utiles, par exemple pour les personnes qui mangent peu, mais ils ne permettent pas de compenser de mauvaises habitudes alimentaires. Les études portant sur les vitamines et les minéraux montrent que dans certains cas, utilisés à doses massives, ils comportent des effets secondaires. Nos connaissances nouvelles confirment que nous n'en savons pas suffisament sur la façon dont notre organisme utilise les aliments pour nous en remettre à des compléments. Les nutriments, à la composition et à l'action différentes parfois modifiées par d'autres substances telles que les enzymes, les acides ou les fibres, font partie d'un délicat équilibre, chacun agissant en interaction avec les autres. Les hommes sont faits pour s'alimenter avec une nourriture variée, pas avec des pilules.

Reportez-vous p. 144 à 151 pour la liste complète des vitamines et des minéraux, avec leur rôle et les conséquences en cas de carence.

Les légumes verts à feuilles, *tels que la salade, figurent parmi les aliments les plus précieux en raison de la présence de vitamines, de minéraux et d'autres substances qu'aucune pilule ne peut remplacer.*

Les substances aux qualités spéciales

Les éléments actifs des aliments

Chaque aliment contient des centaines de substances en dehors de celles dont nous connaissons l'importance sur le plan énergétique ou nutritionnel.
Ces substances « non nutritives » expliquent les effets de ces aliments : par exemple l'action décongestionnante du piment en cas de nez bouché.
Mais il ne faut pas s'imaginer que seul l'élément actif de l'aliment est utile tandis que le reste est sans intérêt.
Très souvent, l'aliment pris en entier possède des propriétés différentes de chacun de ses composants actifs pris individuellement.
Les substances isolées ne sont pas aussi sûres que les aliments entiers dont elles proviennent.
En outre, comme c'est le cas avec l'alimentation en général, les substances sont bénéfiques lorsqu'elles font partie d'un régime équilibré.

La science dispose de meilleurs outils pour analyser les propriétés particulières de certains aliments et nous donner les connaissances nécessaires pour exploiter leurs vertus, mais les recherches n'en sont qu'à leurs débuts et n'apportent pas encore de garanties. Cela dit, on ne court pas de risque à essayer de préserver sa santé grâce à son alimentation. Vous trouverez ci-dessous la description de certains composants qui expliquent l'action bénéfique des aliments sur la santé.

Les composants de l'ail

L'oignon et l'ail contiennent plusieurs composés sulfurés qui, lorsqu'on les coupe ou qu'on les mâche, produisent d'autres substances dont l'action contre la formation de caillots sanguins est connue et qui, testées sur des animaux, semblent limiter les risques de cancer.

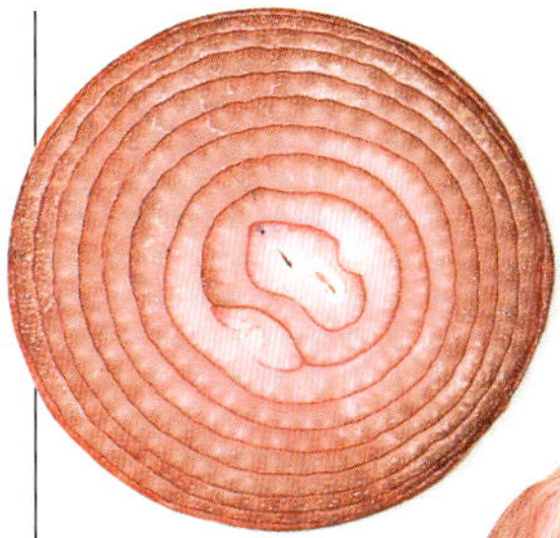

Lorsqu'ils viennent d'être coupés, *l'oignon et l'ail produisent des composés sulfurés.*

La ciboulette et le poireau en contiennent beaucoup moins que l'oignon et l'ail. Ces substances s'évaporent facilement. Il n'est donc pas certain que les produits industriels en contiennent. Ces composants étant liés à l'odeur que dégagent ail et oignon, leurs bienfaits pourraient disparaître en même temps que l'odeur, comme après une cuisson excessive.

Les agents antioxydants

De nombreuses substances présentes dans les aliments renforcent les défenses de l'organisme en empêchant les effets de l'oxydation, phénomène naturel dans le corps humain qui se produit lorsque des molécules d'oxygène incomplètes, des « radicaux libres », prennent un ion d'hydrogène dans une molécule voisine, qui elle-même en prend une dans une autre, ce qui entraîne une réaction en chaîne pouvant aboutir à une dégradation des tissus. Lorsque les agents antioxydants, qui pourraient empêcher ou interrompre cette réaction en chaîne, sont en nombre insuffisant, les radicaux libres se multiplient ce qui affecte le système de défense de l'organisme.
Les personnes qui consomment davantage d'aliments riches en antioxydants sont moins sujettes aux maladies cardio-vasculaires et à la cataracte.

Les principaux agents antioxydants présents dans les aliments sont la vitamine E, plusieurs carotènes et la vitamine C. De nombreux flavonoïdes (p. 22) possèdent des propriétés antioxydantes mais on ne connaît pas exactement leur utilité. Dans des études récentes à grande échelle, l'apport de vitamine C sous la forme de compléments alimentaires n'a montré aucun effet protecteur alors que la consommation d'aliments riches en antioxydants de ce type avait une action protectrice.
Les données actuelles indiquent donc clairement qu'il est préférable de consommer les agents antioxydants sous forme d'aliments plutôt que sous forme de comprimés.

Patates douces

Les antioxydants dans les aliments. *Les légumes et les fruits orange et rouges sont riches en antioxydants sous la forme de bêta-carotène et contiennent également de la vitamine C.*

Poivron rouge

Quartiers de mandarine

Les caroténoïdes ou carotènes

Les caroténoïdes sont les pigments qui donnent l'essentiel de leur couleur jaune, orange ou rouge aux légumes et aux fruits. Plus de 500 caroténoïdes ont été identifiés mais seuls l'alpha et le bêta carotène ainsi que la cryptoxanthine étaient reconnus comme importants jusqu'à récemment. L'organisme peut transformer le carotène en vitamine A.

Les carottes. *La belle couleur orange des carottes reflète leur forte teneur en β carotène, un composé antioxydant.*

Les différents caroténoïdes ayant des effets variés, il est conseillé d'en consommer une vaste gamme en mangeant toutes sortes de fruits et légumes. D'après les enquêtes, les personnes qui consomment plus d'aliments riches en caroténoïdes courent moins de risques de contracter des maladies cardio-vasculaires, la cataracte et certaines formes de cancer. La consommation de bêta-carotène sous forme de complément alimentaire semble apporter peu de bienfaits ou même aucun selon les enquêtes, et les chercheurs s'accordent à dire qu'il faut consommer les caroténoïdes sous formes d'aliments et non de comprimés.

Le potiron et les épinards. *Les légumes verts à feuilles, tels que les épinards, contiennent autant de carotènes que les légumes orange, mais la couleur est masquée par la chlorophylle.*

Les stimulants digestifs

Nous possédons peut-être un instinct qui nous souffle que les substances amères stimulent le système digestif, ce qui expliquerait le choix que nous faisons des boissons amères, telles que les tonics et les vermouths, à l'apéritif.

Les substances au goût amer aident le système digestif en stimulant la sécrétion des sucs digestifs. Cela entraîne une amélioration de la digestion et de l'absorption des nutriments. Parmi les aliments à la saveur légèrement amère figurent l'artichaut, l'endive et la frisée. Les piments, le gingembre, les pousses de moutarde, le cresson et le radis noir, le fenouil, le céleri, le persil, le chou et les autres légumes crucifères, bien qu'ils ne soient pas amers, ont également une action stimulante sur la digestion.

Les artichauts et les piments. *Les aliments qui facilitent la digestion comprennent notamment les piments qui stimulent la production de sucs digestifs, et les artichauts qui favorisent la production de bile.*

Les flavonoïdes

Les fruits et les légumes contiennent quasiment tous certains des quelque 4 000 flavonoïdes ou polyphénols. Les principaux groupes de flavonoïdes sont les flavones, les flavonols, les catéchines, les tanins, les isoflavones (le principal phyto-oestrogène présent dans les graines de soja, voir p. 23) et les anthocyanes. Chaque aliment contient une gamme de flavonoïdes.

Le cassis. *Les anthocyanes sont les pigments qui donnent leur couleur violette, rouge foncé et bleue aux fruits tels que le cassis, les myrtilles et les cerises noires.*

En laboratoire, il a été mis en évidence que les différents flavonoïdes ont des actions variées : antioxydante, anti-inflammatoire, et la liste n'est pas exhaustive. Nous ne savons pas encore grand-chose de la façon dont les flavonoïdes agissent dans l'organisme ou en quelle quantité ils sont absorbés à partir des aliments que nous consommons. Différents tests de laboratoire ont montré que le quercétine, un flavonoïde courant, peut être soit bénéfique soit néfaste pour les cellules. Pourtant, selon des études hollandaises et finlandaises, les personnes qui consommaient davantage de quercétine, (contenu dans l'oignon par exemple), souffraient moins de maladies cardio-vasculaires plusieurs années après. Des études récentes suggèrent que les flavonoïdes ont une action bénéfique sur la santé à long terme sans doute parce qu'ils améliorent la circulation et ont des propriétés antioxydantes.
L'oignon est particulièrement riche en quercétine, suivi par le thé, le vin rouge et les pommes.

Le thé. *Le tanin donne sa légère saveur amère au thé ; y ajouter du lait ne modifie pas sa teneur en flavonoïdes mais peut modifier leur biodisponibilité.*

La flore

Nous connaissons les antibiotiques, les médicaments qui tuent les microbes. Aujourd'hui, de plus en plus de recherches sont menées sur l'action des bactéries naturellement présentes dans l'organisme, qui jouent un rôle essentiel dans la défense contre les maladies. Il existe des centaines de bactéries non pathogènes. Pendant des années, le corps médical pensa que la flore microscopique présente dans les aliments n'atteignait pas vivante les intestins, en raison des acides présents dans l'estomac. Mais la recherche confirme aujourd'hui que certaines bactéries survivent à la digestion et se révèlent utiles surtout en cas de diarrhée et de baisse des défenses après une intoxication alimentaire ou la prise d'antibiotiques.

Les bactéries qui ont montré des propriétés bénéfiques pour la santé sont principalement des variétés de *Lactobacillus acidophilus*, *Bulgaricus* et *Bifidobacteria* que l'on trouve dans certains yaourts et dans la choucroute crue.

Les yaourts. *Les yaourts contiennent une flore microscopique à l'origine de leurs propriétés bien particulières.*

Certains aliments, qui contiennent des glucides non digérés par l'organisme, favorisent le développement de la flore bactérienne physiologique de l'intestin. Parmi ces aliments figurent la chicorée, les artichauts, les endives, les asperges, les oignons et les topinambours.

Les glycosinolates

Ces composés sulfurés sont présents dans le chou, les brocolis et les autres légumes crucifères.

Le brocoli et le chou. *Les légumes crucifères tels que le brocoli, le chou et les choux de Bruxelles sont riches en glucosinolates.*

Lorsque l'enveloppe des cellules de ces légumes est broyée par la mastication ou lorsqu'on les coupe, se forment des composés dénommés isothiocyanates et indoles. Au cours de plusieurs tests sur des animaux et d'un test sur des êtres humains, il a été constaté qu'ils participent à la protection contre le cancer, tandis qu'il ressort de plusieurs enquêtes épidémiologiques que les personnes consommant davantage de ces légumes sont moins touchées par différentes formes de cancers.

La plupart des isiothiocyanates et des indoles se forment lorsqu'une grande quantité de vitamine C est présente. Plusieurs légumes contiennent différentes quantités d'isiothiocyanates et d'indoles. Cependant, on ne sait pas encore comment ils fonctionnent.

Les phyto-œstrogènes

La plupart des graines, des céréales, des légumes et des fruits contiennent une gamme d'éléments chimiques naturels dont la structure ressemble suffisamment à l'œstrogène, l'hormone féminine, pour imiter son action sur l'organisme. Les aliments contenant une quantité substantielle de phyto-oestrogènes sont les graines de soja, les graines de lin, le fenouil, le blé complet et les légumes secs.

Les effets des phyto-œstrogènes sont tous plus faibles que les œstrogènes de la femme ou ceux utilisés dans les contraceptifs oraux ou les traitements hormonaux.

L'action des phyto-œstrogènes contenus dans les aliments suscite un intérêt parce que l'excès d'œstrogène est lié à la stérilité et à un risque accru de cancer du sein. Dans les pays comme le Japon, où les femmes mangent plus de graines de soja, le nombre de femmes développant un cancer du sein est bien plus faible. Les chercheurs essayent de démontrer une nouvelle théorie selon laquelle chez les femmes jeunes, les phyto-œstrogènes pourraient avoir une action bénéfique en se fixant sur les récepteurs aux œstrogènes, voir p. 87.
Les recherches suggèrent que les aliments riches en phyto-œstrogènes pourraient également être bénéfiques pour les femmes ménopausées, voir p. 87.

Les graines de lin et le fenouil *possèdent une action qui pourrait jouer un rôle dans l'équilibre hormonal.*

DIGESTION ET ABSORPTION

Notre apport en nutriments dépend non seulement des aliments que nous consommons mais aussi de la façon dont nous les digérons et les assimilons. Les vitamines et les minéraux présents dans les aliments ne sont pas intégralement assimilés et les apports journaliers recommandés tiennent compte de ce facteur. L'organisme n'a pas toujours besoin de tous les nutriments apportés et n'en absorbe qu'une partie pour éviter une surdose. Quelquefois cependant, le système digestif est incapable d'absorber les nutriments dont l'organisme a besoin. Pour assurer un bon apport de nutriments, le système digestif doit dégrader correctement les aliments en molécules qui peuvent être assimilées à travers les parois du système digestif. Son autre tâche, tout aussi vitale pour notre santé, est l'élimination des résidus de la digestion.

LE SYSTÈME DIGESTIF

TRANSFORMATION DES ALIMENTS EN NUTRIMENTS

1 Les dents broient les aliments afin de faciliter l'action des enzymes sur les molécules à l'intérieur de l'estomac. Les enzymes présents dans la salive commencent à dégrader l'amidon avant que les aliments ne descendent dans l'estomac par l'œsophage.

2 Dans l'estomac, les sucs digestifs (produits en réponse à la mastication et à l'odeur des aliments) commencent à dégrader les protéines. L'acide chlorhydrique détruit la plupart des bactéries présentes dans les aliments et l'eau. Le brassage des aliments par les contractions musculaires de l'estomac transforme le bol alimentaire en un liquide qui passe dans la première partie de l'intestin grêle, le duodénum.

3 Le foie produit de la bile qui est stockée dans la vésicule biliaire puis libérée dans le duodénum. La bile émulsionne les graisses en petites gouttelettes. Le pancréas libère également dans le duodénum des sucs digestifs contenant des enzymes qui contribuent à la dégradation des glucides, des protides et des lipides.

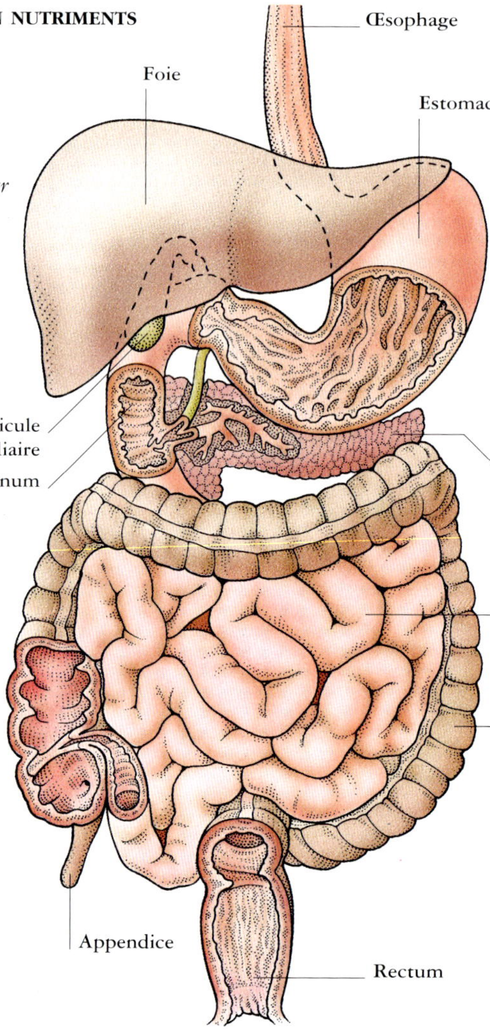

4 Certains nutriments passent directement dans le sang par la paroi de l'estomac, mais la plupart d'entre eux sont absorbés au niveau de l'intestin grêle dont les parois sont recouvertes de minuscules villosités. Lorsque les molécules de nutriments traversent l'intestin grêle, elles passent directement dans le sang, puis elles sont réparties vers les cellules soit pour être utilisées soit pour être stockées.

5 Pour finir, l'eau et les substances résiduelles passent dans le gros intestin. Ici, une grande partie de l'eau est absorbée par la muqueuse du colon. Les déchets sont ensuite éliminés sous forme de selles.

L'ABSORPTION DE NUTRIMENTS

LES FACTEURS QUI LIMITENT L'ABSORPTION DES NUTRIMENTS
Toutes les maladies qui affectent la digestion, telles que les maladies du foie qui empêchent la production de la bile et la maladie de Crohn ou la diarrhée, nuisent à l'absorption des nutriments. L'abus d'alcool, qui abîme le foie, est également la cause d'une moins bonne assimilation. De nombreux médicaments tels que les laxatifs puissants, les antiacides (sels d'aluminium), les diurétiques et certains stéroïdes réduisent l'absorption des nutriments, en particulier des vitamines A, B6, D, E, K et de l'acide folique.

La malabsorption des nutriments peut également être provoquée par des allergies. Chez les personnes souffrant de maladie cœliaque, la protéine de gluten, présente dans le blé, le seigle et l'orge, détruit ou abrase les villosités de l'intestin grêle ce qui gêne l'absorption de nombreux nutriments.

Bien que les aliments riches en fibres soient riches en minéraux, ils ne doivent pas être consommés en quantité excessive car les fibres limitent l'absorption du fer, du calcium et du zinc apportés par les autres aliments consommés au cours du même repas. Le son du blé et de l'avoine est particulièrement riche en acide phytique mais celui-ci est partiellement détruit par le processus de fabrication du pain au levain. C'est pourquoi la meilleure façon de consommer du son, c'est de manger du pain complet au levain.

Le thé contient des tanins qui réduisent fortement l'absorption du fer apporté par les aliments consommés avec. Le fait de boire beaucoup et régulièrement du thé corsé au moment des repas peut favoriser l'anémie.

Si vous suivez un traitement à long terme ou si vous souffrez de colite ou de crises de diarrhée, demandez conseil pour modifier votre régime et prendre éventuellement des compléments vitaminiques.

COMMENT AMÉLIORER L'ABSORPTION DES NUTRIMENTS
Lorsque l'on souhaite aider le système digestif à absorber les nutriments, il faut commencer par modifier ses habitudes alimentaires. Le système digestif de chaque individu réagit différemment mais tout ce qui provoque régulièrement une sensation d'inconfort risque également de réduire l'absorption des nutriments.

La production des sucs digestifs est meilleure si l'on mange uniquement lorsque l'on a faim, si on est détendu et attiré par l'aspect et l'odeur de la nourriture. Commencez par étudier vos habitudes alimentaires et privilégiez les aliments qui favorisent une bonne digestion tels que les artichauts, les piments, le gingembre, le fenouil, le cresson, le céleri, le persil et les salades amères, telles que l'endive et la frisée.

Les aliments très gras sont fréquemment la cause d'une digestion paresseuse et ils obligent le système digestif à travailler davantage car les lipides doivent être dégradés en petites gouttelettes.

Lorsque l'on consomme des aliments riches en fibres insolubles et des glucides longs à digérer, tels que des féculents et du pain complet, le transit est plus rapide ce qui limite notre exposition à d'éventuelles substances toxiques.

Les stimulants digestifs,
tels que le gingembre, facilitent la digestion.

L'absorption du fer apporté par les végétaux est améliorée si l'on mange des aliments riches en vitamine C et si l'on évite de consommer une grande quantité de calcium au cours du même repas. Le zinc et le fer apportés par les végétaux et les produits laitiers sont mieux absorbés si le repas comporte également des protéines de viande ou de poisson.

L'absorption du calcium peut être stimulée par l'absorption de poissons gras. Ne prenez pas inutilement d'antibiotiques car ils détruisent la flore microbienne qui produit certaines vitamines B et de la vitamine K.

Bien associer
les aliments peut favoriser l'absorption des nutriments. Le fer apporté par les œufs sera mieux absorbé si on les consomme avec des aliments riches en vitamine C tels que des oranges et du cresson.

Les besoins particuliers

En vieillissant, nos besoins en nutriments changent. Nous ne sommes pas étonnés de voir des adolescents dévorer des quantités de nourriture mais nous attribuons ce phénomène à un besoin croissant en énergie plutôt qu'à un besoin croissant en nutriments. La plupart des gens qui arrivent à un certain âge mangent, en revanche, progressivement moins mais il faut parfois longtemps avant qu'ils se rendent compte à quel point ils ont modifié leurs habitudes.

Certains aliments et certaines habitudes alimentaires peuvent nous aider à mieux nous adapter à l'évolution de nos besoins au cours de la vie.

Par exemple, nous pouvons être tentés de boire du thé avec un repas alors que celui-ci limite l'absorption du fer. En revanche, un verre de jus d'orange au cours du repas peut quasiment multiplier par deux l'absorption du fer apporté par les aliments autres que la viande.

La puberté

Les besoins nutritionnels

L'équilibre alimentaire est rarement une priorité chez les adolescents, pourtant leur croissance modifie considérablement leurs besoins en nutriments. Ceci est particulièrement vrai pour le calcium et le fer, qui leur sont encore plus nécessaires qu'aux adultes car ils ont besoin de ces minéraux pour la formation des os et des tissus.

Le manque de calcium peut affecter la croissance osseuse, qui atteint son sommet au milieu de l'adolescence. Le capital osseux constitué à cet âge de la vie influe sur les risques d'ostéoporose à l'approche de la cinquantaine.

À l'adolescence, les filles se mettent souvent à manger moins car elles veulent être minces justement à un âge où la puberté leur donne des formes. Leur besoin en fer est à peu près multiplié par deux au moment de la puberté car à la quantité nécessaire à la croissance s'ajoutent les pertes provoquées par les règles.

On estime que près d'un quart des adolescentes manque de fer ce qui les fatigue et altère leur résistance aux infections. Certaines adolescentes deviennent végétariennes mais doivent veiller à consommer des aliments riches en fer. Une alimentation à tendance végétarienne associée au désir de limiter son poids peuvent masquer l'apparition de troubles de l'alimentation tels que l'anorexie. Une carence en zinc, qui réduit le goût et l'appétit, semble parfois jouer un rôle dans ce phénomène. Les garçons sont aussi de plus en plus victimes de la mode de la minceur avec un risque semblable pour leur santé.

La quantité de sucre consommée par les enfants et les adolescents est très forte. Cela accroît le risque de caries et nuit à l'équilibre alimentaire. Il est très important d'enseigner aux jeunes comment élaborer des repas équilibrés afin qu'ils obtiennent les nutriments dont ils ont besoin sans prendre trop de poids. La monotonie est également une caractéristique courante de l'alimentation des adolescents et pour l'éviter, il faut leur apprendre dès leur plus jeune âge à manger des aliments très variés, en particulier des fruits et des légumes.

À privilégier ou à éviter

À consommer plus souvent

- Les aliments riches en calcium : les yaourts, le fromage, le lait, le tofu, les amandes, les légumes verts à feuilles, les sardines.
- Les aliments riches en fer : foie de volaille, abricots secs, légumes secs, viandes rouges, certains poissons, légumes verts à feuilles.
- Les aliments riches en zinc : fruits de mer, viandes maigres, graines de potiron.

À éviter

- Les grandes quantités de sucre sont déconseillées même aux adolescents très actifs.
- Le son de blé, sauf dans le pain complet (au levain, si possible).

La grossesse

À privilégier ou à éviter

À consommer plus souvent

- Les aliments riches en calcium : yaourts, amandes, tofu, salades, sardines, blanchaille.
- Les aliments riches en fibres : abricots secs.
- Les aliments riches en acide folique et en fer : viandes rouges, légumes crucifères, cresson, germes de blé, légumes secs.
- Les poissons gras et les huiles riches en acide gras alpha-linolénique.

À éviter

- L'huile de foie de morue. Un excès de rétinol vitamine A (mais pas de bêta-carotène) peut entraîner des anomalies fœtales.

Les besoins nutritionnels

Il est important de bien s'alimenter plusieurs mois avant la conception de l'enfant. La période critique du développement du cerveau du fœtus correspond aux 3 à 4 premières semaines de grossesse. L'acide folique réduit les risques de *spina bifida* et il est conseillé à toutes les femmes prévoyant une grossesse de prendre 400 mcg d'acide folique par jour jusqu'à 12 semaines de grossesse et de consommer des aliments riches en acide folique tout au long de la grossesse.

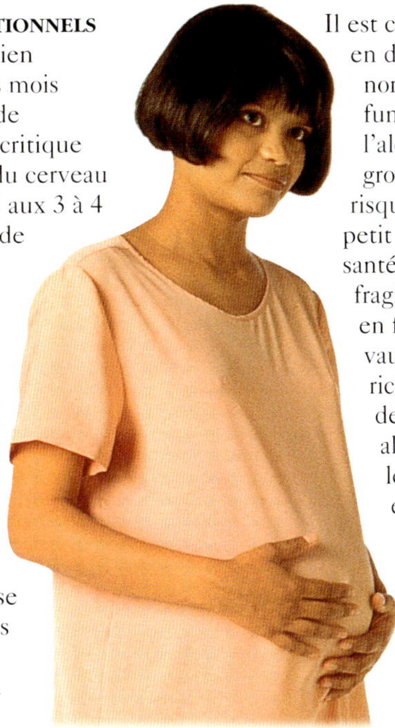

Il est conseillé de ne pas être en dessous de son poids normal et d'arrêter de fumer et de boire de l'alcool avant une grossesse. Cela limite les risques d'avoir un bébé trop petit ou prématuré, dont la santé est beaucoup plus fragile. Bien que le besoin en fer augmente, mieux vaut manger des aliments riches en fer que prendre des compléments alimentaires, sauf si le taux d'hémoglobine est bas. Il faut manger des aliments riches en acide gras oméga 3 (alpha-linolénique et DHA), celui-ci étant essentiel au développement du cerveau du fœtus.

Le troisième âge

Les besoins nutritionnels

En vieillissant, nous avons besoin de moins de calories mais d'autant de nutriments. La chute des besoins en calories est liée à un ralentissement du métabolisme et pour de nombreuses personnes à une baisse de l'activité, celle-ci pouvant entraîner une prise de poids. L'excès de poids favorise les problèmes d'articulations, le diabète, les calculs biliaires et d'autres maladies. Le fait de rester actif évite aussi la dépression, la mauvaise circulation et une trop grande perte osseuse.

Chez de nombreuses personnes âgées, l'absorption des nutriments décline. Les taux de zinc et de vitamines B 6 et D sont généralement bas ce qui diminue les défenses de l'organisme et le bien-être en général. Chez les personnes âgées, en particulier les moins actives, une amélioration de l'alimentation apporte des effets bénéfiques par exemple en réduisant le temps de convalescence à l'hôpital après une opération, en réduisant le nombre d'infections et dans certains cas en aidant à diminuer la confusion mentale.

À privilégier ou à éviter

À consommer plus souvent

- Les aliments riches en antioxydants, voir p. 21
- Les stimulants digestifs : piments, cresson.
- Les aliments riches en zinc : fruits de mer, graines de potiron, foie de volaille.
- Les aliments riches en fibres : pain complet, graines de lin, graines de tournesol.
- Les poissons gras. Des fruits et des jus de fruits.

À éviter

- Le son de blé sauf dans le pain complet au levain.
- La déshydratation : boire beaucoup.

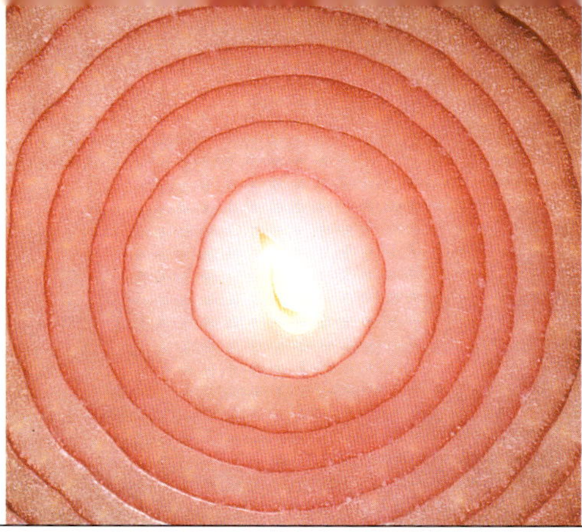

50 Aliments en gros plan

Une présentation illustrée de 50 aliments aux vertus incomparables démontrées par la science et exploitées par la tradition. Mettez ces aliments délicieux plus souvent à votre menu pour rester en bonne santé.

LES PETITS PLUS

Découvrez les qualités extraordinaires de vingt aliments courants. Ils associent une valeur nutritionnelle incomparable avec des vertus particulières qui peuvent aider à combattre de nombreuses maladies banales ou graves. Le portrait de chaque aliment donne le détail de ses qualités nutritives, de son utilisation thérapeutique et précise la quantité à consommer tandis que des conseils culinaires vous aident à tirer parti de leurs qualités.

L'ARTICHAUT

LA BONNE RÉPUTATION

Stimule le foie

Facilite la digestion et améliore les problèmes de vésicule biliaire

Réduit le taux de cholestérol

Diminue la rétention d'eau

Pourrait aider à stabiliser la glycémie

L'ARTICHAUT, légume au goût délicat et raffiné, est un aliment consommé depuis l'époque romaine et l'on sait, vraisemblablement depuis le XVIe siècle qu'il a tendance à faciliter la digestion. L'artichaut possède, en outre, des vertus bénéfiques pour la vésicule biliaire, le foie et les reins.

PRINCIPAUX APPORTS NUTRITIONNELS

Pour un artichaut entier de 250 g, cuit

Kilocalories	20
Kjoules	85
Acide folique (mcg)	50
Fer (mg)	0,5
Niacine	1
Potassium (mg)	330
Zinc (mg)	0,5

SANTÉ ET NUTRITION

Effets et propriétés

• *Action sur le foie et la bile*
En Europe, les artichauts sont utilisés traditionnellement dans les remèdes pour le foie, la vésicule biliaire et la digestion. Comme d'autres légumes « amers », l'artichaut favorise la production de la bile et, d'après certaines études, il soulagerait les sensations d'inconfort abdominal ou vésical liées aux problèmes de foie.

• *Peut faire baisser les taux de lipides*
Au cours d'études menées en Allemagne (1975, 1981), des extraits d'artichaut réduisirent de manière substantielle le taux de graisse et de cholestérol dans le sang de volontaires.

• *Action diurétique*
La consommation d'artichaut stimule la sécrétion de l'urine et peut aider à réduire la rétention d'eau.

• *Bénéfique pour les diabétiques*
Les artichauts contiennent de l'inuline, une forme d'amidon qui résiste à la digestion et pourrait limiter l'augmentation du taux de glycémie dans le sang après les repas.

La couleur de l'artichaut varie de jaune pâle à violine.

Les artichauts *appartiennent à la famille des composées et poussent facilement dans les climats tempérés.*

Le cœur est recouvert de foin.

Quelles quantités ?

Consommez à volonté les artichauts cuits, gros ou petits. Les cœurs d'artichauts en bocaux ou en conserves remplacent de façon bien pratique l'artichaut frais.

Les cœurs d'artichauts *en bocaux ou en conserve permettent d'en consommer l'hiver.*

DANS LA CUISINE

Choix et stockage

Les gros artichauts sont les meilleurs ; on les déguste feuille à feuille ou on en accommode les cœurs. Choisissez des artichauts à feuilles tendres sans taches brunes. Le foin entre le cœur et les feuilles doit être retiré. Les artichauts durcissent en vieillissant. Stockez-les emballés au réfrigérateur pour éviter qu'ils ne se dessèchent.

Préparation et dégustation

Les petits artichauts peuvent être consommés entiers, coupés en fines tranches après la cuisson et servis avec une vinaigrette, ou revenus à la poêle et ajoutés à des plats cuisinés. Pour faire cuire un gros artichaut, plongez-le dans de l'eau bouillante non salée et laissez-le cuire 35-40 minutes jusqu'à ce que vous puissiez retirer une feuille à la base.

RECETTES

Salade de cœurs d'artichauts 109

Omelette aux artichauts 120

LE BROCOLI

LA BONNE RÉPUTATION

Aide à limiter les risques de maladies cardio-vasculaires

◆

Pourrait réduire la cataracte

◆

Limite les risques de spina bifida et de certains cancers

◆

Aide à lutter contre l'anémie

◆

Riche en nutriments

LE BROCOLI se distingue d'après de nombreuses recherches comme un aliment aux propriétés potentiellement anticancéreuses. Comme les autres légumes de la famille du chou, le brocoli contient des composés chimiques connus pour réduire les risques de cancer ; il apporte en outre de nombreuses substances nutritives.

PRINCIPAUX APPORTS NUTRITIONNELS

Pour 100 g de brocolis vert, cru

Kilocalories/Kjoules	33/138
Bêta-carotène (mcg)	575
Calcium (mg)	56
Acide folique (mcg)	90
Fer (mg)	1,7
Vitamine C (mg)	87
Vitamine E (mg)	1,3
Zinc (mg)	0,6

SANTÉ ET NUTRITION

EFFETS ET PROPRIÉTÉS

• *Protège contre le cancer*
Des études ont montré que les personnes qui mangent davantage de légumes crucifères, tels que le brocoli, ont des taux de cancer moins importants en particulier en ce qui concerne le cancer du colon.

• *Riche en bêta-carotène et en vitamines C et E, des antioxydants*
Des enquêtes menées à grande échelle ont montré que les personnes possédant un taux d'antioxydant élevé dans l'organisme en raison de leur alimentation couraient moins de risque de maladies cardio-vasculaires, de cataracte et de cancer.

• *Riche en acide folique et en fer*
Le brocoli, en particulier le brocoli à jet à têtes pourpres, constitue une excellente source d'acide folique, nécessaire en grande quantité aux femmes qui prévoient une grossesse pour réduire le risque de spina bifida pour leur bébé.

• *Teneur en vitamines et minéraux*
Le brocoli associe de fort taux d'acide folique, d'antioxydants, de vitamines B, de calcium, de fer et de zinc. C'est un légume de première qualité à tous points de vue.

Tête de brocoli vert (calabrais)

Brocoli à jet à têtes pourpres

QUELLES QUANTITÉS ?

Le brocoli à jet à têtes pourpres et le brocoli vert contiennent plus de calcium et d'acide folique que les autres variétés. Une à trois portions de 170 g de brocolis par semaine pourraient être bénéfique sur le risque de cancer. Pour les femmes prévoyant une grossesse, une portion de 170 g de brocoli cuit dans très peu d'eau ou à la vapeur couvre la moitié des apports journaliers recommandés en acide folique.

Attention

Le brocoli réduisant l'absorption de l'iode, il est conseillé aux personnes qui mangent du brocoli plus de 2 à 3 fois par semaine de consommer assez d'aliments riches en iode.

DANS LA CUISINE

CHOIX ET STOCKAGE

Les tiges et les feuilles des variétés à jet ont les mêmes propriétés que les fleurettes. Choisissez le brocoli avec des tiges fermes en évitant les tiges ligneuses, tournant au marron ou au jaune, qui indiquent que les fleurettes seront dures et amères. Conservez le brocoli emballé dans la partie la moins froide du réfrigérateur et consommez-le vite.

PRÉPARATION ET DÉGUSTATION

Le brocoli fraîchement coupé est suffisamment tendre et savoureux pour être ajouté cru dans les salades et les petites fleurettes sont délicieuses dégustées avec un peu de mayonnaise. Faites cuire le brocoli à la vapeur ou dans un peu d'eau bouillante, dans une casserole munie d'un couvercle, jusqu'à ce qu'il soit tendre.

RECETTES

Soupe de légumes 103

Salade d'arame, de brocolis et de noix 110

Poêlée de brocolis 121

LE CHOU

LA BONNE RÉPUTATION

Peut réduire le risque de cancer

Aide à limiter le risque de maladies cardio-vasculaires

Diminue le risque de cataracte

Aide à cicatriser les ulcères et améliore le système digestif

Concourt à réduire le risque de spina bifida

LA RECHERCHE a mis en évidence les vertus incomparables du chou pour la santé. Des dizaines d'études montrent que le chou et les autres crucifères sont des légumes qui nous protègent des maladies. Riches en vitamines, en minéraux et en fibres, ils peuvent nous être bénéfiques de différentes manières.

PRINCIPAUX APPORTS NUTRITIONNELS

Pour 100 g de chou cru

Kilocalories/Kjoules	26/109
Vitamines B	Bonne source
Bêta-carotène (mcg)	385
Calcium (mg)	52
Acide folique (mcg)	75
Potassium (mg)	270
Vitamine C (mg)	50
Vitamine E (mg)	0,2

SANTÉ ET NUTRITION

EFFETS ET PROPRIÉTÉS

• *Contient des antioxydants et d'autres substances qui augmentent la résistance*
D'après les études de population, les personnes qui consomment fréquemment du chou ont un taux de cancer moins élevé, en particulier du cancer de l'estomac, du colon, du poumon et de la peau. Les personnes qui ont des taux élevés d'antioxydants ont également des taux plus faibles de maladies cardio-vasculaires et de cataracte.

•*Calme les ulcères*
L'efficacité du jus de chou cru est confirmée par les tests effectués sur des volontaires. Le chou cru est également bénéfique mais un peu moins efficace.

• *Le chou vert cru constitue une bonne source d'acide folique*
Chez les femmes prévoyant une grossesse, une quantité importante d'acide folique diminue le risque de spina bifida pour le bébé à venir.

Chou pommé

QUANTITÉS CONSEILLÉES

Une portion de chou par semaine, cru, cuit ou sous la forme de choucroute, pourrait suffire à réduire le risque de cancer du colon. Les études suggèrent que pour que le chou joue un rôle protecteur, il faudrait en consommer 2 ou 3 portions par semaine.

Attention

Le chou réduisant l'absorption de l'iode, il est conseillé aux personnes consommant du chou 2 à 3 fois par semaine de manger des aliments riches en iode, surtout si elles résident dans une région où le sol est pauvre en iode.

Chou vert

Chou rouge

DANS LA CUISINE

CHOIX ET STOCKAGE

Choisissez le chou le plus frais possible et consommez-le rapidement avant qu'il ne durcisse. Conservez-le emballé dans le réfrigérateur. Seule la choucroute crue contient des bactéries vivantes (qui survivent à la congélation). Celles-ci disparaissent lorsque la choucroute est chauffée pour être mise en bocaux ou en conserve.

PRÉPARATION ET DÉGUSTATION

Il existe tant de recettes variées pour accommoder le chou, qu'il soit braisé, farci, ajouté dans un potage ou une poêlée ou consommé cru en salade que chacun y trouve son compte. Pour limiter les ballonnements, associez le chou à des épices ou des herbes carminatives tels que le cumin ou les graines de fenouil.

RECETTES

Salade de chou 112

Chou farci à la manière populaire 122

Chou rouge braisé 126

LA CAROTTE

LA BONNE RÉPUTATION

Contribue à nous protéger du cancer, en particulier du cancer du poumon

◆

Peut faire baisser le cholestérol sanguin

◆

Aide à éviter les intoxications alimentaires

LA COULEUR ORANGE des carottes vient des carotènes, voir p. 22. On pensait à une époque que ceux-ci n'étaient bénéfiques pour l'organisme que dans la mesure où celui-ci les transformait en vitamine A. Aujourd'hui, on sait que les aliments riches en carotènes ont bien d'autres qualités.

PRINCIPAUX APPORTS NUTRITIONNELS

Pour 100 g de carotte crue

Kilocalories	30
Kjoules	125
Carotènes dont bêta-carotène (mcg)	8, 115
Fibres (g)	2,4
Vitamine C (mg)	6
Vitamine E (mg)	0,6

SANTÉ ET NUTRITION

EFFETS ET PROPRIÉTÉS

• ***Peut réduire le risque de cancer du poumon***
Des études ont montré que les personnes qui mangent régulièrement des carottes, y compris les fumeurs, ont beaucoup moins de risque de développer un cancer du poumon. Ce phénomène a été associé à la teneur élevée en bêta-carotène des carottes.

• ***Concourt à nous protéger d'autres cancers***
D'après des études, une consommation importante de bêta-carotène est liée à une réduction de près de 50 % du taux de cancer de la vessie, du col de l'utérus, du colon, de la prostate, du larynx et de l'œsophage et d'une réduction de 20 % du risque de cancer du sein chez les femmes ménopausées.

• ***Un moyen de faire baisser le cholestérol***
En 1979, une étude écossaise a montré que des volontaires en bonne santé consommant 200 g de carottes crues par jour pendant 3 semaines virent leur taux de cholestérol baisser de 11 %. Le taux remonta après l'arrêt de leur consommation de carottes.

• ***Aiderait à éviter les intoxications alimentaires***
Elle serait susceptible de combattre certaines sortes de bactéries.

Les carottes doivent être épluchées sauf si elles sont issues de l'agriculture biologique.

La couleur orange est apportée par les caroténoïdes.

QUANTITÉS CONSEILLÉES

À consommer à volonté.
Il suffit de manger une belle carotte par jour pour augmenter le taux de bêta-carotène dans l'organisme.

Les carottes fraîches *possèdent plus de vertus que le jus de carottes.*

DANS LA CUISINE

CHOIX ET STOCKAGE

Les carottes doivent toujours être épluchées avant d'être consommées à moins qu'elles ne proviennent de l'agriculture biologique. Les carottes anciennes contiennent davantage de bêta-carotène que les carottes nouvelles. Pour conserver les carottes, rangez-les dans la partie la moins froide du réfrigérateur ou dans une chambre froide.

PRÉPARATION ET DÉGUSTATION

Le choix est varié, des carottes nouvelles extrêmement sucrées aux carottes d'automne au goût plus prononcé.
Le bêta-carotène n'est pas détruit par la cuisson. Les carottes crues peuvent être râpées ou coupées grossièrement en bâtonnets et servies avec des sauces froides ou ajoutées dans des potages.

RECETTES

Les salades

LA BONNE RÉPUTATION

Aide à réduire le risque de cancer
◆
Peut diminuer le risque de maladies cardio-vasculaire et de cataracte
◆
Aide à limiter le risque de spina bifida et l'anémie
◆
Facilite la digestion
◆
Pourrait réduire les insomnies liées à la nervosité

IL EXISTE PLUS D'UNE CENTAINE de salades différentes. Les salades sont souvent décriées car on dit qu'elles ne contiennent que de l'eau, mais elles renferment également des quantités non négligeables de vitamines, de minéraux et d'antioxydants. Elles présentent un avantage important en comparaison avec d'autres aliments : elles peuvent presque toujours être consommées crues.

PRINCIPAUX APPORTS NUTRITIONNELS

Pour 100 g de salade

Kilocalories	14
Kjoules	59
Carotènes (mcg)	355
Acide folique (mcg)	55
Fer (mg)	0,7
Potassium (mg)	220
Vitamine C (mg)	5
Vitamine E (mg)	0,57

Santé et nutrition

Effets et propriétés

• *Protège contre le cancer*
Dix-neuf études de population ont établi un lien entre la consommation régulière de salade et une diminution du risque de cancer, en particulier de l'estomac.

• *Associe les vitamines C et E et les carotènes, des antioxydants*
Les taux de carotènes et de vitamine C sont beaucoup plus élevés dans les feuilles extérieures de la salade que dans les feuilles intérieures plus claires. Une consommation plus élevée d'aliments riches en antioxydants est liée à un taux plus faible de cancer, de maladies cardio-vasculaires et de cataracte.

• *Une bonne source d'acide folique*
L'acide folique et le fer aident à prévenir et à guérir l'anémie. Chez les femmes prévoyant une grossesse, l'acide folique réduit le risque de spina bifida chez le bébé. La frisée est la meilleure source de fer avec 2,8 mg pour 100 g.

• *Un stimulant traditionnel du foie et du système digestif*
L'endive, la frisée, la scarole et les autres salades amères stimulent les sucs digestifs et le foie, et seraient traditionnellement des remèdes contre les rhumatismes.

Iceberg

Romaine

Les feuilles vertes sont les plus riches en antioxydants.

Laitue

Dans la cuisine

Choix et stockage

Achetez les salades qui possèdent un maximum de feuilles vertes, les plus riches en nutriments. Les feuilles de salade doivent être aussi fraîches et croquantes que possible. Les salades en sachet, prélavées, perdent rapidement leur vitamine C et leur acide folique. Conservez les feuilles de salades enveloppées au réfrigérateur, pour les protéger de la lumière et de la chaleur, et consommez-les le plus vite possible.

Préparation et dégustation

Les salades doivent être préparées juste avant d'être consommées. Lorsque les parties découpées sont au contact de l'air, elles perdent rapidement leur qualité gustative mais aussi leur valeur nutritive. Le fait de laver soigneusement la salade permet d'éliminer les produits chimiques mais aussi les bactéries telles que le listéria. Les feuilles doivent être déchirées plutôt que coupées et bien séchées pour que la vinaigrette y adhère.

RECETTES

Potage chtchi 102

Salade de cœurs d'artichauts 109

Salade verte aux graines de tournesol 112

Assaisonnement au miel et à la moutarde 140

Sauce au yaourt et à la menthe 141

- *Effet sédatif*

Le latex blanc qui s'écoule de la base d'une salade que l'on vient de couper est utilisé depuis l'époque romaine pour calmer les nerfs et favoriser le sommeil. Les salades cultivées aujourd'hui contiennent moins de latex mais de nombreuses personnes leur trouvent quand même des vertus soporifiques.

- *Le pourpier apporte des acides gras*

Le pourpier contient un taux élevé d'acide gras oméga 3 alpha linolénique comparable à celui apporté par les poissons gras. Les anciens herboristes louaient ses vertus rafraîchissantes, bénéfiques pour la goutte et les maux de tête. L'effet anti-inflammatoire des acides gras oméga 3, confirmé par la recherche, permetrait de penser que ces emplois sont justifiés.

- *L'oseille est un diurétique*

Utilisée en petites quantités, elle stimule la sécrétion d'urine et réduit la rétention d'eau.

Quelles quantités ?

Mangez de la salade à volonté, si possible d'origine biologique, car les feuilles sont très exposées aux pesticides. Une grosse salade associant des blettes et de la frisée couvre presque la moitié des apports d'acide folique conseillés aux femmes prévoyant une grossesse.

Attention

Les personnes souffrant de goutte, de calculs ou de rhumatismes doivent éviter de consommer de l'oseille, très riche en oxalates.

Blettes à tiges rouges

Oseille

Chicorée pain de sucre

Frisée

LA BONNE RÉPUTATION

Aide à réduire les risques de maladies cardio-vasculaires

Agit comme un antibiotique

Décongestionne les voies aériennes

Peut soulager la congestion des bronches

Aide à se protéger du cancer

L'OIGNON

CET ALIMENT, que la plupart d'entre nous consomment régulièrement, est excellent pour la santé. Certaines de ses propriétés étant liées à son odeur, qui est libérée lorsqu'on le coupe, il est préférable de faire la cuisine avec des oignons frais plutôt que d'acheter des préparations industrielles à base d'oignon.

PRINCIPAUX APPORTS NUTRITIONNELS

Pour 100g d'oignon cru épluché	
Kilocalories	36
Kjoules	150
Vitamines B	une large gamme
Fibres (g)	1,4
Niacine (mg)	0,7
Potassium (mg)	160

SANTÉ ET NUTRITION

EFFETS ET PROPRIÉTÉS

• ***Agit contre la hausse du taux de cholestérol et la coagulation du sang***
Chez la plupart des personnes, le taux de cholestérol et le risque de formation de caillots sanguins augmentent après la consommation d'un repas riche en graisses mais pas si celui-ci comporte des oignons, crus ou cuits.

• ***Aide à faire baisser le cholestérol et la tension artérielle et à augmenter le taux de «bon» cholestérol***
Dans une étude réalisée en 1985, les oignons réduisaient la tension artérielle chez 13 volontaires sur 20 souffrant d'hypertension et le taux de cholestérol chez 9 volontaires sur 18 dont le taux de cholestérol était élevé.

• ***Aide à combattre les infections***
L'oignon est un remède traditionnel utilisé pour soigner les infections, telles que les rhumes, les toux, les bronchites et les infections gastriques.

• ***Aide à limiter le risque de cancer***
Les personnes qui consomment régulièrement des oignons diminuent leur risque de développer un cancer.

L'oignon cru est plus susceptible d'augmenter le taux du « bon » cholestérol dans le sang que l'oignon cuit.

Les oignons nouveaux *sont bénéfiques pour la santé car ils sont généralement mangés crus.*

QUELLES QUANTITÉS ?

Il résulte de certains tests que la consommation régulière et en quantité suffisante d'oignons crus ou cuits au cours d'un repas, est bonne pour la santé.

DANS LA CUISINE

CHOIX ET STOCKAGE

De nombreuses personnes préfèrent les variétés d'oignons les plus douces s'ils doivent les consommer crus. Stockez les oignons dans la partie la moins froide du réfrigérateur, en évitant de les mettre en contact avec de l'humidité, ou dans une chambre froide.

PRÉPARATION ET DÉGUSTATION

Vous pouvez mieux tirer parti de leurs vertus en augmentant leur proportion dans une recette et en les accommodant selon des recettes traditionnelles, telles que les oignons confits. Pour conserver le maximum de leurs substances nutritives, coupez les oignons juste avant de les utiliser ou de les manger.

RECETTES

Soupe à l'oignon à la mode suisse 102
Oignons à la grecque 107
Salade Munkazina 109
Oignons confits 126

LA BONNE RÉPUTATION

Action antioxydante

◆

Bonne source de vitamine E dans un aliment pauvre en lipides

◆

Contribue à la santé cardiaque

◆

Peut aider à réguler l'hypertension

◆

Aide à lutter contre l'anémie

PATATE DOUCE

LES PATATES DOUCES, à chair orange, contiennent bien plus de vitamines que les pommes de terre et associent des antioxydants et des minéraux très utiles. Ce sont les seuls aliments pauvres en matières grasses contenant beaucoup de vitamine E, rivalisant avec les oléagineux et les graines sur ce plan.

PRINCIPAUX APPORTS NUTRITIONNELS

pour 100g de patates cuites au four

Kilocalories/Kjoules	115/488
Carotènes (mcg)	59,140
Fibres (g)	3,3
Fer (mg)	0,9
Potassium (mg)	480
Vitamine C (mg)	23
Vitamine E (mg)	6
Zinc (mg)	0,4

SANTÉ ET NUTRITION

EFFETS ET PROPRIÉTÉS

• *Riches en antioxydants*
Elles sont riches en carotènes. Une consommation élevée d'aliments riches en carotènes et en vitamines C et E est liée à une diminution du risque de maladies cardio-vasculaires, de certains cancers, et de la cataracte.

• *Une teneur exceptionnelle en vitamine E*
Elles contiennent plus de vitamine E que n'importe quel autre aliment pauvre en lipides. La vitamine E est source de nombreux bienfaits pour la santé, en particulier pour la peau et le coeur, ainsi que la fertilité masculine.

• *Une excellente source de potassium*
Leur taux de potassium peut permettre d'éviter ou de réguler l'hypertension.

• *Une bonne source de fer*
Une portion généreuse de patates douces constitue une bonne source de fer. Un quart des jeunes femmes dans les pays occidentaux souffrent d'une carence en fer qui provoque une baisse de la résistance aux infections et une diminution de l'énergie.

Les patates douces
Toutes les patates douces sont riches en vitamine E mais seule la variété à chair orange est riche en carotènes.

La richesse en bêta-carotène des patates douces se voit à leur éclatante couleur orange.

QUELLES QUANTITÉS ?

Une portion de 225g de patates douces cuites au four contient un apport en carotène suffisant pour couvrir les besoins quotidiens d'un individu et plus du double de la quantité de vitamine E nécessaire en moyenne.
Une portion de 225g de patates douces cuites au four contient également la moitié de l'apport journalier recommandé en potassium pour un adulte et apporte 2g de fer, couvrant 25% des besoins d'un homme et 15% des besoins d'une femme.

DANS LA CUISINE

CHOIX ET STOCKAGE

Préférez les patates douces qui sont fermes et dont la peau est lisse. Il est inutile d'éplucher les patates douces avant de les faire cuire car leur peau est très fine: il suffit de bien les brosser. Stockez les patates douces dans un endroit frais, sombre et aéré ou dans la partie la moins froide du frigo.

PRÉPARATION ET DÉGUSTATION

Les patates douces possèdent une saveur sucrée très particulière, semblable à celle des châtaignes. Tracez une ou deux incisions dans leur peau puis faites-les cuire au four pendant environ une heure à 190 °C/thermostat 5. Elles peuvent être servies en accompagnement ou en plat unique.

RECETTES

Légumes grillés et sauce tiède aux noix 105

Frites de patates douces 126

LA BONNE RÉPUTATION

Améliore la circulation des capillaires

◆

Peut aider à améliorer certains troubles de la vue

◆

Pourrait renforcer les défenses de l'organisme

◆

Combat les infections urinaires

◆

Remède contre la diarrhée

LA MYRTILLE

LES DIFFÉRENTES VARIÉTÉS de ce fruit d'un beau violet foncé de la famille des *Vaccinium* devraient être consommées bien plus souvent. C'est plus facile aujourd'hui car on peut les trouver au marché. Elles ont une saveur unique, très rafraîchissante, et de multiples propriétés.

PRINCIPAUX APPORTS NUTRITIONNELS

Pour 100 g de myrtilles crues

Kilocalories	30
Kjoules	128
Vitamines B	une large gamme
Fibres (g)	1,8
Vitamine C (mg)	17

SANTÉ ET NUTRITION

EFFETS ET PROPRIÉTÉS

• ***Ses flavonoïdes renforcent les vaisseaux capillaires et améliorent la circulation***
De ce fait, la myrtille aurait une action préventive des troubles tels que les engelures, les varices et la mauvaise circulation chez les diabétiques.

• ***L'extrait de myrtille contribue à améliorer toute une gamme de problèmes de vue***
Des études ont montré que l'extrait de myrtilles pris en association avec 20 mg de bêta-carotène par jour améliore dans certains cas l'adaptation entre la vision diurne et la vision nocturne.

• ***Pourrait aider l'organisme à résister***
Les anthocyanes de la myrtille ont une action antioxydante, anti-inflammatoire et anti-infectieuse.

• ***Combat les infections du système urinaire***
Les myrtilles contiennent les mêmes composants que les airelles qui empêchent la bactérie à l'origine des infections urinaires d'adhérer aux parois de la vessie.

• ***Remède contre la diarrhée***
La consommation de myrtilles fraîches ou séchées, est un remède traditionnel contre la diarrhée.

QUELLES QUANTITÉS ?

Les myrtilles crues ou cuites aideraient à renforcer les capillaires et les petits vaisseaux sanguins. Consommez-en une portion quotidienne de fruits frais ou écrasées en jus. Vous pouvez également vous confectionner une tisane avec des baies séchées ou des baies fraîches dans de l'eau bouillante.

Écrasez les myrtilles fraîches *sans les faire cuire au préalable et dégustez-les comme une compote ou ajoutez-les dans les préparations salées ou sucrées. Conservez-les au congélateur jusqu'à utilisation.*

DANS LA CUISINE

CHOIX ET STOCKAGE

Les myrtilles se conservent bien au frais. Vous pouvez les congeler, les mettre en conserves ou en bocaux ou les faire sécher pour les consommer tout au long de l'année. Les baies fraîches sont meilleures consommées à température ambiante ; le jus de myrtilles est simple à réaliser avec une centrifugeuse.

PRÉPARATION ET DÉGUSTATION

Les myrtilles sont délicieuses dégustées nature ou ajoutées dans les salades de fruits. On peut également les incorporer à certaines pâtisseries. Ce sont des fruits fragiles qui ne doivent pas être cuits plus de quelques minutes si l'on veut préserver leur saveur. Les fruits cuits conservent apparemment leurs qualités thérapeutiques.

RECETTES

Soupe de fruits rouges 99
Pudding d'été 129
Kissel 133
Muffins au son d'avoine 137

LA BONNE RÉPUTATION

Prévient et soigne les infections urinaires

◆

Renforce la résistance aux maladies

◆

Bénéfique en petite quantité à ceux qui souffrent de calculs rénaux

L'AIRELLE

LES AIRELLES sont considérées depuis plusieurs siècles comme des aliments importants tant sur le plan nutritif que médical. Les airelles sont de la même famille que les myrtilles. Elles se conservent bien et sont riches en vitamine C. Une de leurs caractéristiques les plus intéressantes est leur magnifique couleur rouge.

PRINCIPAUX APPORTS NUTRITIONNELS

Pour 100 g d'airelles crues

Kilocalories	15
Kjoules	65
Fibres (g)	3
Fer (mg)	0,7
Vitamine C (mg)	13

❖ SANTÉ ET NUTRITION ❖

EFFETS ET PROPRIÉTÉS

• ***Aide à prévenir et à soigner les infections urinaires***
La bactérie la plus courante à l'origine des infections urinaires, l'*Escherichia coli*, prolifère en se fixant sur les parois des intestins et de la vessie. Une substance non identifiée présente dans les airelles empêche cette adhérence. D'après les tests effectués, la consommation régulière de jus d'airelles réduit le nombre de *E. coli* dans l'urine. Un demi-verre de jus par jour, peut éviter l'apparition d'infections urinaires même chez les personnes atteintes de façon chronique.

• ***Peut renforcer les défenses***
Les airelles auraient des propriétés anti-infectieuses.

• ***Pourrait soulager les personnes souffrant de calculs rénaux***
Chez les personnes souffrant de calculs rénaux, une petite quantité d'airelles pourrait contribuer à faire baisser le taux de calcium dans le sang, ce qui éviterait dans certains cas la formation de nouveaux calculs.

Au lieu d'ajouter du sucre *dans les airelles fraîches, mélangez-les avec d'autres fruits plus sucrés.*

QUELLES QUANTITÉS ?

Consommez-les fraîches ou en jus en évitant les jus de fruits vendus en bouteille qui contiennent de grandes quantités de sucre ajouté pour réduire la relative acidité du fruit.

Jus d'airelles

Attention

Les airelles contiennent une quantité assez élevée d'oxalates et sont contrindiquées en cas de lithiases oxoaliques.

❖ DANS LA CUISINE ❖

CHOIX ET STOCKAGE

Les préparations à base d'airelles sont meilleures faites maison car achetées dans le commerce elles contiennent généralement beaucoup de sucre ajouté. Achetez les airelles fraîches, surgelées ou séchées. Les airelles fraîches se conservent plusieurs semaines au réfrigérateur et se congèlent aussi très bien. Utilisez-les sans les décongeler au préalable.

PRÉPARATION ET DÉGUSTATION

La sauce aux airelles, classique pour accompagner la viande dans les pays anglo-saxons peut être soit sucrée comme une confiture, soit préparée avec moins de sucre et donc plus liquide. Les airelles hachées ou en compote ajoutent une pointe d'acidité et de couleur à d'autres fruits, tels que les poires, les melons ou les kiwis.

RECETTES

Soupe de fruits rouges 99
Compote d'airelles et d'abricots 132
Cake aux fruits secs et aux airelles 136
Sauce aux airelles et à l'orange 141

LA BONNE RÉPUTATION

Renforce les défenses

Pourrait limiter les risques de certains cancers

Peut contribuer à faire baisser le taux de cholestérol dans le sang

Bénéfique pour la circulation capillaire

L'ORANGE

LES ORANGES, qui constituent l'une des meilleures sources de vitamine C, se dégustent généralement crues ce qui permet de ne perdre aucun nutriment. Elles sont également utiles pour leurs fibres, et leurs flavonoïdes. Il est préférable de manger le fruit entier pour bénéficier de toutes ses vertus.

PRINCIPAUX APPORTS NUTRITIONNELS

pour 100 g d'oranges pesées avec la peau et les pépins

Kilocalories	26
Kjoules	112
Calcium (mg)	33
Fibres (mg)	1,2
Acide folique (mcg)	22
Potassium (mg)	270
Vitamine C (mg)	50

SANTÉ ET NUTRITION

EFFETS ET PROPRIÉTÉS

• *Contribue à renforcer les défenses*
La vitamine C est essentielle pour lutter contre les infections, à la fois en tant qu'agent antioxydant et parce qu'elle améliore l'absorption du fer. Dans les oranges, la vitamine C est associée à des flavonoïdes, tels que l'hespéridine, qui semblent renforcer les pouvoirs antioxydants de la vitamine.

• *Posséderait une action anticancéreuse*
D'après de nombreuses études, les personnes consommant davantage d'oranges et d'agrumes en général courent moins de risques devant certains cancers, tels que le cancer de l'estomac.

• *La pectine contribue à faire baisser le cholestérol*
Les oranges contiennent de la pectine, une forme de fibres solubles qui aide à réduire le cholestérol dans le sang, notamment le « mauvais » cholestérol, de type LDL.

• *Peut améliorer la solidité des petits vaisseaux*
Les flavonoïdes et la vitamine C présents dans les oranges aident à renforcer la solidité des parois des cellules ce qui améliore la circulation capillaire.

Le fruit entier *est meilleur pour la santé que le jus.*

La pectine est essentiellement présente dans la peau blanche qui entoure chaque quartier et dans l'écorce.

QUELLES QUANTITÉS ?

Quelle que soit la quantité consommée, les oranges sont bénéfiques pour renforcer les défenses de l'organisme. Une étude a mis en évidence une réduction du risque de cancer chez les personnes mangeant 100 g d'agrumes par jour. Le jus d'orange qui vient d'être pressé contient une grande quantité de vitamine C, de potassium et d'acide folique mais ne peut remplacer les bénéfices du fruit entier.

Le zeste d'orange *est une bonne façon de consommer l'écorce, celle-ci contenant la majeure partie des huiles essentielles bénéfiques pour la santé. Garnissez les salades, les plats salés et les desserts avec de fines tranches de zeste.*

DANS LA CUISINE

CHOIX ET STOCKAGE

Les oranges moins mûres contiennent moins de pectines et les oranges sanguines contiennent davantage de carotènes. Si vous souhaitez consommer le zeste ou l'écorce, achetez des oranges non traitées, ou brossez-les avec de l'eau savonneuse chaude et rincez-les. Les oranges épluchées ou stockées longtemps perdent leur vitamine C.

PRÉPARATION ET DÉGUSTATION

La marmelade et les pickles, agrumes macérés dans du vinaigre, constituent une bonne façon de consommer de l'écorce d'orange. Le zeste permet d'ajouter de la saveur, de la couleur et une pointe d'acidité dans les salades et à de nombreux plats cuisinés. Prenez l'habitude de manger simultanément oranges et aliments fumés.

RECETTES

Salade Munkazina 109

Sauce aux airelles et à l'orange 141

L'ANANAS

LA BONNE RÉPUTATION

Contribue à réduire l'inflammation et à accélérer la cicatrisation des tissus

◆

Améliore la digestion

◆

Pourrait être utile en prévention cardiovasculaire

CE FRUIT DÉLICIEUX, que nous devrions déguster plus souvent, contient de la bromelaïne, un enzyme puissant. Plus de 800 études ont été menées pour analyser l'action de ces enzymes et démontrer qu'ils peuvent aider à la cicatrisation, à réduire les inflammations d'origines multiples et à améliorer la digestion.

PRINCIPAUX APPORTS NUTRITIONNELS

Pour 100 g d'ananas frais

Kilocalories	41
Kjoules	176
Potassium (mg)	160
Vitamine C (mg)	12

SANTÉ ET NUTRITION

EFFETS ET PROPRIÉTÉS

• ***Diminue l'inflammation***
L'action anti-inflammatoire de l'ananas n'est pas encore expliquée : selon une théorie, les bromelaïnes bloquent les prostaglandines qui jouent un rôle dans le gonflement des tissus. Ces enzymes ont été utilisés avec succès pour soigner la polyarthrite rhumatoïde et pour accélérer la cicatrisation en cas de blessures, d'opérations ou d'ulcérations liées au diabète. Les enzymes sont présents dans l'ananas cru ou le jus qui vient d'être pressé, mais sous une forme plus diluée que ceux utilisés dans la recherche.

• ***Les enzymes dégradent les protéines***
L'action des enzymes de l'ananas qui dégradent les protéines dans l'estomac contribue à un mécanisme qui facilite la digestion.

• ***Pourrait être utile en prévention cardiovasculaire***
Des études anciennes ont montré que la bromélaïne (enzyme) de l'ananas pourrait limiter la formation de caillots.

QUELLES QUANTITÉS ?

L'action des enzymes d'un ananas varie en fonction des différentes variétés et pourrait également être modifiée par les conditions de culture. et le mûrissement. Toutefois, une consommation régulière d'ananas a certainement une action bénéfique sur la santé.

L'ananas *frais contient des enzymes très utiles.*

L'ananas en tranches
Le coeur du fruit peut être mangé en même temps que la chair plus tendre.

DANS LA CUISINE

CHOIX ET STOCKAGE

Les enzymes de l'ananas sont détruits lors de la cuisson des fruits et de la pasteurisation des jus. Les fruits et le jus frais conservent leurs propriétés bénéfiques. Les ananas cessent de mûrir une fois qu'ils ont été cueillis, alors choisissez un fruit à l'odeur sucrée. Les gros ananas sont d'un meilleur rapport qualité/prix.

PRÉPARATION ET DÉGUSTATION

Il n'est pas nécessaire de retirer la partie centrale du fruit. L'ananas accompagne de nombreux aliments, allant de la viande au poisson, en passant par le fromage. Ajouté dans les marinades, l'ananas attendrit la viande et aide l'organisme à la digérer. En revanche, l'ananas fait rapidement tourner la crème fraîche, la crème pâtissière et le yaourt.

RECETTES

Fondue d'ananas 130
Assaisonnement à l'ananas 138

LE PIMENT

LA BONNE RÉPUTATION

Améliore la circulation sanguine
◆
Dégage les voies aériennes
◆
Facilite la digestion
◆
Pourrait soulager la douleur
◆
Augmente la vitesse à laquelle sont brûlées les calories

IL EN EXISTE TOUTE UNE GAMME aux saveurs variées. Ils ne dominent pas forcément les autres aliments et peuvent être utilisés avec doigté pour rehausser la saveur d'un plat. Souvent, les personnes qui consomment régulièrement des piments apprécient les plats de plus en plus relevés.

PRINCIPAUX APPORTS NUTRITIONNELS

Pour 10 g de piment rouge

Kilocalories/Kjoules	3/11
Bêta-carotènes (mcg)	410
Vitamine C (mg)	22,5

Les piments apportent une quantité négligeable de calories, de vitamines et de minéraux en raison des petites quantités consommées.

SANTÉ ET NUTRITION

EFFETS ET PROPRIÉTÉS

•*Améliore la circulation*
Une mauvaise circulation sanguine diminue l'efficacité du processus d'oxygénation du sang. Une consommation régulière de piments stimulerait la circulation.

• *Aide à dégager les voies aériennes*
La consommation de piments stimule la transpiration, fait larmoyer et provoque un écoulement nasal. L'action stimulante des piments aide ainsi à décongestionner les voies aériennes.

• *Stimule la digestion*
Les piments augmentent la quantité de sucs gastriques ce qui assure une acidité suffisante pour détruire les bactéries présentes dans les aliments et favorise une bonne digestion.

•*Augmente temporairement la vitesse à laquelle les calories sont brûlées*
Lors d'une expérience menée sur des volontaires, la consommation de 3 g de sauce pimentée au cours d'un repas a fait augmenter la dépense énergétique d'environ 25 % pendant quelques heures.

La capsaicine, substance qui donne le piquant, est surtout concentrée dans les graines.

Piments verts frais

Piments rouges frais

Piments séchés en poudre

Paprika

QUELLES QUANTITÉS ?

Les piments les plus forts contiennent davantage de capsaicine, à l'origine de leurs propriétés stimulantes. On peut donc en consommer moins que des piments doux tout en bénéficiant de leurs qualités.

Attention

Une grosse consommation de piments pourrait favoriser le développement de cancers de l'estomac. La consommation de piments par les personnes souffrant d'ulcères gastro-duodénaux ou d'hémorroïdes ne fait pas l'unanimité.

DANS LA CUISINE

CHOIX ET STOCKAGE

Le caractère puissant ou non des piments est très variable. Le paprika et le piment doux, les moins épicés, sont prétraités afin de réduire leur contenance en capsaicine. Les piments séchés et les piments en poudre conservent leur caractère épicé, apportent un peu de bêta-carotène et très peu de vitamine C, ce qui réduit leur action antioxydante.

PRÉPARATION ET DÉGUSTATION

Dans les pays chauds, il existe un vaste répertoire de recettes. En général, on retire les graines avant d'ajouter le piment à une préparation. Si un plat est trop relevé, on peut y ajouter une bonne quantité de yaourt pour l'atténuer. Avant d'ajouter les piments dans une préparation, vérifiez leur puissance en les goûtant rapidement.

RECETTES

Soupe épicée et acidulée 99
Soupe épicée au poulet et à la noix de coco 101
Sauces et assaisonnements 138-139
Zhoug 139

L'AIL

LA BONNE RÉPUTATION

Combat les infections
◆
Protège la santé cardiaque
◆
Pourrait réduire les risques d'attaques cérébrales
◆
Pourrait être bénéfique pour les diabétiques
◆
Pourrait réduire le risque de cancer

L'AIL EST SÛREMENT l'aliment dont on connaît le mieux les propriétés bénéfiques, qui étaient déjà appréciées des Grecs et des Égyptiens et qui sont aujourd'hui confirmées par la recherche. Il favorise une bonne circulation et la résistance aux infections qui affectent la santé de l'organisme de multiples façons.

PRINCIPAUX APPORTS NUTRITIONNELS

Pour 9 g, environ 2 grosses gousses

Kilocalories	9
Kjoules	37

L'ail apporte une quantité négligeable de calories, de vitamines et de minéraux en raison des faibles quantités consommées.

SANTÉ ET NUTRITION

EFFETS ET PROPRIÉTÉS

• ***Joue le rôle d'un antibiotique***
L'ail peut combattre une gamme d'infections bactériennes, virales et fongiques, telles que la grippe, le rhume, les gastro-entérites, les mycoses et les boutons de fièvre.

• ***Réduit les taux élevés de cholestérol sanguin***
La consommation régulière de 1 à 2 gousses d'ail par jour peut faire baisser le taux de cholestérol.

• ***Favorise une bonne circulation***
L'ail favorise la dilatation des vaisseaux sanguins et réduit le risque de formation de caillots qui peuvent boucher les vaisseaux et entraîner un infarctus ou une attaque cérébrale.

• ***Réduit l'hypertension***
Des études confirment qu'une consommation modérée d'ail peut provoquer une baisse importante de la tension artérielle.

• ***Action anticancérigène***
Des études menées en Chine ont démontré que les personnes mangeant le plus d'ail voyaient le risque de développer un cancer de l'estomac diminué de moitié.

Gousses d'ail
L'ail cru est probablement le plus actif sur le plan thérapeutique.

Tête d'ail rose

QUELLES QUANTITÉS ?

La consommation quotidienne de 1 à 2 gousses d'ail a des conséquences bénéfiques pour le cœur au bout de quelques semaines et aide à prévenir et à traiter les infections. Comme les vertus de l'ail sont liées à l'odeur qui se dégage de son huile très volatile, une cuisson violente qui détruit cette huile limitera ses bienfaits.

Gousses d'ail écrasées
Le fait d'écraser les gousses d'ail libère l'huile qu'elles contiennent, ce qui permet la formation d'un composé sulfuré aux propriétés bénéfiques. Pour profiter de ces composés volatiles, consommez l'ail aussitôt après l'avoir écrasé ou haché.

DANS LA CUISINE

CHOIX ET STOCKAGE

Pour bénéficier de ses qualités et profiter pleinement de sa saveur, mieux vaut utiliser de l'ail frais. Les préparations industrielles, telles que la purée d'ail ou l'ail séché ne sont pas aussi bénéfiques que l'ail frais et peuvent rancir rapidement. Conservez l'ail emballé, mais pas dans un récipient hermétique, au réfrigérateur.

PRÉPARATION ET DÉGUSTATION

L'ail est un ingrédient idéal dans des plats qui pourraient autrement sembler gras et lourds. L'ail et l'huile d'olive ou l'ail et l'agneau sont deux exemples d'associations délicieuses. Pour faire disparaître la mauvaise haleine liée à la consommation d'ail, il existe deux remèdes classiques : manger du persil ou croquer un grain de café.

RECETTES

Poulet aux quarante gousses d'ail 117
Zhoug 139
Sauce à l'ail confit 139

LA BONNE RÉPUTATION

Aide à prévenir les nausées
◆
Facilite la digestion
◆
Évite la formation de caillots
◆
Stimule la circulation et combat le rhume et les toux
◆
Pourrait soulager les rhumatismes

LE GINGEMBRE

LE GINGEMBRE FRAIS est une épice puissante, clé de voûte de la cuisine asiatique. La partie que nous consommons est la tige souterraine de cette plante tropicale souvent qualifiée de racine. Bien que le gingembre conserve une grande partie de ses qualités même séché, il est préférable d'utiliser du gingembre frais.

PRINCIPAUX APPORTS NUTRITIONNELS

Pour 25 g de gingembre frais

Kilocalories	10
Kjoules	40

Le gingembre apporte une quantité négligeable de calories, de vitamines et de minéraux en raison des petites quantités consommées.

SANTÉ ET NUTRITION

EFFETS ET PROPRIÉTÉS

• *Combat les nausées et le mal des transports*
Le gingembre serait aussi efficace que les médicaments classiques pour prévenir l'apparition des nausées mais ne peut pas les faire disparaître une fois qu'elles ont commencé.

• *Facilite la digestion*
Le gingembre stimule la bile, soulage les coliques et dissipe les ballonnements.

• *Réduit les risques de caillots*
Le gingembre semblerait encore plus efficace que l'ail ou l'oignon pour éviter la formation de caillots sanguins qui peuvent provoquer infarctus et attaques cérébrales.

• *Aide à combattre rhume et toux*
Le gingembre stimulerait la circulation ce qui aide l'organisme à évacuer les glaires des bronches.

• *Pourrait soulager la douleur, la raideur et le gonflement liés aux rhumatismes*
Le gingembre pourrait agir en bloquant les substances inflammatoires.

Gingembre en poudre

Rondelle de gingembre frais

Gingembre frais

Gingembre confit

QUELLES QUANTITÉS ?

1g, c'est-à-dire une demi-cuillerée à café de gingembre en poudre ou un petit morceau de gingembre frais ou confit suffit pour éviter les manifestations du mal des transports.
La consommation excessive de gingembre peut provoquer des démangeaisons du col de la vessie.
Si cela se produit, réduisez votre consommation.

DANS LA CUISINE

CHOIX ET STOCKAGE

Conservez le gingembre frais enveloppé au réfrigérateur pour l'empêcher de se dessécher ou de moisir. Il devrait se conserver plusieurs semaines. Il se congèle aussi très bien. Afin que le gingembre en poudre conserve sa saveur, achetez-le par petites quantités et stockez-le dans un récipient hermétique dans un endroit sombre et frais.

PRÉPARATION ET DÉGUSTATION

L'odeur et la saveur du gingembre donnent une chaleur épicée aux curries, aux poêlées de légumes, à de nombreuses recettes de poisson chinoises et à quantité de recettes. Le gingembre accompagne très bien certains fruits, en, particulier le melon, mais aussi les poires, les bananes et les pêches. Il est également délicieux avec les glaces.

RECETTES

Bananes au four au gingembre 129

Pain d'épice au gingembre et aux amandes 135

LE THÉ

LA BONNE RÉPUTATION

Pourrait réduire le risque de cancer
◆
Pourrait réduire le risque de maladies cardiaques
◆
Diminue le risque de formation de caillots et l'hypertension
◆
Contribue à éviter les caries
◆
Combat le virus de la grippe

ON REPROCHE SOUVENT au thé d'être un excitant, mais c'est un excitant léger qui possède des qualités bénéfiques pour la santé dans la mesure où il n'est pas consommé en excès. Le procédé permettant de créer des thés plus foncés réduit mais ne supprime pas leurs vertus.

PRINCIPAUX APPORTS NUTRITIONNELS

Pour 5g (2 cuillerées à café) de thé

Fluor (mg)	0,2-0,5

Le thé apporte une quantité négligeable de calories, de vitamines et de minéraux.

SANTÉ ET NUTRITION

EFFETS ET PROPRIÉTÉS

• *Présence de flavonoïdes, des antioxydants*
Les flavonoïdes présents dans le thé pourraient empêcher la formation de substances potentiellement cancérigènes telles que les nitrosamines, apportées par les aliments fumés, et les résidus des engrais riches en nitrates.

• *Prévient les maladies cardio-vasculaires*
Le thé tend à faire baisser le cholestérol et le taux de lipides dans le sang et peut faire baisser l'hypertension.

• *Aliment riche en fluor*
Dans les zones pauvres en fluor, le fait de boire 2 à 3 tasses de thé par jour peut réduire le risque de caries.

• *Action antivirale*
Le thé, qui est un remède traditionnel contre la grippe, aurait des propriétés antivirales.

Le thé vert *a une action antioxydante et contient moins de caféine que le thé noir.*

Thé vert

Thé noir

Thé oolong

QUELLES QUANTITÉS ?

La quantité de tanin et des autres flavonoïdes varie d'un thé à l'autre. Le thé vert en contient le plus, suivi par l'oolong, puis le thé noir. Lorsque l'on ajoute du lait dans le thé, cela rend inefficaces certains des tanins et le fluor. Il est conseillé de boire le thé préparé avec 3 à 5 g de feuilles.

Attention

Une consommation excessive de thé est néfaste. L'excès de fluor tache les dents et l'excès de caféine favorise les insomnies. Le fait de boire du thé brûlant semble avoir un lien avec le cancer de l'oesophage et le thé bu au cours d'un repas réduit l'absorption du fer apporté par les aliments, *voir p. 25.*

DANS LA CUISINE

CHOIX ET STOCKAGE

Le thé vert serait le meilleur sur le plan médicinal, suivi par le thé oolong et le thé au Jasmin, puis l'Earl grey, les thés noirs des Indes et de Ceylan. Le thé décaféiné conserve ses tanins et ses autres flavonoïdes. Achetez le thé en petites quantités et stockez-le dans un récipient hermétique dans un endroit sombre et frais.

PRÉPARATION ET DÉGUSTATION

Si vous voulez réduire la quantité de caféine contenue dans le thé, jetez la première tasse car c'est celle qui en contient le plus. La tasse suivante contiendra davantage de tanins et d'autres flavonoïdes. Le thé se boit chaud ou glacé, mais il s'utilise aussi dans la préparation de cakes, de compotes et de sorbets.

RECETTES

Crevettes au thé vert 116
Cake au thé Earl Grey 136

LA BONNE RÉPUTATION

Peut réduire le cholestérol

Calmant pour les nerfs

Aide à stabiliser le taux de glycémie dans le sang

Convient pour les régimes sans gluten

Soulage la constipation

L'AVOINE

CONTRAIREMENT À LA PLUPART des céréales, il n'existe pas de version raffinée de l'avoine, raison pour laquelle elle conserve toutes ses qualités nutritives. Comparée à d'autres céréales, l'avoine apporte davantage d'acide linoléique, de vitamines B, de vitamine E, de protéines et de fibres solubles.

PRINCIPAUX APPORTS NUTRITIONNELS

Pour 42 g d'avoine crue

Kilocalories/Kjoules	160/666
Vitamines B	Bon apport
Lipides (g)	3-4
• *monoinsaturés (g)*	1,3
• *polyinsaturés (g)*	1,5
Fibres (g)	2,8
Acide folique (mcg)	25
Vitamine E (mg)	0,7

SANTÉ ET NUTRITION

EFFETS ET PROPRIÉTÉS

• *Peut faire baisser le cholestérol*
Dans un groupe de personnes suivant un régime pauvre en lipides, celles qui ajoutaient 35 à 45 g d'avoine par jour à leur alimentation ont vu leur taux de cholestérol total baisser de plus de 3 % et le « mauvais » cholestérol, LDL, de 14 % en à peine 8 semaines.

• *Calmant pour les nerfs et sédatif*
Selon une étude, on a constaté une plus forte diminution des symptômes liés à l'arrêt du tabac chez 26 gros fumeurs avec un extrait d'avoine qu'avec un placebo.

• *Bénéfique pour certains diabétiques*
L'avoine ralentit l'absorption des glucides dans le sang. Cela entraîne une fluctuation plus limitée du taux de glycémie dans le sang.

• *Aliment de base nourrissant sans gluten*
Une étude finlandaise de 1995 a montré que 92 personnes souffrant de maladie cœliaque (intolérance au gluten) pouvaient sans danger manger de l'avoine.

• *Augmente le poids des selles*
Les fibres d'avoine atténuent la constipation.

Le son d'avoine *peut avoir un effet sur des taux de cholestérol élevés.*

L'avoine crue *est traitée pour détruire un enzyme qui, en dégradant les lipides contenus dans les flocons d'avoine, leur donne un goût âcre et rance.*

Le porridge *est un aliment nourrissant et bénéfique.*

QUELLES QUANTITÉS ?

La meilleure formule pour bénéficier de l'action bienfaisante de l'avoine sur votre santé est encore la consommation régulière de porridge.

Attention

Le son d'avoine est riche en acide phytique. Celui-ci limite l'absorption du calcium, du fer et du zinc apportés par les autres aliments.

DANS LA CUISINE

CHOIX ET STOCKAGE

L'avoine rancit plus facilement que les autres céréales, en partie à cause de sa forte contenance en acides gras polyinsaturés. Conservez-la dans un récipient hermétique dans un endroit frais et sombre et pas plus de quelques mois. Les flocons d'avoine et le son d'avoine s'utilisent de différentes façons en cuisine.

PRÉPARATION ET DÉGUSTATION

L'avoine est rapide et facile à faire cuire et devrait plus souvent être employée en cuisine. Les flocons d'avoine s'utilisent seuls ou mélangés à du son d'avoine, pour lier différents ingrédients, dans la confection de boulettes de viande par exemple, ou pour épaissir potages et plats cuisinés. Vous pouvez ajouter des flocons d'avoine à la pâte à tarte.

RECETTE

L'authentique müesli 131
Muffins au son d'avoine 137

LE TOURNESOL

LES GRAINES DE TOURNESOL sont bien plus riches que n'importe quel autre aliment courant en vitamine E, associée à une diminution du risque de maladies cardiaques, de certains cancers et de la cataracte. Les graines de tournesol constituent une source de premier choix d'acide linoléique, vital pour l'organisme.

LA BONNE RÉPUTATION

Peut réduire les risques de maladies cardiaques

Peut réduire l'angine de poitrine

Riche en antioxydants qui augmentent les défenses contre le cancer et la cataracte

Évite les traumatismes musculaires

PRINCIPAUX APPORTS NUTRITIONNELS

Pour 28 g de graines de tournesol

Kilocalories	163
Kjoules	675
Lipides (g)	13
• *Acide linoléique (g)*	8
• *Acides gras saturés (g)*	1
Fibres (g)	6
Vitamine B1 (mg)	0,4
Vitamine E (mg)	11

SANTÉ ET NUTRITION

EFFETS ET PROPRIÉTÉS

• ***Riche en vitamine E et en acide linoléique, bénéfiques pour le cœur***
Les personnes qui ont un faible taux de vitamine E sont presque 3 fois plus exposées à l'angine de poitrine. En augmentant l'apport d'acide linoléique, on voit décroître l'hypercholestérolémie, en particulier le « mauvais » cholestérol, ce qui contribue à empêcher le rétrécissement des artères.

• ***Possible action anticancéreuse***
Chez les personnes qui consomment davantage d'aliments riches en bêta-carotène et vitamines C et E, le taux de cancer et de cataracte est plus faible.

• ***Limite les conséquences néfastes de l'effort physique***
L'effort physique intense augmente la concentration des radicaux libres dans l'organisme, ce qui peut entraîner des traumatismes musculaires sauf en présence de vitamine E car celle-ci empêche l'oxydation.

Graines de tournesol

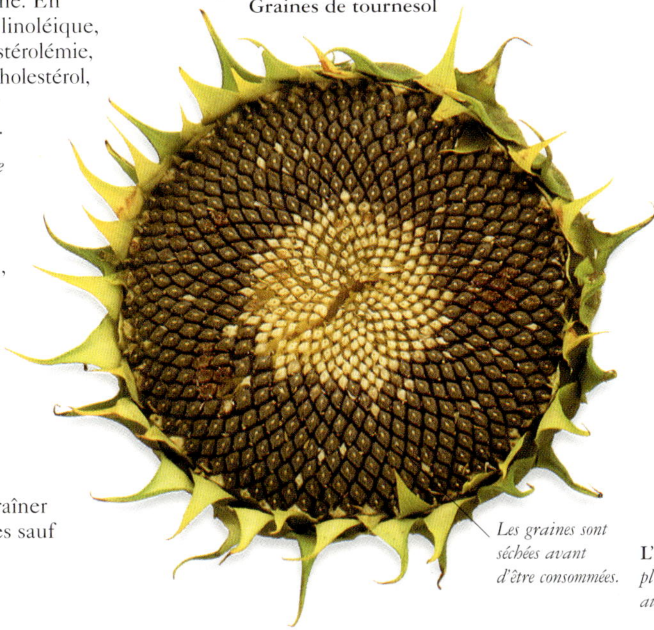

Les graines sont séchées avant d'être consommées.

QUELLES QUANTITÉS ?

La consommation de 28 g (environ 2 cuillerées à soupe) de graines de tournesol par jour suffit à doubler l'apport courant de vitamine E. L'apport conseillé de vitamine E est de 12 mg par jour.

Attention

La consommation de graines ou d'huile rances, parce qu'elles ont été trop chauffées ou mal conservées, augmente le risque de formation de radicaux libres, voir p. 21.

L'huile de tournesol non raffinée *est plus parfumée que l'huile raffinée et ne perd aucun nutriment au cours de sa fabrication.*

DANS LA CUISINE

CHOIX ET STOCKAGE

Vérifiez que les graines et les produits à base de tournesol ne sont pas trop vieux ou rances. Le tournesol étant riche en vitamine E, il est le plus indiqué pour les spécialités à tartiner. Stockez les graines et l'huile dans des récipients hermétiques, dans un endroit frais et sombre, et consommez-les vite. Même grillées, les graines conservent leur vitamine E.

PRÉPARATION ET DÉGUSTATION

Les graines de tournesol ajoutent une saveur de noix à de nombreuses préparations. Vous pouvez rehausser leur saveur en les faisant griller mais ne les laissez pas cuire plus de 1 ou 2 mn dans une poêle à fond épais, sur feu doux, pour éviter de détruire leurs acides gras essentiels. Concassez les graines dans un mortier pour libérer leur saveur.

RECETTES

Salade verte aux graines de tournesol 112

Crumble au tournesol, aux pommes et aux abricots 133

LA BONNE RÉPUTATION

Contribue à faire baisser les taux de graisses et de cholestérol dans le sang

◆

Pourrait réduire les risques de maladies cardio-vasculaires

◆

Action anti-inflammatoire

◆

Bonne source de nutriments

LA NOIX

La noix constitue une bonne source d'acides linolénique et linoléique, deux des acides gras essentiels que l'organisme ne peut pas fabriquer, voir p. 19. Le fait d'augmenter la proportion d'acides gras polyinsaturés par rapport aux acides gras saturés dans l'alimentation a des effets bénéfiques pour la santé.

PRINCIPAUX APPORTS NUTRITIONNELS

Pour 28 g fraîchement décortiqués

Kilocalories/Kjoules	193/794
Lipides (g)	19
• *Acide alpha-linolénique (g)*	0,9
• *Acide linoléique (g)*	9
Fer (mg)	0,81
Sélénium (mcg)	5,3
Vitamine E (mg)	1,1
Zinc (mg)	0,75

SANTÉ ET NUTRITION

EFFETS ET PROPRIÉTÉS

• ***Aide à préserver la santé cardio-vasculaire*** L'acide linoléique peut réduire les taux de cholestérol dans le sang. L'acide alpha-linolénique, acide gras essentiel, diminue le risque de formation de caillots dans le sang. Deux études menées sur un vaste échantillonnage de personnes ont montré que celles qui mangent des noix sont moins exposées aux maladies coronariennes. Dans une troisième étude, les noix faisaient baisser les taux de graisses dans le sang, y compris le cholestérol, et la tension artérielle.

• ***Action anti-inflammatoire*** Les acides gras oméga 3 ont été utilisés avec succès pour réduire la gravité de la polyarthrite rhumatismale et les problèmes de démangeaisons et de desquamation de la peau.

• ***Un concentré de nutriments*** La noix est un aliment intéressant pour les personnes à faible appétit telles que les convalescents.

Fruits verts, pas encore mûrs

Les noix qui viennent d'être *décortiquées sont délicieuses crues ou cuites et constituent une excellente source de nutriments.*

QUELLES QUANTITÉS ?

Cinq noix entières ou 10 cerneaux répondent aux besoins quotidiens en acide linoléique et à plus de la moitié des besoins en acide alpha-linolénique. Une consommation importante d'acides gras polyinsaturés augmente les besoins en vitamine E, voir p. 19, et peut faire prendre du poids. L'huile de noix apporte également des acides gras essentiels mais elle rancit vite.

Attention

Ne mangez jamais les noix au goût amer car celui-ci indique un rancissement.

Huile de noix non raffinée

DANS LA CUISINE

CHOIX ET STOCKAGE

Choisissez des noix fraîches non décortiquées ou des cerneaux de noix emballés sous vide, et non des noix hachées en poudre qui rancissent rapidement au contact de l'air. Conservez les noix et l'huile de noix non raffinée dans des récipients hermétiques, dans un endroit frais et sombre, et consommez-les rapidement.

PRÉPARATION ET DÉGUSTATION

Les cerneaux de noix qui viennent d'être décortiqués apportent une saveur riche à de nombreuses recettes. L'huile de noix est plus douce que l'huile d'olive et parfume agréablement salades et pâtisseries. N'exposez pas les cerneaux de noix et l'huile de noix à une forte chaleur car les acides gras polyinsaturés brûlent et s'oxydent facilement.

RECETTES

Légumes grillés et sauce tiède aux noix 105

Poulet aux noix à la Géorgienne 118

LE YAOURT

Les vertus du yaourt, connues depuis longtemps, sont continuellement confirmées par la recherche. Tous les yaourts ont une action sur la digestion, grâce à leurs ferments lactiques qui améliorent la flore intestinale. Le lait fermenté au *lactobacillus acidophilus* est particulièrement intéressant.

LA BONNE RÉPUTATION

Joue un rôle dans la prévention des gastro-entérites, infections urinaires et candidoses

◆

Soulage après une diarrhée

◆

Compense les effets secondaires des antibiotiques

◆

Renforce le système immunitaire

PRINCIPAUX APPORTS NUTRITIONNELS

Pour 140 ml de yaourt nature maigre

Kilocalories	78
Kjoules	330
Calcium (mg)	210-280
Vitamine B2 (mg)	0,4

❖ SANTÉ ET NUTRITION ❖

EFFETS ET PROPRIÉTÉS

• ***Protège contre certaines bactéries***
La consommation de lait fermenté contenant du *Lb. acidophilus* réduit les risques de gastro-entérites et de mycoses vaginales. Certaines formes de *Lb. acidophilus* combattent les bactéries courantes qui provoquent les intoxications alimentaires, les infections urinaires et certains ulcères gastro-duodénaux.

• ***Permet de se remettre après une diarrhée***
Dans des essais cliniques, enfants et adultes consommant des laits fermentés fabriqués avec du *Lb. acidophilus* avaient deux fois plus de chance de se remettre en trois jours d'une diarrhée sans traitement antibiotique que les enfants auxquels on avait donné des antibiotiques.

• ***Aide à recréer la flore intestinale***
La consommation de yaourt permet de recréer la flore intestinale détruite après la prise d'antibiotiques.

• ***Stimule les défenses de l'organisme***
Le lait fermenté fabriqué avec du *Lb. acidophilus* stimulerait les cellules de l'organisme qui luttent contre les bactéries et augmenterait la production de gamma-interféron, une substance ayant une action antivirale.

Le yaourt *est fabriqué par l'adjonction de bactéries, des ferments lactiques, dans le lait. Il ne doit pas être pasteurisé sinon les bactéries sont détruites.*

Yaourt à la grecque
Ces yaourts crémeux contiennent plus de matières grasses que la plupart des autres yaourts mais ils constituent une alternative intéressante à la crème fraîche.

QUELLES QUANTITÉS ?

Une consommation quotidienne de 140 ml de yaourt couvre une bonne partie des besoins en calcium et en vitamines du groupe B. Les bactéries contenues dans le yaourt ne peuvent pas survivre longtemps dans l'intestin, c'est pourquoi une consommation occasionnelle n'est pas aussi bénéfique qu'une consommation quotidienne. Pour lutter contre une infection intestinale, consommez des yaourts. L'action du yaourt est plus efficace s'il est consommé dès le jour où survient l'infection.

❖ DANS LA CUISINE ❖

CHOIX ET STOCKAGE

Les différentes sortes de yaourts contiennent tous à peu près la même quantité de calcium.
Les autre types de laits fermentés (kéfir) sont également bons pour la santé mais présentent moins d'intérêt d'un point de vue culinaire.
Conservez-les au frais.

PRÉPARATION ET DÉGUSTATION

La saveur délicate et la consistance crémeuse du yaourt s'associent à divers autres ingrédients, des graines de cumin aux fruits. Pour tirer le meilleur parti de ses propriétés, mieux vaut consommer le yaourt sans le faire chauffer, car la chaleur détruit les bactéries. Si vous ajoutez du yaourt dans un plat chaud, incorporez-le juste avant de servir.

RECETTES

Agneau Pasanda 117

Mousse aux abricots et aux amandes 130

Sauce au yaourt et à la menthe 141

La bonne réputation

Réduit les risques de mortalité liés aux maladies cardiaques

◆

Peut réduire le risque d'attaque cérébrale

◆

Bénéfique en cas de polyarthrite rhumatoïde

◆

Pourrait améliorer les maladies de peau inflammatoires

◆

Pourrait réduire les risques de cancer

◆

Riche en iode

Poissons gras

Quelque 800 articles ont mis en évidence l'action bénéfique des acides gras oméga 3 présents dans les poissons gras sur la santé. Parmi une multitude d'actions, on relève la prévention des maladies cardiaques et des caillots sanguins et une action anti-inflammatoire. La forte teneur en vitamine D des poissons gras est également intéressante. Il existe de nombreuses façons pratiques et économiques de faire figurer plus souvent du poisson gras à votre menu.

Principaux apports nutritionnels

100 g de sardines à l'huile égouttées

Kilocalories	180
Kjoules	750
Calcium (mg)	21
Iode (mcg)	37
Fer (mg)	0,4
Acides gras oméga 3 (g)	3,9
Vitamine B1 (mg)	0,23
Vitamine D (mcg)	8,0
Vitamine E (mg)	1,9
Zinc (mg)	0,6

❖ Santé et nutrition ❖

Effets et propriétés

• ***Peut faire baisser la tension artérielle, le cholestérol et les taux de graisse***
La consommation de maquereaux en conserve 3 fois par semaine pendant 2 semaines, a réduit de façon significative la tension artérielle et le taux de cholestérol qui sont des facteurs de risque pour les maladies cardio-vasculaires. Les chercheurs ont toutefois fait remarquer que pour les personnes consommant déjà du poisson 3 fois par semaine, on ne constatait pas de bénéfice supplémentaire.

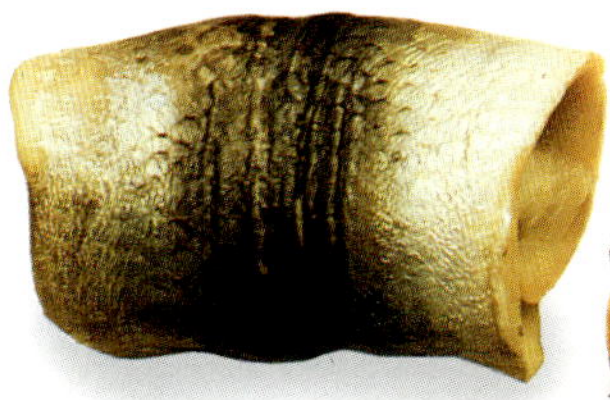

Le rollmops *de hareng est conservé dans la saumure et mangé cru.*

Hareng fumé

• ***Diminue le risque d'infarctus***
Au cours d'une étude menée sur une longue période en Hollande, des hommes qui consommaient du poisson gras ou blanc au moins deux fois par semaine couraient moins de risques de mourir d'infarctus. Dans une étude galloise, sur 2 000 hommes se remettant de leur premier infarctus, il y eut 29 % de décès en moins parmi la moitié qui mangea du poisson que parmi les 1 000 autres. Comme l'étude hollandaise portait également sur du poisson blanc, l'effet protecteur pourrait ne pas se limiter aux poissons gras.

Maquereau frais

• ***Pourrait soulager les malades souffrant de polyarthrite rhumatoïde***
La consommation de poisson gras 4 à 6 fois par semaine, soit environ 700 g, est conseillée par une équipe de recherche qui a constaté que les malades atteints de polyarthrite rhumatoïde auxquels on donnait du poisson gras, souffraient moins au bout de quelques semaines.

❖ DANS LA CUISINE ❖

CHOIX ET STOCKAGE

Toutes les sortes de poissons gras apportent des acides gras oméga 3 sauf le thon en boîte qui en contient une quantité négligeable. Exploitez au maximum toutes les espèces de poissons gras fraîches, fumées ou en conserve. Les meilleures sources d'acides gras oméga 3 sont le maquereau, le saumon, le pilchard, le hareng fumé, la sardine, le hareng. Les poissons mangés avec leurs arêtes constituent une excellente source de calcium. Conservez le poisson frais et le poisson fumé au réfrigérateur.

PRÉPARATION ET DÉGUSTATION

Plus vous consommez d'acides gras oméga 3, plus il vous faut de vitamine E pour vous protéger de l'oxydation, voir p. 19. Choisissez des recettes qui associent des acides gras oméga 3 et de la vitamine E, par exemple une salade aux maquereaux fumés assaisonnée d'huile de tournesol non raffinée. Lorsque vous mangez du poisson fumé, ajoutez de la vitamine C, par exemple avec un jus de citron, car elle pourrait jouer un rôle protecteur contre les substances toxiques apportées par les aliments fumés.

RECETTES

Harengs marinés à l'aneth 106

Mousse de sardines au citron 106

Ragoût de poisson à la grecque 115

Kedgeree de saumon 116

Saumon Teriyaki 119

• ***Pourrait améliorer les colites ulcéreuses***
Cette maladie marquée par une inflammation des intestins, peut se révéler très grave chez certaines personnes, mais elle s'améliore chez 7 malades sur 10 consommant de l'huile de poisson et qui n'avaient pas vu leur état amélioré par des médicaments classiques.

• ***Bon pour le psoriasis et les dermatites***
Les personnes souffrant de psoriasis et de dermatites ont indiqué que les huiles de poisson soulagent les démangeaisons, la desquamation et atténuent l'affection en général. Dans une étude norvégienne d'une durée de 12 semaines, la quantité d'huile de poisson apportée par une petite portion quotidienne de poisson gras s'est avérée bénéfique pour des personnes souffrant de dermatites moyennes ou graves. Les malades ayant reçu un placebo à n'ont pas vu leur état s'améliorer.

• ***Pourrait protéger de certains cancers***
D'après des tests effectués sur des animaux, les acides gras oméga 3 augmentent la résistance au cancer.

Les sardines en boîte *mangées avec leurs arêtes constituent une excellente source de calcium.*

Sardines fraîches

Le saumon frais *est une bonne source de vitamine D pour les personnes qui en synthétisent peu par le rayonnement solaire sur la peau, voir p. 147.*

QUELLES QUANTITÉS ?

De nombreux experts conseillent de manger du poisson au moins deux fois par semaine, dont au moins une fois du poisson gras. Pour les femmes, la quantité idéale de poisson gras est estimée entre 120 et 380 g et pour les hommes entre 150 et 480 g. Une étude menée par un institut américain suggère qu'un apport quotidien de 0,5 à 1 g d'oméga 3 (100 g de saumon ou 50 g de hareng fumé) réduit le risque d'infarctus d'environ 40 % chez les hommes d'âge mûr. Il est peu probable qu'une consommation de plus de 700 g par semaine apporte des bienfaits supplémentaires.

La blanchaille, *mangée entière, est particulièrement riche en calcium et en vitamine E.*

Attention

L'huile de foie de morue contient peu d'oméga 3 mais elle est très riche en vitamines A et D. Ces deux vitamines sont stockées par l'organisme et une consommation excessive d'huile de foie de morue peut en entraîner une surdose.

LES ESSENTIELS

Gros plan sur 30 aliments à consommer plus souvent pour rester en bonne santé. Leur valeur nutritive et leurs autres propriétés peuvent contribuer à améliorer tout une série de troubles. Une présentation concise de chacun d'entre eux vous permettra d'en tirer le meilleur parti.

L'ASPERGE

LA BONNE RÉPUTATION

- *Peut soulager l'indigestion*
- *Effet diurétique*
- *Sédatif traditionnel*

APPORTS NUTRITIONNELS

Pour 100 g d'asperges cuites

Kilocalories	13	Potassium (mg)	110
Kjoules	53	Vitamine C (mg)	5
Carotènes (mcg)	255	Vitamine E (mg)	0,56
Acide folique (mcg)	74		

Les asperges peuvent sembler trop onéreuses pour être achetées régulièrement mais ces délicieux légumes constituent une entrée simple et raffinée au prix comparable à bien d'autres aliments.

SANTÉ ET NUTRITION

EFFETS ET PROPRIÉTÉS

• *Soulage l'indigestion*
Les asperges seraient aussi efficaces qu'un médicament souvent utilisé pour empêcher les nausées, les hernies hiatales et les brûlures d'estomac provoquées par les reflux gastriques acides.

Les asperges vertes *contiennent plus de vitamines que les asperges blanches.*

• *Un diurétique traditionnel*
L'asperge est appréciée pour ses propriétés diurétiques en cas de rétention d'eau.

• *Connue pour son effet calmant*
Les herboristes conseillent l'asperge pour calmer les coliques et les palpitations.

QUELLES QUANTITÉS ?
À consommer à volonté.
Les meilleures sont les asperges fraîches mais les asperges surgelées ou en conserve sont un bon produit de substitution. Les asperges vertes contiennent un peu plus de carotènes et de vitamine C que les blanches.

Attention

Les personnes souffrant de goutte doivent éviter les asperges, riches en purines qui peuvent faire augmenter le taux d'acide urique.

DANS LA CUISINE

CHOIX ET STOCKAGE
On trouve des asperges vertes et des blanches, un peu plus grosses. Les asperges durcissent en vieillissant : conservez-les emballées au frais et essayez de les manger le jour de l'achat.

PRÉPARATION ET DÉGUSTATION
Comme les pointes d'asperges cuisent plus rapidement que les tiges, faites-les cuire dans un récipient haut, recouvert d'un couvercle qui maintient les asperges à la verticale.

RECETTES

Asperges au Parmesan
et à la noix muscade 105
Omelette aux asperges 120

LE CÉLERI

LA BONNE RÉPUTATION

- *Peut aider à contrôler la tension*
- *Effet diurétique*
- *Calmant traditionnel*

APPORTS NUTRITIONNELS

Pour 100 g de céleri cru

Kilocalories	7	Potassium (mg)	320
Kjoules	32	Sodium (mg)	60
Carotènes (mg)	50	Vitamine C (mg)	8
Acide folique (mcg)	16	Vitamine E (mg)	0,2

Les feuilles de **céleri** *peuvent être hachées et ajoutées aux assaisonnements.*

Le céleri fut plus longtemps cultivé pour ses vertus médicinales que pour ses qualités culinaires. Le céleri et le céleri-rave (p. 142) montrent à quel point il ne faut pas sous-estimer la valeur d'un aliment juste parce qu'il contient environ 90 % d'eau.

SANTÉ ET NUTRITION

EFFETS ET PROPRIÉTÉS

• *Régule la tension artérielle*
La forte teneur en potassium et l'effet diurétique du céleri peuvent jouer un rôle pour prévenir et réduire l'hypertension.

• *Son action diurétique pourrait améliorer les problèmes articulaires*
Le céleri stimule la sécrétion d'urine, ce qui pourrait être bénéfique en cas de problèmes articulaires, tels que la goutte, qui sont liés à la rétention dans l'organisme de substances toxiques.

• *Effet calmant*
Le céleri est un remède traditionnel pour traiter les troubles nerveux. L'huile essentielle et les graines contiennent des agents calmants, dont certains sont également présents dans les branches; cependant, les quantités n'ont pas encore été quantifiées.

QUELLES QUANTITÉS ?
À consommer à volonté, cru ou cuit. Pour avoir un effet possible sur la tension artérielle, il faut consommer 4 branches par jour. Le céleri très vert contient plus de vitamine C, d'acide folique et de carotènes.

DANS LA CUISINE

CHOIX ET STOCKAGE
Choisissez du céleri bien ferme, plutôt issu de l'agriculture biologique car moins riche en nitrates. Conservez le céleri emballé au réfrigérateur.

PRÉPARATION ET DÉGUSTATION
Conservez les branches et les feuilles extérieures pour la préparation de potages et de plats cuisinés. Retirez les fils des branches extérieures avec un économe. Le céleri s'associe bien avec le fromage.

RECETTES

Salade Waldorf 110
Céleri aux amandes 120

LES LÉGUMES CRUCIFÈRES

LA BONNE RÉPUTATION

- ***Pourraient diminuer le risque de cancer***
- ***Préviennent les maladies cardio-vasculaires***
- ***Pourraient limiter le risque de cataracte***
- ***Riches en nutriments***
- ***Combattent l'anémie***
- ***Peuvent aider à réguler la tension***

APPORTS NUTRITIONNELS
Pour 100 g de choux de Bruxelles crus

Kilocalories	42	Acide folique (mcg)	135
Kjoules	177	Fer (mg)	0,7
Calcium (mg)	26	Potassium (mg)	450
Carotènes (mcg)	215	Vitamine C (mg)	115
Fibres (g)	4	Vitamine E (mg)	1

Il existe un lien entre les crucifères tels que le chou frisé, les choux de Bruxelles, le chou-fleur, le chou-rave, les pousses de moutarde, les choux précoces, le rutabaga, le navet et le cresson et des taux moins élevés de cancer. Les crucifères, qui tirent leur nom de la forme de leurs fleurs, figurent parmi les aliments les plus utiles pour la santé.

SANTÉ ET NUTRITION

EFFETS ET PROPRIÉTÉS

• ***Permettent d'éviter certains cancers***
Des études de population menées à grande échelle, suggèrent qu'une grande consommation de crucifères pourrait diminuer de moitié le risque de développer plusieurs cancers, notamment celui du poumon et du colon, mais pas celui du sein, des ovaires, de l'utérus ou de la prostate. Cet effet serait dû à l'association d'antioxydants et d'indoles, des glucosinolates, voir p. 23.

• ***Riches en antioxydants***
Les personnes qui mangent plus d'aliments riches en vitamine C, en vitamine E et en carotènes, aux propriétés antioxydantes, ont un risque moins élevé face aux maladies cardio-vasculaires et à la cataracte.

• ***Riches en nutriments***
Les légumes verts à feuilles constituent une des meilleures sources de vitamines et de minéraux tout en apportant peu de calories.

• ***Source d'acide folique et de fer***
L'acide folique et le fer aident à prévenir et à corriger l'anémie et à limiter le risque de *spina bifida*. Leur forte teneur en vitamine C favorise l'absorption du fer.

• ***Riches en potassium***
La plupart des crucifères sont riches en potassium qui contribue à éviter et à réguler l'hypertension.

QUANTITÉS CONSEILLÉES
Mangez des crucifères crus ou peu cuits régulièrement, 2 à 3 fois par semaine, par exemple. 150 g de crucifères à feuilles vertes couvrent jusqu'à 50 % des apports journaliers recommandés en acide folique pour un adulte.

Attention
Comme les crucifères réduisent l'absorption de l'iode, les personnes qui en consomment plus de 3 à 4 fois par semaine doivent veiller à manger des aliments riches en iode.

DANS LA CUISINE

CHOIX ET STOCKAGE
Choisissez des crucifères frais, aux feuilles bien vertes, dont les feuilles extérieures pourront être mangées. Conservez-les enveloppés au réfrigérateur et consommez-les dès que possible.

PRÉPARATION ET DÉGUSTATION
Les crucifères s'accommodent en gratin ou en poêlées, et mélangés à des oléagineux et à des graines, ils constituent un plat principal. Les herbes aromatiques, telles que l'aneth et le fenouil, limitent les ballonnements.

RECETTE

Chou-fleur aux amandes 120

Les crucifères à feuilles vertes *tels que le chou frisé sont des aliments aux grandes qualités nutritives.*

Les choux de Bruxelles *sont riches en acide folique.*

Chou-fleur

LE FENOUIL

LA BONNE RÉPUTATION

- ***Facilite la digestion***
- ***Peut soulager les coliques***
- ***Pourrait réguler les taux d'hormones***
- ***Remède traditionnel contre la toux***
- ***Contribue à réguler l'hypertension***

APPORTS NUTRITIONNELS

Pour 100 g de fenouil cru

Kilocalories	12	Potassium (mg)	440
Kjoules	50	Vitamine C (mg)	5
Acide folique (mcg)	42	Zinc (mg)	0,5

La saveur douce du fenouil nous laisse deviner qu'il est bon pour la santé. Bien qu'il apporte peu de calories, le fenouil est un des légumes les plus intéressants à utiliser pour accompagner un plat principal. Les substances actives de l'essence de fenouil proviennent des graines et, dans une moindre mesure, du bulbe que nous consommons en légume.

SANTÉ ET NUTRITION

EFFETS ET PROPRIÉTÉS

• ***Facilite la digestion***
Le fenouil est réputé pour sa capacité à soulager les gaz, les ballonnements et les renvois. L'essence de fenouil est présente dans de nombreux médicaments contre les coliques donnés aux enfants.

• ***Antispasmodique***
Le fenouil, surtout ses graines, possède une action antispasmodique, qui soulage les coliques et les crampes intestinales.

• ***Imite l'hormone féminine, l'œstrogène***
Le fenouil est utilisé pour ses propriétés œstrogéniques, par exemple pour stimuler la production de lait chez les jeunes mamans ou pour stimuler les règles. En 1938, l'action œstrogénique de l'essence de fenouil, dont les graines sont très riches mais qui est également présente dans les feuilles, a été confirmée. Cette action pourrait améliorer les troubles liés à la ménopause et éviter l'apparition de maladies liées à l'excès d'œstrogène, voir p. 86-87.

• ***Soulage les difficultés respiratoires***
Le sirop contre la toux à base d'essence de fenouil est un expectorant connu.

• ***Riche en potassium***
Un apport régulier de potassium plus important que la moyenne peut aider à prévenir et à réguler l'hypertension.

Le fenouil de Florence *est la variété de fenouil consommée en légume.*

QUELLES QUANTITÉS ?

Consommez à volonté les tiges et les feuilles de fenouil. Une portion de 200 g de fenouil cuit couvre 20 à 30 % des apports journaliers recommandés en potassium pour un adulte.

Attention

Manger des graines de fenouil pendant la grossesse peut stimuler les contractions de l'utérus.

DANS LA CUISINE

CHOIX ET STOCKAGE

Préférez les bulbes à tiges épaisses qui sont d'un meilleur rapport qualité/prix. Conservez les bulbes enveloppés au réfrigérateur.

PRÉPARATION ET DÉGUSTATION

Le fenouil possède une saveur anisée et se déguste aussi bien cru que cuit. En plat unique, comptez un bulbe de fenouil par personne. Pour libérer la saveur des graines, faites-les réchauffer 1-2 minutes dans une poêle, sans matière grasse, puis concassez-les.

RECETTES

Légumes grillés et sauce tiède aux noix 105
Fenouil à la grecque 107

LES PETITS POIS

LA BONNE RÉPUTATION

- ***Pourraient réduire le risque de maladies cardio-vasculaires***
- ***Aident à stabiliser le taux de glycémie***
- ***Meilleure source de vitamine B1***

APPORTS NUTRITIONNELS

Pour 100 g de petits pois frais cuits

Kilocalories	69	Fer (mg)	1,6
Kjoules	291	Protéines (g)	6
Carotènes (mcg)	250	Vitamine B1 (mg)	0,7
Fibres (g)	5,1	Vitamine C (mg)	16
Acide folique (mcg)	27	Zinc (mg)	0,7

Les petits pois figurent parmi les aliments les plus utiles pour la santé. Ils contiennent autant de protéines que les légumes secs mais ont l'avantage d'être riches en vitamines comme les légumes verts.

SANTÉ ET NUTRITION

EFFETS ET PROPRIÉTÉS

•***Riches en fibres solubles liées à une baisse du cholestérol***
Les petits pois sont riches en fibres solubles. Il a été démontré que la consommation d'aliments riches en fibres solubles entraîne une réduction des taux de cholestérol, en particulier du « mauvais » cholestérol, le LDL.

• ***Favorisent un taux de glycémie stable***
Les aliments riches en fibres solubles restent plus longtemps dans l'estomac, ce qui stabilise les fluctuations des taux de glycémie dans le sang et régule l'apport énergétique.

• ***Riches en vitamine B1 (thiamine)***
Les petits pois constituent la meilleure source alimentaire de vitamine B1, car ils en contiennent encore plus que le foie. Chez les personnes soumises au stress, les personnes âgées et les grands consommateurs d'alcool ou chez les personnes qui se nourrissent essentiellement d'aliments préparés industriellement, il arrive fréquemment que les apports en thiamine soient à peine couverts.

• ***Riches en vitamines et minéraux***
Comme le foie, les petits pois sont riches en protéines, en fer, en zinc, en acide folique et autres vitamines du groupe B mais pauvres en graisses, avec en prime de la vitamine C, des carotènes et beaucoup de fibres.

Petits pois frais

Les petits pois *frais ou surgelés constituent une source exceptionnelle de thiamine.*

Quelles quantités ?
Une portion de 150 g de petits pois frais légèrement cuits couvre les besoins journaliers en thiamine d'un adulte ; les petits pois surgelés légèrement cuits couvrent environ 40 % des besoins. Une portion de 100 g de petits pois frais ou surgelés légèrement cuits couvre environ 50 % des apports journaliers en fibres et environ 20 % des apports journaliers recommandés en fer. Les pois mangetout et les pois nains contiennent beaucoup moins de thiamine que les petits pois, bien qu'ils constituent une bonne source de fer et de fibres.

Dans la cuisine

Choix et stockage
Choisissez des petits pois aux cosses tendres et stockez-les enveloppés au frigo. Mangez-les dans les deux jours.

Préparation et dégustation
Les petits pois frais ou surgelés apportent couleur et saveur aux salades et peuvent être ajoutés dans les poêlées ou les potages juste avant de servir.

RECETTES

Soupe de légumes 103
Kedgeree de saumon 116
Poêlée de brocoli 121

Potirons et courges

LA BONNE RÉPUTATION

- ***Riches en antioxydants***
- ***Pourraient diminuer le risque de cancer***

APPORTS NUTRITIONNELS

Pour 100 g de courge d'hiver cuite au four

Kilocalories	32	Potassium (mg)	280
Kjoules	137	Vitamine C (mg)	15
Carotènes (mcg)	3 255	Vitamine E (mg)	1,8

Les variétés acorn, butternut et kabocha sont quelques-unes des cucurbitacées à chair orange ou jaune aux formes très décoratives. Les potirons appartiennent à la même famille. Ils ne craignent pas la sécheresse et symbolisent la fertilité. La chair orange et jaune des potirons et des courges d'hiver est à l'origine de leurs vertus pour la santé.

Santé et nutrition

Effets et propriétés

• *Action protectrice des antioxydants*
La présence de grandes quantités de vitamines C et E et de carotènes, des agents antioxydants, est liée à une diminution du risque de cancer, de maladies cardio-vasculaires et de cataracte.

• *Diminue le risque de cancer*
D'après plusieurs études réalisées en France, en Australie et aux États-Unis, portant sur le lien entre l'alimentation et le cancer, le potiron et les courges d'hiver figurent parmi les aliments les plus consommés avec les crucifères par les personnes ne développant pas de cancer.

Quelles quantités ?
Pour bénéficier des effets protecteurs des aliments riches en carotènes, tels que le potiron et les courges d'hiver, il est conseillé d'en manger souvent, pendant la saison.

Dans la cuisine

Choix et stockage
Les potirons et les courges d'hiver ont une peau épaisse et se conservent sans problème pendant plusieurs mois. Ils doivent être fermes et lisses.

Préparation et dégustation
Le potiron et les courges d'hiver conviennent aussi bien pour préparer des plats sucrés que salés. Ils sont faciles à éplucher si vous les découpez en quartiers et les passez au four au préalable.

RECETTES

Soupe de légumes 103
Légumes grillés et sauce tiède aux noix 105
Courge d'hiver aux épices 125

Les courges d'hiver *possèdent une chair jaune vif dont la couleur vient des carotènes qu'elles contiennent.*

LE POIVRON

LA BONNE RÉPUTATION

- *Riche en antioxydants*
- *Riche en vitamine C*

APPORTS NUTRITIONNELS

Pour 100 g de poivron rouge cru

Kilocalories	32	Niacine (mg)	1,3
Kjoules	134	Vitamine C (mg)	140
Carotènes (mcg)	3 840	Vitamine E (mg)	0,8

Le poivron rouge possède des vertus pour la santé proportionnelles à l'intensité de sa couleur. Les poivrons deviennent plus sucrés lorsqu'ils mûrissent, passant du vert au rouge.

SANTÉ ET NUTRITION

EFFETS ET PROPRIÉTÉS

• *Riche en vitamines C et E et en carotènes, des antioxydants*
Le poivron rouge est l'un des aliments courants qui contient la plus forte concentration d'antioxydants qui permettent de réduire le risque de développer certains cancers, ainsi que d'être atteints de maladies cardio-vasculaires et de cataractes.

• *Teneur exceptionnelle en vitamine C*
100 g de poivron rouge cru couvrent plus de 2 fois les apports journaliers recommandés en vitamine C.

La chair *des poivrons rouges est sucrée mais les graines peuvent être piquantes.*

QUELLES QUANTITÉS ?

À consommer à volonté, cru ou peu cuit. Tous les poivrons sont riches en vitamine C mais seuls les poivrons rouges sont riches en carotènes.

DANS LA CUISINE

CHOIX ET STOCKAGE

Choisissez des poivrons à la peau brillante, non ridée. Conservez-les au frais.

PRÉPARATION ET DÉGUSTATION

La couleur et l'éclat magnifiques des poivrons rouges transforme de nombreux plats à l'aspect un peu terne. Coupez les poivrons juste avant de servir car ils ramollissent rapidement.

RECETTES

Légumes grillés et sauce tiède aux noix 105
Sauce aux poivrons rouges 139

LES ALGUES

LA BONNE RÉPUTATION

- *Apportent de l'iode bonne pour la thyroïde*
- *Bonne source de vitamine B12*

APPORTS NUTRITIONNELS

Pour 25 g d'algues wakame, poids sec

Kilocalories	18	Fer (mg)	2,9
Kjoules	75	Magnésium (mg)	118
Calcium (mg)	165	Protéines (g)	4
Fibres (g)	12	Vitamine B12 (mcg)	0,6
Iode (mcg)	4 208	Zinc (mg)	0,4

Les algues commencent à être appréciées en Occident à la fois pour leurs propriétés et leur goût. Il en existe plusieurs sortes, dénommées arame, nori, kombu, hijiki et wakame, qui sont à la base de la cuisine japonaise traditionnelle. Parmi les algues comestibles de l'Atlantique, figurent le *rhodymenia palmata* et le *porphyra violet.*

SANTÉ ET NUTRITION

EFFETS ET PROPRIÉTÉS

• *Apportent de l'iode*
Dans de nombreuses régions du monde, le sol est pauvre en iode. A moins de

Les nori, *feuilles d'algues séchées, servent à réaliser les sushis.*

consommer des algues ou des poissons de mer, seules sources d'iode, leurs habitants courent le risque d'une hypothyroïdie. Celle-ci entraîne un ralentissement du métabolisme qui provoque fatigue, prise de poids, perte de mémoire, goitre, et retard mental chez le fœtus et le petit enfant.

• *L'iode contenu dans les algues pourrait améliorer les affections mammaires*
Un médecin originaire de Pennsylvanie, qui avait remarqué que dans les régions des États-Unis pauvres en iode les taux de cancers du sein étaient élevés, a prescrit de l'iode à 588 femmes qui avaient des signes de mastose (seins douloureux et noduleux). Sur une année, 9 femmes sur 10 ont constaté une amélioration et 43 % ont vu leurs symptômes disparaître complètement.

• *Action anti-cancérigène*
Les tests effectués sur des animaux de laboratoire indiquent que les algues pourraient limiter ou retarder l'apparition de tumeurs, en particulier dans le cancer du sein.

QUELLES QUANTITÉS ?

Les algues, riches en sodium, ne doivent pas être consommées en grandes quantités mais servir à parfumer les plats. Un apport limité à 25 g d'algues, poids sec, par semaine, suffit largement à couvrir les besoins en iode.

Attention

Les grandes quantités d'iode consommées sur une longue période (plus de 1 000 mcg par jour), peuvent dérégler le fonctionnement de la thyroïde.

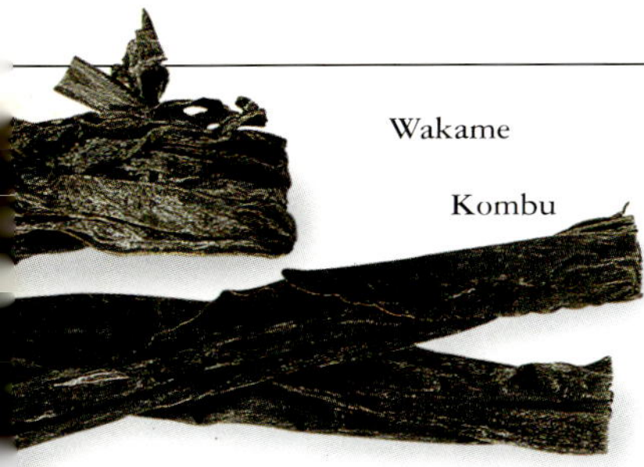

❖ Dans la cuisine ❖

Choix et stockage
Les algues fraîches doivent être consommées rapidement car elles s'abîment très vite. Les algues sont disponibles en conserve et déshydratées. Les algues déshydratées se conservent dans un récipient hermétique.

Préparation et dégustation
Les feuilles de nori s'utilisent déshydratées et hachées pour décorer et parfumer les plats. Les algues déshydratées peuvent être mises à tremper dans de l'eau pendant quelques minutes, jusqu'à ce qu'elles aient ramolli, puis cuites ou ajoutées aux salades en petites quantités.

Recettes

Soupe Suimono 101
Salade d'arame, de brocolis et de noix 110
Salade Shiro Ae 111

Les épinards

La bonne réputation

- *Pourraient diminuer le risque de cancer*
- *Riches en antioxydants*
- *Préviendraient la dégénérescence maculaire*
- *Réduisent les risques de* spina bifida
- *Aident à prévenir et à soigner l'anémie*
- *Bonne source de potassium*

Apports nutritionnels

Pour 100 g d'épinards crus

Kilocalories	25	Acide folique (mcg)	150
Kjoules	103	Fer (mg)	2,1
Calcium (mg)	170	Potassium (mg)	500
Carotènes (mcg)	3 535	Vitamine C (mg)	26
Fibres (g)	2,1	Vitamine E (mg)	1,7

La réputation des épinards selon laquelle ils sont riches en fer est, en réalité, parfaitement surfaite. Cependant, le lien entre les épinards et la santé est incontestable.

❖ Santé et nutrition ❖

Effets et propriétés

• *Pourraient diminuer le risque de cancer*
Les études portant sur des tumeurs à l'estomac, à la peau, aux poumons, à la prostate et à la vessie suggèrent que les personnes qui consomment davantage de légumes verts à feuilles, tels que les épinards, ont moins de risque de développer un cancer.

• *Riches en antioxydants*
Les épinards sont riches en vitamines C et E et en carotènes, des agents antioxydants qui s'ils sont apportés par l'alimentation, entraînent une diminution du risque de maladies cardio-vasculaires, de cataracte et de cancer.

• *Pourraient diminuer les risques de dégénérescence maculaire*
La dégénérescence maculaire est la cause principale d'une cécité irréversible chez les adultes dans les pays occidentaux.

• *Riches en acide folique*
Les épinards, en particulier lorsqu'ils sont crus, sont une excellente source d'acide folique, dont la consommation est conseillée pour diminuer les risques d'avoir un bébé atteint de *spina bifida*.

• *Bonne source de fer*
On minimise souvent l'importance de l'apport en fer des épinards parce qu'ils contiennent aussi des oxalates qui réduisent l'absorption des minéraux. Ceci pourrait être un effet à court terme : d'après une étude, le taux de minéraux chez des hommes qui mangeaient 100 g d'épinards tous les deux jours baissa au départ mais était remonté à un niveau normal 6 semaines après.

• *Très riches en potassium*
Un bon apport de potassium permet de prévenir et de réguler l'hypertension.

Quelles quantités ?
Les épinards ne doivent pas être consommés tous les jours car ils sont riches en oxalates. Toutefois une consommation d'épinards, crus de préférence, une ou deux fois par semaine, est bénéfique. Les épinards en boîte conservent une bonne part de leurs nutriments sauf l'acide folique.

Attention

Les personnes qui ont ou ont eu de la goutte ou des calculs biliaires ou rénaux doivent éviter les épinards, trop riches en oxalates.

❖ Dans la cuisine ❖

Choix et stockage
Choisissez des épinards aux feuilles vert vif pas flétries. Conservez les épinards enveloppés au frais jusqu'à consommation.

Préparation et dégustation
Rincez les épinards dans 2 ou 3 eaux et mettez-les à cuire avec le peu d'eau qui reste sur leurs feuilles après le lavage ; couvrez. Faites-les cuire à feu vif jusqu'à ce qu'ils grésillent puis laissez-les mijoter 2-3 minutes. Égouttez-les.

Recettes

Potage chtchi 102
Épinards aux amandes 120

Les épinards *sont riches en antioxydants.*

La tomate

LA BONNE RÉPUTATION

- ***Riche en antioxydants***

APPORTS NUTRITIONNELS

Pour 100 g de tomate crue

Kilocalories	17	Fer (mg)	0,5
Kjoules	73	Potassium (mg)	250
Carotènes (mcg)	1 715	Vitamine C (mg)	17
Fibres (g)	1	Vitamine E (mg)	1,2

Essentielle dans l'alimentation méditerranéenne, la tomate, un aliment parmi les plus sains, est l'un des ingrédients les plus polyvalents.

Santé et nutrition

Effets et propriétés

• *Forte teneur en agents antioxydants*
Les tomates contiennent des antioxydants, notamment une quantité non négligeable de vitamine E, un peu moins de vitamine C et une petite quantité de bêta-carotène.
Les personnes qui consomment plus d'antioxydants ont des taux moins élevés de différents cancers, de maladies cardio-vasculaires et de cataracte.

• *Pourrait contenir d'autres substances*
Les tomates constituent une bonne source de quercétol, un flavonoïde, et contiennent une grande quantité de lycopène, un carotène.

Quelles quantités ?

A consommer à volonté. Les tomates en boîte ont une valeur nutritionnelle comparable aux tomates fraîches, sauf en ce qui concerne les carotènes (200 mcg) et la vitamine C (12 mg). Le concentré de tomates et la purée de tomates sont riches en carotènes et en vitamine E. Le jus de tomates contient en général beaucoup de sel ajouté, ce qui annule l'apport en potassium.

Dans la cuisine

Choix et stockage

Les tomates sont intéressantes sous toutes leurs formes. Préférez les produits à faible teneur en sel et, si possible, vendus dans des récipients en verre car l'acidité des tomates peut attaquer l'intérieur des récipients en métal ou en plastique.

Préparation et dégustation

La sauce tomate faite maison remplace avantageusement la sauce blanche car elle contient moins de graisses et de sel. Réduisez le temps de cuisson indiqué dans vos livres de recettes lorsque vous faites cuire des tomates pour préserver leurs goût et vitamines.

RECETTES

Olivette

Tomate ronde

Tomates cerises

Tomates chair de bœuf

Le lycopène, carotène principal de la tomate, est à l'origine de sa couleur rouge.

Le cresson *contient une quantité non négligeable de vitamines du groupe B.*

Le cresson

LA BONNE RÉPUTATION

- ***Riche en antioxydants***
- ***Pourrait diminuer le risque de cancer***
- ***Aide à prévenir et soigner les infections***
- ***Combat l'anémie***
- ***Aide à prévenir le* spina bifida**
- ***Remède traditionnel contre l'eczéma***
- ***Bonne source de calcium***

APPORTS NUTRITIONNELS

Pour 100 g de cresson cru

Kilocalories	22	Fer (mg)	2,2
Kjoules	94	Potassium (mg)	230
Calcium (mg)	170	Vitamine C (mg)	62
Carotènes (mcg)	2 520	Vitamine E (mg)	1,5
Acide folique (mcg)	200	Zinc (mg)	0,7

Le cresson a depuis longtemps la réputation d'être un aliment stimulant, bon pour la santé, se distinguant même des autres légumes crucifères par la quantité de nutriments qu'il nous apporte. Le cresson est très parfumé, utilisez-le en salade ou en garniture.

Santé et nutrition

Effets et propriétés

• *Concentré d'agents antioxydants*
La forte teneur en carotènes et en vitamines C et E du cresson est très intéressante parce que c'est un aliment souvent consommé cru. Au cours de nombreuses études, les tests ont mis en évidence qu'une consommation importante d'aliments riches en antioxydants est liée à une diminution du risque de cancer, de maladies cardio-vasculaires et de cataracte.

• ***Remède anti-infectieux***
Le cresson apporte non seulement une bonne quantité d'acide folique, de vitamine C et de zinc, nécessaires pour le bon fonctionnement du système immunitaire.

• ***Riche en acide folique***
Le cresson, riche en acide folique et en fer, contribue à prévenir ou à soigner l'anémie. Une consommation importante d'acide folique limite les risques d'avoir un bébé atteint de *spina bifida*.

• ***Remède pour les affections cutanées***
Le cresson a depuis longtemps la réputation d'être une plante dépurative qui aide à assainir la peau. Cet effet pourrait être lié à une essence qui stimule la circulation et améliore la production de sucs gastriques détruisant les bactéries présentes dans les aliments.

• ***Bonne source de calcium***
Le calcium contenu dans le cresson est presque aussi bien assimilé que celui présent dans le lait.

Quelles quantités ?

À consommer à volonté, en particulier cru. 100 g de cresson couvrent plus de 20 % des apports journaliers recommandés en calcium pour un adulte.

Attention

Ne mangez pas de cresson sauvage car il abrite fréquemment des limnées porteuses de douves, un parasite qui attaque le foie.

❖ Dans la cuisine ❖

Choix et stockage

Conservez le cresson au réfrigérateur dans un saladier recouvert d'une assiette. Si vous voulez le consommer en salade, utilisez-le dans les 48 heures.

Préparation et dégustation

Le cresson doit être lavé, dans au moins deux eaux différentes. Les feuilles et les tiges les plus petites sont les meilleures en salade, mais les tiges plus grosses peuvent être utilisées finement hachées.

RECETTES

Potage au cresson 103
Salade Munkazina au cresson 109

Les pommes non épluchées contiennent davantage de vitamine C et de fibres.

La pomme

LA BONNE RÉPUTATION

- ***Peut faire baisser le cholestérol***
- ***Agit sur la constipation et la diarrhée***
- ***Soulage les problèmes articulaires***
- ***Renforce la résistance aux maladies***

APPORTS NUTRITIONNELS
Pour 100 g de pomme crue

Kilocalories	47	Potassium (mg)	120
Kjoules	199	Vitamine C (mg)	10
Fibres (g)	1,8	Vitamine E (mg)	0,6

La pomme est un aliment réputé pour son action dépurative. Celle-ci est maintenant confirmée par notre connaissance grandissante de l'action des fibres, des antioxydants et des flavonoïdes qu'elle contient.

❖ Santé ❖ et nutrition

Effets et propriétés

• ***Peut diminuer l'hypercholestérolémie***
Des études montrent que la consommation de pommes peut faire diminuer le cholestérol dans le sang, en particulier le « mauvais » cholestérol, le LDL. On pense que la pectine, une fibre soluble présente dans les pommes, joue un rôle clé dans ce phénomène, mais les résultats sont plus probants lorsque l'on mange des pommes entières que lorsque l'on prend de la pectine en poudre.

• ***Agit sur la constipation et la diarrhée***
L'association des fibres et des acides contenus dans les pommes doit être à l'origine de leur action bien connue pour prévenir et traiter la constipation. La pectine, gélifiante, et les propriétés antivirales des pommes expliquent leur utilisation traditionnelle contre la diarrhée.

• ***Remède traditionnel contre l'arthrite, les rhumatismes et la goutte***
L'action bénéfique de la pomme sur la digestion et sa capacité à favoriser l'élimination des déchets de l'organisme sont à la base de sa réputation en faveur des problèmes articulaires. Cet effet pourrait être le résultat de plusieurs actions : les acides de fruits qui améliorent la digestion, l'effet antioxydant du quercétol, un flavonoïde, et l'action stimulante de la pectine sur le transit intestinal.

• ***Renforcerait les défenses immunitaires***
La pulpe, la peau et le jus des pommes contiennent des substances qui auraient un rôle de défense anti-infectieuse.

Quelles quantités ?

Mangez des pommes à volonté, mais il est inutile d'en manger plus de 2 à 3 par jour. Mieux vaut manger les pommes sans les éplucher, crues ou légèrement cuites, pour en tirer le maximum de fibres et de vitamine C. Les pommes acides et les pommes vertes contiennent généralement plus de vitamine C que les pommes sucrées ou rouges. Les pommes, qu'elles soient en compote, séchées ou en jus, conservent leurs fibres mais risquent davantage de s'oxyder, voir p. 96.

Attention

La consommation de grandes quantités de jus de pommes favorise la diarrhée, surtout chez les enfants.

❖ Dans la cuisine ❖

Choix et stockage

Les pommes non bio doivent être brossées sous l'eau chaude savonneuse et rincées. Conservez-les emballées au frigo.

Préparation et dégustation

Il est moins nécessaire d'ajouter du sucre lorsque l'on utilise des pommes naturellement sucrées. Pour empêcher les pommes de brunir, arrosez-les avec un filet de jus de citron.

RECETTES

Salade Waldorf 110
Pudding d'hiver 129
Mousse aux pommes et aux amandes 130
L'authentique müesli 131

L'ABRICOT

LA BONNE RÉPUTATION

- *Riche en bêta-carotène*
- *Peut aider à réguler la tension artérielle*
- *Riche en fibres solubles*
- *Bonne source de fer*

APPORTS NUTRITIONNELS

Pour 50 g d'abricots secs

Kilocalories	94	Fibres (g)	3,9
Kjoules	402	Fer (mg)	2
Carotènes (mcg)	323	Potassium (mg)	940

Nourrissants, les abricots permettent d'ajouter une saveur sucrée à de nombreuses préparations et les abricots frais apportent une quantité non négligeable de bêta-carotène. Les abricots secs sont riches en potassium.

SANTÉ ET NUTRITION

EFFETS ET PROPRIÉTÉS

• *Grande teneur en bêta-carotène*
Les abricots frais contiennent une grande quantité de bêta-carotène, lié à une diminution du risque de maladies cardio-vasculaires, de cataracte et de certaines formes de cancer.

Abricots frais
Les fruits plus foncés contiennent davantage de bêta-carotène.

Abricots secs

Abricots secs non traités aux sulfates

• *Les abricots secs sont riches en potassium*
Un apport plus élevé que celui courant dans les pays occidentaux aide à prévenir et à réguler l'hypertension.

• *Riches en fibres solubles*
Un apport important de fibres solubles stabilise le taux de glycémie dans le sang et le niveau d'énergie en ralentissant la digestion. Elles peuvent également faire baisser le cholestérol. Les abricots secs en particulier servent à prévenir et à traiter la constipation.

• *Aide à prévenir une carence en fer*
Les baisses de résistance et d'énergie sont souvent dues à une carence en fer.

QUELLES QUANTITÉS ?

Consommez-les à volonté. Une poignée d'abricots secs (40 g), couvre environ 20 % des apports journaliers recommandés en potassium pour les adultes, plus de 10 % des apports journaliers recommandés en fer pour les femmes en âge de procréer et presque 20 % pour les hommes. Mangez les abricots secs en même temps que des aliments riches en vitamine C pour favoriser l'absorption du fer.

Attention

L'anhydride sulfureux utilisé pour la conservation des abricots secs jaune ou orange vifs peut avoir des effets néfastes chez certains asthmatiques.

DANS LA CUISINE

CHOIX ET STOCKAGE

Choisissez des abricots fermes orange vif plus riches en bêta-carotène. Les fruits réhydratés, prêts à consommer, contiennent parfois davantage de conservateurs que les fruits secs.

PRÉPARATION ET DÉGUSTATION

S'ils sont mûrs, les abricots frais sont cuits en quelques minutes à feu doux. Pour les abricots secs, blanchissez-les pendant 5 minutes pour supprimer la plus grande partie des conservateurs, puis égouttez-les. Couvrez-les avec de l'eau fraîche, portez à ébullition, baissez le feu puis laissez-les cuire 20 minutes de plus ou jusqu'à ce qu'ils soient tendres. Les carotènes ne sont pas détruits par la cuisson.

RECETTES

Mousse aux abricots et aux amandes 130
Compote d'airelles et d'abricots 132
Crumble tournesol-pommes-abricots 133

LA BANANE

LA BONNE RÉPUTATION

- *Bonne source de potassium*
- *Apporte de l'énergie*
- *Soulage la constipation et la diarrhée*
- *Améliorerait le sommeil et l'humeur*

APPORTS NUTRITIONNELS

Pour 100 g de banane pesée avec la peau

Kilocalories	62	Potassium (mg)	270
Kjoules	266	Vitamine B6 (mg)	0,19
Niacine (mg)	0,5	Vitamine C (mg)	7

Les qualités de la banane changent au fur et à mesure qu'elle mûrit. Les bananes jaune vif, fermes, contiennent de l'amidon et augmentent peu à peu l'énergie. Dans les bananes plus mûres et plus molles, l'essentiel de l'amidon s'est transformé en sucre ce qui apporte une hausse rapide de l'énergie, utile en cas de coup de fatigue.

SANTÉ ET NUTRITION

EFFETS ET PROPRIÉTÉS

• *Bonne source de potassium*
Une consommation plus importante de potassium que celle courante dans les pays occidentaux permet de prévenir et de réguler l'hypertension.

• *Utiles en cas d'effort physique*
L'amidon présent dans les bananes peu mûres résiste à la digestion et associé aux fibres solubles apporte une énergie plus progressive et plus durable que la plupart des autres aliments sucrés. Les bananes très mûres contiennent beaucoup de sucre. Mangées après 30 minutes d'exercice, lorsque le tonus musculaire est épuisé, les bananes mûres peuvent apporter un regain d'énergie.

• *Soulagent la constipation et la diarrhée*
L'amidon présent dans les bananes peu mûres résiste à la digestion et augmente le volume des selles, ce qui soulage la constipation. Les bananes très mûres constituent un remède en cas de diarrhée.

• *Pourraient améliorer humeur et sommeil*
Les glucides consommés en même temps qu'une quantité limitée de protéines sont réputés pour leur effet calmant car ils stimulent la sérotonine, une substance qui améliore l'humeur, voir p. 93. Les bananes mûres mangées seules apportent tous les éléments favorables à cette action.

Les bananes
mûres constituent une source d'énergie rapide en cas de coup de fatigue.

QUELLES QUANTITÉS ?
À consommer à volonté.
La consommation de 1 à 2 bananes sans autre aliment peut provoquer une hausse de la sérotonine et peut améliorer l'humeur et le sommeil.
Les bananes séchées contiennent davantage de potassium, de fibres et de calories que le fruit frais mais contiennent aussi plus de sucre.

❖ DANS LA CUISINE ❖

CHOIX ET STOCKAGE
La plupart des bananes sont tout à fait mûres une fois que leur peau est jaune et recouverte de petites taches marron. Pour ralentir le mûrissement, conservez les bananes au réfrigérateur ; leur peau noircira mais leur chair restera ferme.

PRÉPARATION ET DÉGUSTATION
Les aliments et les saveurs avec lesquelles la banane s'associe agréablement sont les noix, le café, le gingembre, la cannelle, les oranges, les glaces, et les liqueurs, en particulier le rhum. Les bananes noircissent rapidement une fois épluchées sauf si elles sont recouvertes de jus de citron.

RECETTES

Bananes au four au gingembre 129
Cake à la banane et aux noix 137

LE CASSIS

LA BONNE RÉPUTATION

- ***Riche en antioxydants***
- ***Peut combattre les infections urinaires et les intoxications alimentaires***
- ***Aide à soulager les inflammations***
- ***Diurétique traditionnel***
- ***Bonne source de potassium***

APPORTS NUTRITIONNELS
Pour 100 g de cassis cru

Kilocalories	28	Fer (mg)	1,3
Kjoules	121	Potassium (mg)	370
Carotènes (mcg)	100	Vitamine C (mg)	200
Fibres (g)	3,6	Vitamine E (mg)	1

Bien que sa propriété la plus connue soit sa forte teneur en vitamine C, les bienfaits du cassis sont également reflétés par sa couleur, comme la couleur orange des carottes ou la couleur verte du chou. La couleur violet foncé du cassis vient de ses flavonoïdes, voir p. 22. Ceux-ci pourraient aider à renforcer la paroi des petits vaisseaux sanguins, entraînant de nombreux bienfaits pour la santé.

❖ SANTÉ ❖ ET NUTRITION

EFFETS ET PROPRIÉTÉS

• ***Protection liée aux antioxydants***
Le cassis contient beaucoup de vitamine C et apporte également une quantité non négligeable de vitamine E et de carotènes. Il a été démontré que les personnes qui consomment davantage d'aliments contenant ces antioxydants en grande quantité ont moins de risques de développer une maladie cardio-vasculaire, la cataracte ou un cancer.

• ***Riche en anthocyanes***
Les anthocyanes combattent les bactéries courantes qui provoquent les intoxications alimentaires et les infections urinaires. Le cassis est aussi un remède contre la diarrhée, dont l'action est liée à sa forte teneur en pectine.

• ***Action anti-inflammatoire***
Les anthocyanes ont une action anti-inflammatoire ce qui explique pourquoi une boisson au cassis peut soulager le mal de gorge. Le pépin de cassis contient 25 à 30 % d'acide gamma linolénique. Il est utilisé pour soigner l'inflammation associée à certains rhumatismes et à des maladies de peau comme l'eczéma ou le psoriasis. En théorie, la quantité de cassis consommée par la plupart des gens apporte trop peu de cet acide gras pour soulager ces affections, mais son utilisation traditionnelle contre les rhumatismes laisse à penser que cela vaut la peine d'essayer. Broyez les pépins pour aider l'organisme à absorber l'acide gras.

• ***Action diurétique***
Les diurétiques sont généralement bénéfiques aux personnes souffrant d'hypertension et de rhumatismes, mais ils font baisser leur taux de potassium. Le cassis associe une action diurétique avec une forte teneur en potassium.

QUELLES QUANTITÉS ?
À consommer à volonté, cru ou cuit. En compote, ajoutez le sucre sous forme de jus de fruits. Les boissons à base de jus de cassis contiennent peu de fruits.

❖ DANS LA CUISINE ❖

CHOIX ET STOCKAGE
Le cassis a l'avantage de bien supporter la congélation. Conservez le cassis frais au réfrigérateur. Achetez du jus de cassis sans additifs et sans sucre ajouté.

PRÉPARATION ET DÉGUSTATION
Les baies doivent être cuites seulement quelques minutes, jusqu'à ce qu'elles éclatent. Certaines recettes conseillent parfois de filtrer les pépins et les peaux, mais il est préférable de les manger pour tirer profit de leurs vertus.

RECETTES

Soupe de fruits rouges 99
Pudding d'été 129
Kissel 133

Le cassis
La saveur acidulée du cassis apporte une note rafraîchissante à de nombreux desserts.

LA CERISE

LA BONNE RÉPUTATION

- *Soulage certains malades de la goutte*

APPORTS NUTRITIONNELS

Pour 100 g de cerises fraîches pesées avec les noyaux

Kilocalories	39	Potassium	170
Kjoules	168	Vitamine C (mg)	9

Les cerises ont soulagé de nombreux malades de la goutte. Les cerises rouges, violettes et noires tirent leur couleur des anthocyanes qu'elles contiennent, voir p. 22.

Cerises

Le thé de queues de cerises est un diurétique traditionnel.

SANTÉ ET NUTRITION

EFFETS ET PROPRIÉTÉS

• Peut soulager la goutte en faisant baisser le taux d'acide urique
Les personnes souffrant de la goutte accumulent l'acide urique, un résidu naturel de la digestion, qui forme des cristaux dans les articulations, ce qui entraîne douleurs et gonflement.

QUELLES QUANTITÉS ?

La saison des cerises est courte mais les cerises congelées, au sirop, cuites ou en conserve pourraient avoir une action identique sur l'acide urique.

DANS LA CUISINE

CHOIX ET STOCKAGE

Les cerises supportent bien la congélation.

PRÉPARATION

Les cerises sont meilleures crues. Une cuisson de 3 à 5 minutes permet de les dénoyauter facilement.

RECETTES

Soupe de fruits rouges 99
Pilaf aux noix et aux cerises 123

LES AGRUMES

LA BONNE RÉPUTATION

- *Renforcent les défenses de l'organisme*
- *Permettrait d'éviter certains cancers*
- *Feraient baisser l'hypercholestérolémie*
- *Favorisent la circulation des capillaires*
- *Bonne source de potassium et d'acide folique*

APPORTS NUTRITIONNELS

Valeur moyenne pour 100 g de mandarine, pesée avec les pépins et la peau

Kilocalories	26	Acide folique (mcg)	23
Kjoules	110	Potassium (mg)	92
Calcium (mg)	22	Vitamine C (mg)	49

On imagine difficilement que l'on puisse faire la cuisine sans utiliser de citron ou de citron vert ou s'alimenter sans avoir le plaisir de déguster des pamplemousses. De plus, ils ont le grand avantage d'être particulièrement riches en vitamine C.

SANTÉ ET NUTRITION

EFFETS ET PROPRIÉTÉS

• ***Bonne source de vitamine C***
Un apport quotidien de vitamine C est nécessaire pour renforcer les défenses de l'organisme contre les infections et pour son action favorable sur la cicatrisation. Les flavonoïdes, présents dans l'écorce et la peau qui entoure chaque quartier, renforcent l'action de la vitamine C.

• ***Diminueraient le risque de cancer***
Les personnes qui mangent davantage d'agrumes ont un taux de cancer moins élevé que les autres, en particulier du cancer de l'estomac. La vitamine C est connue pour son action contre la formation des nitrosamines dans l'estomac, potentiellement cancérigènes, présentes après l'ingestion de nitrites ou de nitrates par exemple dans les aliments fumés. D'autres substances présentes dans les agrumes sont également considérées comme étant protectrices, dont la pectine, les flavonoïdes et l'huile, aux propriétés antioxydantes.

• ***Teneur en pectine***
La pectine des agrumes, qui se trouve essentiellement dans la peau qui entoure chaque quartier, est une forme de fibres solubles qui aide à faire baisser l'hypercholestérolémie, en particulier le « mauvais » cholestérol, le LDL.

• ***Aident la circulation des capillaires***
Les flavonoïdes des agrumes renforcent les parois des vaisseaux capillaires, avec un effet anti-inflammatoire.

• ***Bonne source de potassium***
La consommation d'agrumes peut compenser l'excès de sodium, avec pour conséquence une stabilisation de la tension artérielle et la suppression des pertes de potassium provoquées par les médicaments utilisés pour lutter contre l'hypertension.

La peau tendre du **kumquat** *se mange avec le fruit.*

Les flavonoïdes et la pectine sont contenus dans la peau.

Le jus de citron et de citron vert, *comme tous les jus d'agrumes, empêche l'oxydation des*

QUELLES QUANTITÉS ?
À consommer à volonté. Une consommation quotidienne d'une bonne quantité d'agrume, telle qu'un demi pamplemousse et 2 mandarines, couvre 15 à 20 % des apports journaliers recommandés en potassium pour un adulte. Les fruits entiers épluchés, consommés avec la peau blanche et le zeste, présentent plus d'intérêt que le jus des agrumes.

DANS LA CUISINE

CHOIX ET STOCKAGE
Les fruits peu mûrs contiennent davantage de pectine. Les variétés rosées ou rouges des agrumes, telles que le pamplemousse rose, contiennent des quantités non négligeables de carotènes. Lavez bien les fruits si vous voulez en prélever les zestes

PRÉPARATION ET DÉGUSTATION
Les agrumes rehaussent le goût de nombreux plats. Le zeste d'agrume ajoute de la saveur, de la couleur et de la fraîcheur aux salades et aux poissons.

RECETTES

Gâteau au fromage blanc, au miel et au citron 131
Sauce au citron vert 139
Hoummos allégé 140

LE MIEL

LA BONNE RÉPUTATION

- *Peut soulager les gastrites*
- *Pourrait combattre certaines bactéries*
- *Peut prévenir les irritations gastriques*
- *Pourrait soulager le rhume des foins*

APPORTS NUTRITIONNELS
Pour 25 g de miel

Kilocalories	72	*Teneur en vitamines et en minéraux négligeable.*
Kjoules	307	

La réputation des vertus médicinales du miel a résisté aux critiques selon lesquelles il s'agit juste d'une forme de sucre. De nombreux miels sont chauffés ce qui permet de les filtrer, de retarder la solidification et d'accélérer la mise en bocaux. Le miel extrait à froid et le miel en rayon sont plus savoureux et meilleurs pour la santé.

SANTÉ ET NUTRITION

EFFETS ET PROPRIÉTÉS

• *Action antibiotique*
Le miel extrait à froid peut détruire une large gamme de bactéries dans l'estomac et les intestins, ce qui en fait un traitement doux contre les gastro-entérites et les diarrhées qui en résultent. L'action antibactérienne des différentes qualités de miel est variable. Les expériences effectuées avec des miels chauffés n'ont pas donné de résultats convaincants.

• *Protège les parois de l'estomac*
La consommation de miel en même temps que la prise de médicaments pourrait s'avérer bénéfique pour les personnes qui prennent régulièrement des médicaments irritants pour l'estomac, tels que l'aspirine.

• *Pourrait éviter certains rhumes des foins*
Selon certaines données, le pollen consommé par l'intermédiaire de miel non filtré extrait à froid, ou en rayon, aurait une action de désensibilisation contre le rhume des foins et l'asthme qui y est associé. Il est recommandé aux personnes concernées de commencer à manger du miel non filtré et extrait à froid ou en rayon dès la fin de l'hiver.

Miel en rayon
La cire d'abeille constitue un emballage idéal pour le miel, conservant sa saveur et un peu de pollen.

Miel Manuka de Nouvelle-Zélande

QUELLES QUANTITÉS ?
Essayez de prendre 1/2 cuillerée à café de miel extrait à froid lorsque vous êtes à jeun pour soulager les ulcères gastro-duodénaux, les gastro-entérites et les irritations gastriques. Pour les personnes souffrant du rhume des foins, la quantité traditionnellement conseillée est de 1 cuillerée à café de miel non filtré extrait à froid, ou en rayon, trois fois par jour.

Attention
Il est déconseillé de donner du miel aux enfants de moins de 1 an car des réactions négatives, quoique rares, ne sont pas impossibles. Le miel favorise la formation des caries autant que le sucre et contient presque autant de calories.

DANS LA CUISINE

CHOIX ET STOCKAGE
À moins que l'emballage ne porte une étiquette spécifiant qu'il a été extrait à froid, le miel que vous achetez dans le commerce est chauffé. Le moins traité est le miel vendu en rayon. Le miel reste liquide plus longtemps s'il est conservé à température ambiante.

PRÉPARATION ET DÉGUSTATION
Le miel a un pouvoir sucrant plus élevé que le poids équivalent de sucre et il est plus parfumé. Comme la chaleur réduit les propriétés antibiotiques du miel, ajoutez-le dans les plats après la cuisson et si vous l'utilisez en pâtisserie, ne l'exposez pas à une température trop élevée.

RECETTES

Gâteau au fromage blanc, au miel et au citron 131
Assaisonnement au miel et à la moutarde 140

Miel extrait à froid

Le persil

LA BONNE RÉPUTATION

- *Diurétique traditionnel*
- *Bon pour les reins*
- *Riche en antioxydants*
- *Combat l'anémie*
- *Bonne source de calcium*

APPORTS NUTRITIONNELS

Pour 100 g de persil frais

Kilocalories	34	Acide folique (mcg)	170
Kjoules	141	Fer (mg)	7,7
Calcium (mg)	200	Potassium (mg)	760
Carotènes (mcg)	4 040	Vitamine C (mg)	190

Le persil est bien trop utile pour servir seulement de décor. Il améliore de nombreux plats et constitue l'un des aliments les plus riches sur le plan nutritif, en particulier parce qu'il est généralement mangé cru.

Santé et nutrition

Effets et propriétés

• *Aide l'organisme à éliminer*
Il suffit de consommer 25 g de persil frais pour constater ses effets diurétiques. C'est un remède traditionnel pour traiter la goutte, la rétention d'eau et le mauvais fonctionnement des reins.

• *Teneur en vitamine C et en carotènes*
Les personnes qui consomment plus d'aliments contenant ces antioxydants ont moins de risques de cancer, de maladies cardio-vasculaires et de cataracte. Les feuilles de persil diminuent l'effet de certaines substances cancérigènes.

• *Associe plusieurs nutriments*
25 g de persil apportent plus de fer qu'une côte de porc de 200 g. Il contient également une forte teneur en acide folique nécessaire pour la fabrication des globules rouges, et en vitamine C, qui améliore l'absorption du fer.

• *Bonne source de calcium*
Le persil constitue une bonne source de calcium d'une autre origine que les produits laitiers, particulièrement utile pour les personnes qui consomment très peu de laitages.

Quelles quantités ?

La consommation de 25 g environ de persil frais par jour est l'un des moyens les plus simples d'augmenter son apport en fer, en calcium et en acide folique et couvre les apports journaliers recommandés en vitamine C pour un adulte.

Attention

Les herboristes déconseillent une consommation supérieure à 15 g par jour pendant la grossesse, car il stimulerait les contractions utérines.

Dans la cuisine

Choix et stockage

Il existe deux espèces de persil, le persil frisé et le persil plat. Le persil plat est plus parfumé. Lavez toujours bien le persil pour retirer les résidus de pesticides. Conservez-le emballé au réfrigérateur.

Préparation et dégustation

Utilisez abondamment le persil frais dans les sauces, les potages et les assaisonnements. Évitez le persil séché. Hachez et ajoutez le persil juste avant de servir pour qu'il conserve toute sa saveur et ses qualités nutritives.

RECETTES

Persil frisé

Persil plat

Le riz

LA BONNE RÉPUTATION

- *Contribue à prévenir certaines maladies*
- *Bon pour la santé de l'intestin*
- *Favorise la stabilité du taux de glycémie*
- *Source importante de vitamine B1*
- *Sans gluten et hypoallergénique*

APPORTS NUTRITIONNELS

Pour 200 g de riz brun cuit

Kilocalories	282	Niacine (mg)	2,6
Kjoules	1 094	Potassium (mg)	198
Fibres (g)	1,6	Vitamine B1 (mg)	0,3
Fer (mg)	1	Vitamine B2 (mg)	0,04
Magnésium (mg)	220	Zinc (mg)	1,4

Le riz est un féculent qu'il faudrait consommer bien plus fréquemment, en particulier le riz brun. En raison de la diversité des recettes, le riz offre de nombreuses possibilités pour se régaler.

Santé et nutrition

Effets et propriétés

• *Un aliment-clé*
Les experts s'accordent à dire qu'une grande consommation de féculents favorise la prévention de certaines maladies chroniques telles que les maladies cardiaques, l'hypertension, le diabète et certains cancers, voir p. 14.

• *Préviendrait les troubles intestinaux*
Le riz brun est moins riche en fibres que le blé, mais il permet tout de même de prévenir la constipation et les troubles associés. Le riz cuit avec du sel est un remède traditionnel contre la diarrhée. L'amidon et les fibres sont associés à une diminution du risque de cancer du colon.

• *Stabilise le taux de glycémie*
La consommation de riz entraîne une hausse de la glycémie moindre que le pain ou la pomme de terre. Une glycémie constante apporte une énergie stable, aide à contrôler le diabète et pourrait empêcher la prise de poids excessive, p. 15.

• *Apporte de la vitamine B1 (thiamine)*
Les déficiences en thiamine, voir p. 145, sont courantes chez les personnes qui s'alimentent à l'occidentale. La consommation de riz brun permet de compléter les apports en thiamine.

• *Sans gluten et peu propice aux allergies*
Le riz est un aliment sans danger pour toutes les personnes allergiques au blé.

Le riz brun *possède bien plus de nutriments que le riz blanc.*

Le riz *est la graine d'une graminée.*

Le riz Basmati *est un riz long grain parfumé.*

QUELLES QUANTITÉS ?
Les experts estiment que les glucides complexes, tels que ceux du riz, devraient couvrir environ la moitié de l'apport calorique journalier, voir p. 12-13. Les procédés de raffinage éliminant l'enveloppe extérieure du riz, riche en substances nutritives, il est préférable de manger du riz brun. Une portion de 200 g de riz brun cuit couvre environ un tiers des apports quotidiens recommandés en thiamine pour un adulte, alors que le riz blanc n'en apporte quasiment pas.

DANS LA CUISINE

CHOIX ET STOCKAGE
Le riz précuit, à cuisson rapide, contient un peu plus de nutriments que le riz blanc ordinaire. Le riz Basmati brun est le riz le plus rapide à cuire. Gardez le riz dans un récipient hermétique dans un endroit sombre et frais.

PRÉPARATION ET DÉGUSTATION
Une fois cuit, le riz se conserve pendant 2 jours maximum s'il est stocké au réfrigérateur dans un récipient fermé.

RECETTES

LE BLÉ

LA BONNE RÉPUTATION

- *Pourrait prévenir les maladies cardiaques*
- *Protège l'appareil digestif et les intestins*
- *Diminuerait le risque de cancer du sein*
- *Atténuerait les troubles de la ménopause*
- *Source importante de sélénium*

APPORTS NUTRITIONNELS
Pour 100 g de pain complet

Kilocalories	215	Pantothénate (mg)	0,6
Kjoules	914	Potassium (mg)	230
Fibres (g)	5,8	Vitamine B1 (mg)	0,3
Fer (mg)	2,7	Vitamine B2 (mg)	0,1
Niacine (mg)	4,1	Zinc (mg)	1,8

Il existe de nombreuses manières de consommer du blé en limitant les matières grasses, par exemple sous la forme de pain et de gâteaux fabriqués avec de la farine de blé complète, de pâtes et de grains, tels que le couscous et le boulgour.

SANTÉ ET NUTRITION

EFFETS ET PROPRIÉTÉS

• *Grande valeur sur le plan nutritif*
Un nombre significatif de données montre qu'une consommation plus grande de féculents est associée à une diminution du risque de maladies chroniques, voir Riz p. 66.

• *Fournit des fibres insolubles*
Les fibres insolubles aident à prévenir et à traiter la constipation, qui est associée à un risque accru de calculs biliaires, de diverticulose et de cancer de l'intestin.

• *La consommation du blé est associée à une diminution du risque de cancer*
D'après plusieurs études, les femmes qui consomment davantage de fibres de céréales courent moins de risque de développer un cancer du sein. Le blé est une source de certains phyto-œstrogènes, voir p. 23, qui, d'après les recherches, font baisser les taux élevés d'œstrogènes et d'androgènes dans le sang, un des facteurs de risque du cancer du sein.

Le boulgour *est très riche en nutriments et demande peu de cuisson.*

• *Peut réduire les troubles de la ménopause*
D'après des recherches australiennes, une consommation quotidienne de 45 g de farine crue non blanchie ou de grains de blé concassés réduisait les bouffées de chaleur de 25 à 50 % chez les femmes ménopausées en 12 semaines.

QUELLES QUANTITÉS ?
Les glucides complexes tels que ceux du blé devraient, dans l'idéal, représenter à peu près la moitié de l'apport calorique total, voir p. 12-13. Préférez le blé non raffiné, sous la forme de pain complet et de pâtes au blé complet.

Attention
Le blé contient du gluten, qui ne doit pas être consommé par les personnes souffrant de maladie cœliaque. Ne donnez pas de blé aux bébés de moins de six mois. Consommez le son de blé à volonté dans le pain mais évitez d'en manger cru ou dans des céréales car il réduit l'absorption des minéraux, voir p. 25 et une consommation excessive entraîne une irritation du colon.

DANS LA CUISINE

CHOIX ET STOCKAGE
Les céréales au blé perdent une partie de leurs vitamines et de leurs minéraux pendant leur fabrication. Conservez les pâtes, les céréales et la farine dans des récipients hermétiques dans un endroit frais et sombre.

PRÉPARATION ET DÉGUSTATION
La farine de blé complète peut être utilisée en remplacement de la farine blanche dans la plupart des recettes.

RECETTES

Pain complet

GERME DE BLÉ

LA BONNE RÉPUTATION

- ***Stimule l'appétit***
- ***Riche en antioxydants***
- ***Bénéfique pour la santé cardiaque***
- ***Prévient et soulage la constipation***
- ***Riche en acide folique***

APPORTS NUTRITIONNELS

Pour 25 g de germes de blé

Kilocalories	76	Niacine (mg)	1,1
Kjoules	510	Potassium (mg)	238
Lipides (g)	2,3	Protéines (g)	6,7
• *acides gras oméga 3 (g)*	0,1	Vitamine B1 (mg)	0,5
• *acides gras oméga 6 (g)*	1,3	Vitamine B6 (mg)	0,8
Fibres (mg)	2,4	Vitamine E (mg)	5,5
Acide folique (mcg)	83	Zinc (mg)	4,3
Fer (mg)	2,1		

Le germe de blé est la partie du blé la plus riche en nutriments, récupérée après le blutage de la farine blanche. Il n'a besoin d'aucune préparation. Il suffit de saupoudrer les flocons sur un plat pour profiter de leurs vertus.

SANTÉ ET NUTRITION

EFFETS ET PROPRIÉTÉS

• ***Concentré de substances nutritives***
Le germe de blé est exceptionnellement riche en vitamines B1, B6 et E, en niacine et en acide folique. Cet aliment peu volumineux est précieux pour les personnes à petit appétit.

• ***Source extraordinaire de vitamine E***
Un apport important de vitamine E est lié à une diminution du risque de maladies cardio-vasculaires, de cataracte et de certains cancers.

• ***Riche en fibres***
Le germe de blé soulage la constipation, source d'inconfort mais également les hémorroïdes et des troubles intestinaux tels que la diverticulose.

• ***Bonne source d'acide folique***
L'acide folique aide à diminuer le risque d'avoir un bébé atteint de *spina bifida*.

QUELLES QUANTITÉS ?

Une consommation quotidienne de 25 g environ ou 2 cuillerées à soupe de germes de blé couvre environ 40 % des apports journaliers recommandés en vitamine B1 et en acide folique pour un adulte. Cette quantité augmente aussi d'environ 50 % l'apport en vitamine E. Environ 25 ml d'huile de germe de blé apporte environ 40 mg de vitamine E, soit presque la totalité de l'apport journalier recommandé pour bénéficier de l'action protectrice des antioxydants.

Attention

Le germe de blé est riche en acide phytique qui réduit l'absorption du fer et du zinc dont il est riche. La consommation d'un aliment riche en vitamine C au cours du même repas augmente l'absorption du fer.

DANS LA CUISINE

CHOIX ET STOCKAGE

Choisissez des germes de blé stabilisés, dans lequel un enzyme qui les fait rancir a été détruit. Achetez-les en petites quantités et conservez-les au frais dans un récipient hermétique. L'huile pressée à froid contenue dans un récipient en verre opaque est la meilleure.

PRÉPARATION ET DÉGUSTATION

Saupoudrez le germe de blé sur les salades et les plats cuisinés. Utilisez l'huile de germe de blé dans vos assaisonnements. Vous pouvez également les mélanger.

RECETTE

Salade de tomates aux germes de blé 112

CÉRÉALES

LA BONNE RÉPUTATION

- ***Aident à prévenir les maladies cardiaques***
- ***Stabilisent le taux de glycémie***
- ***Réguleraient le taux d'œstrogène***

APPORTS NUTRITIONNELS

Pour 55 g d'orge complet cru

Kilocalories	166	Pantothénate (mg)	1,4
Kjoules	705	Vitamine B1 (mg)	0,16
Fibres (g)	8	Vitamine B6 (mg)	0,3
Fer (mg)	3,3	Zinc (mg)	1,8

Une alimentation comprenant davantage de céréales complètes telles que l'orge, le sarrasin, le maïs, le seigle, le millet et le quinoa est un grand pas vers l'équilibre alimentaire. La diversité des céréales maintenant disponibles sur le marché signifie que vous pouvez sans peine varier vos menus.

Seigle

Millet

Sarrasin. *Le sarrasin n'est jamais raffiné. C'est un aliment de base en Russie.*

L'orge complet *contient pl… de vitamines et de fibres que l'orge perlé dont les grains ont débarrassés de leurs enveloppes*

SANTÉ ET NUTRITION

EFFETS ET PROPRIÉTÉS

• ***Favorisent la prévention des maladies***
Une grande consommation de féculents, surtout s'ils ne sont pas raffinés, est associée à une diminution du risque de maladies cardiaques, d'hypertension, de certains cancers et du diabète, voir p. 14.

• ***Stabilisent le taux de glycémie***
L'orge complet, qui contient surtout des fibres solubles, et le seigle complet, riche en fibres insolubles, possèdent 5 à 6 fois plus de fibres que les autres céréales complètes. Ces céréales favorisent une augmentation progressive du taux de glycémie dans le sang après le repas, ce qui est très précieux pour les diabétiques, et assurent un apport d'énergie progressif.

• ***Peut faire baisser le taux d'œstrogène***
La consommation de céréales complètes riches en fibres peut entraîner une baisse du taux d'œstrogène dans le sang qui, s'il est trop élevé, constitue un facteur de risque de cancer du sein, voir p. 87.

QUELLES QUANTITÉS ?

Ils devraient représenter environ la moitié de l'apport calorique journalier, voir p. 12-13. Pour stabiliser le taux de glycémie dans le sang, choisissez des pains ou des céréales contenant des grains entiers ou grossièrement hachés.

Attention

L'orge et le seigle contiennent du gluten dangereux pour les personnes souffrant de maladie cœliaque. Ne donnez pas d'orge ou de seigle aux bébés de moins de 6 mois.

❖ DANS LA CUISINE ❖

CHOIX ET STOCKAGE
Conservez les farines non raffinées et les céréales complètes au frais.

PRÉPARATION ET DÉGUSTATION
La plupart des céréales sont délicieuses en plat unique ou en remplacement du riz ou des pâtes. Servez-les accompagnées de sauces.

RECETTE

Chou farci à la manière japonaise 122

HARICOTS ET LENTILLES

LA BONNE RÉPUTATION

- ***Préviendraient les maladies cardiaques***
- ***Stabilisent le taux de glycémie***
- ***Aident à prévenir ou à traiter l'anémie***
- ***Source de potassium et d'acide folique***

APPORTS NUTRITIONNELS

Pour 100 g de haricots rouges cuits

Kilocalories	103	Fer (mg)	2,5
Kjoules	440	Potassium (mg)	420
Calcium (mg)	37	Protéines (g)	8,4
Acide folique (mcg)	42	Zinc (mg)	1
Fibres (g)	6,7		

La consommation des haricots et des lentilles est très utile, surtout pour remplacer la viande ou le fromage riches en lipides. Riches en fibres et en protéines mais pauvres en graisses, les légumes secs tiennent une place importante dans de nombreuses recettes trop savoureuses pour être ignorées.

❖ SANTÉ ❖ ET NUTRITION

EFFETS ET PROPRIÉTÉS

• ***Réduction du taux de cholestérol***
Une consommation plus importante de légumes secs peut entraîner une diminution substantielle des taux de cholestérol dans le sang, qui sont le signe d'un risque de maladie cardiaque.

• ***Riches en fibres solubles***
De nombreuses études confirment que la consommation de légumes secs, riches en fibres solubles, peut améliorer la stabilité du taux de glycémie dans le sang. Les légumes secs ralentissent la digestion et provoquent une augmentation progressive de la glycémie, ce qui évite les fluctuations brutales d'énergie. Ceci est très intéressant pour les diabétiques.

• ***Teneur en fer et en acide folique***
La plupart des légumes secs rivalisent avec la viande blanche ou le poisson pour ce qui concerne leur teneur en fer et sont riches en acide folique. Ceux-ci sont bénéfiques en cas d'anémie, et l'acide folique diminue le risque d'avoir un bébé atteint de *spina bifida*.

• ***Riches en potassium***
Une consommation de potassium supérieure à celle qui est courante dans les pays occidentaux peut permettre de prévenir et de réguler l'hypertension.

QUELLES QUANTITÉS ?
Pour remplacer les protéines au cours d'un repas, prévoyez 55 g de légumes secs, poids sec, par personne.
Les haricots blancs à la tomate ou les fèves ont une action similaire mais les haricots en conserve perdent la plupart de leurs vitamines et contiennent plus de sel, ce qui neutralise les bienfaits du potassium.

Attention

Les haricots rouges doivent être blanchis au moins 10 minutes pour neutraliser les toxines qu'ils contiennent.
Certaines personnes souffrent d'une anémie héréditaire déclenchée par la consommation de fèves pas suffisamment cuites.

❖ DANS LA CUISINE ❖

CHOIX ET STOCKAGE
Les légumes secs se conservent bien dès lors qu'ils sont stockés dans un récipient hermétique dans un endroit frais.

PRÉPARATION ET DÉGUSTATION
À l'exception des lentilles corail, les légumes secs doivent être mis à tremper une nuit avant la cuisson. Faites-les cuire dans de l'eau fraîche et non dans l'eau de trempage. Les herbes et les épices carminatifs, tels que les graines de fenouil et l'aneth, permettent de réduire les ballonnements.

RECETTES

Kedgeree de légumes secs 116
Falafel 123
Haricots blancs à la sauge et à l'ail 125
Hoummos allégé 140

Cocos roses

Haricots blancs

Les lentilles corail *n'ont pas besoin de trempage et cuisent en 20-25 minutes.*

Haricots azuki

Les haricots rouges *s'intègrent bien aux plats de viande, apportant des fibres et diluant leur teneur en graisse.*

Haricots cornilles

LE SOJA

LA BONNE RÉPUTATION

- *Diminuerait les risque cardiaques*
- *Améliore la santé intestinale*
- *Stabilise le taux de glycémie*
- *Riche en fer, en calcium et en potassium*
- *Aide au cours de la ménopause*
- *Pourrait diminuer les risques de cancer du sein*

APPORTS NUTRITIONNELS
Pour 100 g de graines de soja cuites

Kilocalories	141	Acide folique (mcg)	54
Kjoules	590	Fer (mg)	3
Calcium (mg)	83	Potassium (mg)	510
Lipides (g)	7,3	Protéines (g)	14
• dont 84 % insaturés		Vitamine E (mg)	1,1
Fibres (mg)	6,1	Zinc (mg)	0,9

Le soja est un aliment bénéfique pour la santé et peut devenir tout à fait appétissant, lorsqu'il figure dans les plats raffinés de la cuisine japonaise et dans certains plats plus nourrissants de la cuisine chinoise.

SANTÉ ET NUTRITION

EFFETS ET PROPRIÉTÉS

• *Prévient les maladies cardiaques*
Même les personnes qui suivent déjà un régime pauvre en graisses peuvent faire baisser de façon substantielle leur taux de cholestérol en remplaçant une partie des protéines d'origine animale par du soja. De nombreuses études confirment cette action du soja qui serait due à l'équilibre particulier du soja en fibres, en acides gras et en phyto-œstrogènes. Le soja contient un peu d'acide alpha-linolénique, un acide gras oméga 3 qui est lié à une meilleure santé cardiaque.

• *Riche en fibres solubles et insolubles*
Les fibres contenues dans les graines de soja peuvent prévenir et soulager la constipation, à l'origine de diverticuloses et autres troubles intestinaux.

• *Régule le taux de glycémie*
Comme les autres aliments riches en fibres solubles, les graines de soja ralentissent la digestion et l'absorption des substances nutritives. Cela entraîne une augmentation plus progressive du taux de glycémie dans le sang, qui est bénéfique pour les diabétiques et permet un apport énergétique plus régulier.

• *Source de fer, de calcium et de potassium*
Les graines de soja apportent de grandes quantités de fer et celui-ci est bien absorbé par l'organisme contrairement au fer apporté par la plupart des végétaux. Le tofu, fabriqué avec du chlorure de calcium, est riche en calcium.

• *Soulage les troubles liés à la ménopause*
Des études montrent qu'une consommation quotidienne de 45 g de farine ou de semoule de soja peut réduire les bouffées de chaleur et les autres troubles liés à la ménopause, tels que la perte des minéraux osseux, en 6 à 12 semaines. On pense que cette action du soja est due à sa richesse en phyto-œstrogènes, voir p. 23.

• *Réduirait le risque de cancer du sein*
Un des facteurs de risque du cancer du sein est un taux élevé d'œstrogène dans le sang, voir p. 87. Lorsque les femmes consomment régulièrement des aliments riches en composés faiblement œstrogéniques, tels que ceux présents dans le soja, avec des fibres, leur taux d'œstrogène dans le sang baisse.

QUELLES QUANTITÉS ?

Pour faire baisser l'hypercholestérolémie ou modifier les taux d'hormone, remplacez d'autres aliments protidiques une fois par jour par du tofu, de la farine de soja ou des graines de soja.
Une portion de 100 g de tofu couvre environ la moitié des apports journaliers recommandés en calcium pour les groupes aux besoins les plus élevés (11-24 ans) pour les deux sexes. Le jus ou « lait » de soja contient des phyto-œstrogènes mais peu de fibres ou de calcium.

Graines de soja

Le tofu, *auquel on a ajouté du chlorure de calcium, est la meilleure source de calcium parmi les aliments autres que les produits laitiers.*

Attention

Les graines de soja crues, y compris les pousses de soja, contiennent une toxine qui doit être détruite par une cuisson prolongée avant consommation. Comme on ne connaît pas encore les effets provoqués par les composés proches de l'œstrogène sur les jeunes enfants, il est conseillé de donner de la bouillie de soja aux bébés uniquement lorsqu'il n'y pas d'autre alternative.

DANS LA CUISINE

CHOIX ET STOCKAGE

Les graines de soja se conservent bien dans un récipient hermétique. Le tofu ferme est plus pratique que le tofu moelleux. Le tofu frais se garde pendant quelques jours au réfrigérateur. Une fois déballé, plongez-le dans de l'eau.

PRÉPARATION ET DÉGUSTATION

Les graines de soja doivent être mises à tremper pendant 5 heures avant la cuisson, puis cuites à l'eau bouillante pendant au moins 2 heures jusqu'à ce qu'elles soient tendres. Le tofu se consomme de la même façon qu'un fromage frais pauvre en matières grasses. Utilisez aussi le liquide qui l'accompagne.

RECETTES

Soupe Suimono 101
Salade Shiro Ae 111
Poêlée de brocolis et de tofu 121
Chou farci à la manière japonaise 122

L'AMANDE

LA BONNE RÉPUTATION

- *Peut faire baisser l'hypercholestérolémie*
- *Préviendrait les maladies cardiaques*
- *Riche en vitamine E*
- *Bonne source de calcium*

APPORTS NUTRITIONNELS
Pour 100 g d'amandes fraîchement décortiquées

Kilocalories	612	Potassium (mg)	780
Kjoules	2 534	Protéines (g)	21
Lipides (g)	55,8	Vitamine E (mg)	24
• dont 87 % insaturés		Zinc (mg)	3,2
Fer (mg)	3		

De nombreuses personnes évitent de manger des oléagineux par méfiance envers leur forte teneur en calories. Il ne faut cependant pas négliger leur consommation.

Amandes entières

Amandes fraîchement décortiquées non mondées

SANTÉ ET NUTRITION

EFFETS ET PROPRIÉTÉS

• *Pourrait réduire le cholestérol*
Bien que les amandes contiennent beaucoup de lipides, ceux-ci sont essentiellement monoinsaturés, voir p. 19.
Au cours d'une expérience, lorsque des volontaires ont ajouté 84 g d'amande par jour à un régime pauvre en graisses, on a constaté une baisse de 10 % en moyenne de leur cholestérol en particulier celui du « mauvais » cholestérol, le LDL, en l'espace de 3 semaines.

• *Bonne source de vitamine E*
Les amandes sont riches en vitamine E.
D'après les connaissances actuelles, un manque constant d'apport en vitamine E favorise la survenue de maladies cardio-vasculaires.

• *Bonne source de calcium*
Les amandes constituent l'une des meilleures sources de calcium d'origine non animale.

QUELLES QUANTITÉS ?

En ajoutant 25 g d'amandes à votre alimentation quotidienne, vous doublez quasiment votre apport en vitamine E. 50 g d'amandes couvrent 10 % des apports journaliers en calcium pour les 11-24 ans, des deux sexes.

DANS LA CUISINE

CHOIX ET STOCKAGE

Les amandes non blanchies possèdent une valeur nutritionnelle supérieure à celles vendues blanchies. Conservez-les dans un bocal au réfrigérateur et une fois celui-ci entamé, consommez-les en quelques semaines.

PRÉPARATION ET DÉGUSTATION

Les amandes s'utilisent aussi bien pour préparer un gâteau que dans une salade ou sur un poisson cuit au four. Pour faire griller les amandes sans détruire leurs huiles, faites-les chauffer doucement dans une poêle sans matière grasse pendant 1 à 2 minutes.

RECETTES

Mousse aux abricots et aux amandes 130
Pain d'épice au gingembre et aux amandes 135

GRAINES DE LIN

LA BONNE RÉPUTATION

- *Source d'acides gras oméga 3*
- *Soulageraient les troubles de la ménopause, préviendraient le cancer du sein*
- *Préviennent et soulagent la constipation*
- *Facilitent la digestion*

APPORTS NUTRITIONNELS
Pour 10 g de graines de lin dorées

Kilocalories	47	Fibres (mg)	1,6
Kjoules	196	Fer (mg)	0,7
Acides gras (g)	2,9	Vitamine E (mg)	0,02
• *oméga 3 (g)*	2,3	Zinc (mg)	0,4
• *oméga 6 (g)*	0,7		

La graine de lin vient d'une ravissante plante à fleurs bleues dont on tire également le lin et le linoléum.
Les graines de lin possèdent de grandes vertus pour la santé et voient leur popularité augmenter grâce à l'apparition de variétés dorées plus savoureuses.

SANTÉ ET NUTRITION

EFFETS ET PROPRIÉTÉS

• *Riches en acides gras oméga 3*
La graine de lin est l'une des sources végétales d'acide gras alpha linolénique connu pour son action bénéfique sur le cœur, le système immunitaire et les inflammations.

• *Très riches en phyto-œstrogènes*
Les linacées figurent parmi les substances végétales qui ont une action faiblement semblable à celle des œstrogènes. D'après la recherche, 45 g de graines de lin par jour peuvent réduire, en quelques semaines, certains troubles liés à la ménopause, tels que les bouffées de chaleur.
Les phyto-œstrogènes peuvent faire baisser le taux d'œstrogène dans le sang, facteur de risque du cancer du sein, voir p. 87.

• *Riches en fibres*
Les graines de lin soulagent la constipation et favorisent la flore intestinale qui empêche le développement ou la réabsorption des toxines.

• *Apaisent l'irritation des parois du système digestif*
Les graines de lin contiennent des fibres mucilagineuses qui apaisent les parois fragiles de l'estomac et du système digestif. Les graines de lin apportent des fibres utiles pour les personnes dont le système digestif est facilement irrité, telles que les personnes souffrant d'un ulcère gastro-duodénal.

QUELLES QUANTITÉS ?

Il suffit d'1 à 2 cuillerées à café de graines de lin dorées par jour.
Pour faciliter la digestion ou soulager la constipation, plus généralement, pour faciliter le transit intestinal, consommez-en la même quantité jusqu'à ce qu'il y ait une amélioration mais n'oubliez-pas qu'il est important de boire au moins 150 ml de liquide en même temps.

DANS LA CUISINE

CHOIX ET STOCKAGE

Choisissez des graines de lin dorées, issues de l'agriculture biologique, qui ont été légèrement concassées afin que l'organisme absorbe plus facilement leurs nutriments. Conservez-les au frigo et consommez-les rapidement.

PRÉPARATION ET DÉGUSTATION

Les graines de lin dorées peuvent être saupoudrées sur les yaourts ou ajoutées dans le pain et les gâteaux. Évitez d'ajouter des graines de lin aux préparations qui demandent une cuisson prolongée à des températures élevées.

RECETTE

Salade de tomates aux germes de blé 112

Les graines de lin dorées *sont une des meilleures sources d'acides gras oméga 3 et de phyto-œstrogènes.*

LES GRAINES DE POTIRON

LA BONNE RÉPUTATION

- ***Contribuent à la santé de la prostate***
- ***Aident à éviter la formation de calculs***
- ***Bonne source de zinc***
- ***Renforcent le système immunitaire***

APPORTS NUTRITIONNELS
Pour 25 g de graines de potiron

Kilocalories	142	Fibres (g)	1,3
Kjoules	590	Fer (mg)	2,5
Lipides (g)	11,4	Vitamine E (mg)	0,7
• *dont 78 % insaturés*		Zinc (mg)	1,6

Les graines de potiron *doivent être soigneusement mastiquées pour faciliter l'absorption de leurs nutriments.*

La saveur délicate et la consistance légèrement croquante des graines de potiron ajoutent une note intéressante et un peu de couleur à de nombreux gâteaux et préparations salées.

SANTÉ ET NUTRITION

EFFETS ET PROPRIÉTÉS

• ***Remède traditionnel pour l'hypertrophie de la prostate, confirmé par la recherche***
En 1990, dans une étude menée sur 3 mois, une amélioration de la durée, de la quantité et de la fréquence des mictions a été constatée chez les personnes qui avaient reçu un extrait de graines de potiron par rapport aux personnes qui avaient reçu un placebo.

• ***Aident à traiter les calculs biliaires***
Les graines de potiron peuvent réduire la formation de cristaux d'oxalate de calcium à l'origine de la formation de calculs biliaires. Les graines de potiron se sont révélées plus efficaces pour réduire la formation des cristaux que les médicaments classiques.

• *Source d'origine végétale de zinc*
Le zinc est essentiel pour le système immunitaire, augmenter la résistance aux infections et pour la cicatrisation, la croissance et le goût. On pense que les déficiences sont courantes, en particulier chez les personnes âgées et les anorexiques.

QUELLES QUANTITÉS ?

50 g de graines de potiron par jour apportent 3,2 mg de zinc, plus d'un quart de l'apport journalier recommandé pour les hommes. Le zinc apporté par les végétaux est mieux absorbé s'il est consommé en même temps que de la viande ou du poisson.

DANS LA CUISINE

CHOIX ET STOCKAGE

Choisissez des graines de potiron décortiquées, vertes, et non marron car c'est le signe qu'elles sont rances. Gardez-les au frais dans un récipient hermétique et consommez-les dans les 2 mois.

PRÉPARATION ET DÉGUSTATION

Les graines de potiron peuvent remplacer les noix en pâtisserie. Saupoudrez-les sur les céréales du petit-déjeuner, les fruits et les salades. Rehaussez leur saveur en les faisant griller sans matière grasse dans une poêle pendant 1 à 2 minutes à feu doux.

RECETTES

Cake aux fruits secs et aux airelles 136
Muffins au son d'avoine 137

LE FOIE DE VOLAILLE

LA BONNE RÉPUTATION

- ***Combat l'anémie***
- ***Bénéfique après une hémorragie***
- ***Renforce le système immunitaire***
- ***Concentré de substances nutritives***

APPORTS NUTRITIONNELS
Pour 100 g de foie de volaille poêlé avec 6 g d'huile

Kilocalories	169	Fer (mg)	11,3
Kjoules	705	Potassium (mg)	300
Source de vitamine B		Rétinol Vitamine A (mcg)	10 500
Cholestérol (mg)	350		
Lipides (g)	8,9	Vitamine B12 (mg)	45
Acide folique (mcg)	1 350	Zinc (mg)	3,8

Le foie de volaille est riche en fer, en acide folique et en zinc – trois nutriments dont les apports sont souvent insuffisants. Le foie de volaille est également pauvre en lipides et possède une saveur délicieuse.

SANTÉ ET NUTRITION

EFFETS ET PROPRIÉTÉS

• *Riche en fer, en acide folique et en vitamine B12 ; forte teneur en zinc*
Le foie de volaille constitue un concentré de nutriments facilement assimilables, nécessaires pour la fabrication des globules rouges, permettant de prévenir ou de traiter l'anémie ou de récupérer rapidement après une hémorragie. Le foie de volaille est riche en zinc. Celui-ci est essentiel pour la croissance et le système immunitaire de l'organisme.
De nombreuses personnes qui mangent très peu, pour toutes sortes de raisons ont des apports en zinc insuffisants.

QUELLES QUANTITÉS ?

La consommation de foie de volaille une fois par semaine prévient l'anémie.

Attention

Les personnes suivant un régime pauvre en cholestérol doivent consulter un diététicien avant de consommer régulièrement du foie. Les femmes enceintes ne doivent pas consommer trop de foie à cause de sa teneur élevée en rétinol.

DANS LA CUISINE

CHOIX ET STOCKAGE

Retirez les éventuelles parties jaunes ou vertes. Le foie provenant de volailles élevées selon les méthodes de l'agriculture biologique ne contient pas de résidus chimiques.

PRÉPARATION ET DÉGUSTATION

Le foie de volaille fond dans la bouche (même s'il est pauvre en lipides) et peut donc être dégusté en pâté sans qu'il soit nécessaire d'ajouter quantité de graisses.
Le bouillon confectionné avec des foies de volaille est très savoureux.

RECETTE

Pâté de foie de volaille au vermouth 106

LES CRUSTACÉS

LA BONNE RÉPUTATION

- ***Riches en iode et en sélénium***
- ***Renforcent le système immunitaire***
- ***Utiles pour les personnes mangeant peu***
- ***Bénéfiques pour la santé cardiaque***
- ***Auraient une action anti-inflammatoire***
- ***Apportent beaucoup de fer***

APPORTS NUTRITIONNELS

Pour 100 g de moules cuites (sans les coquilles)

Kilocalories	104	Fer (mg)	6,8
Kjoules	400	Sélénium (mcg)	43
Calcium (mg)	52	Vitamine E (mg)	1,1
Iode (mcg)	120	Zinc (mg)	2,3

La grande diversité des fruits de mer offre une source de plaisir sans fin. Récemment, la recherche a écarté la possibilité d'une corrélation entre les fruits de mer et l'hypercholestérolémie : leur effet serait plutôt inverse, voir p. 18. Tous les coquillages sont pauvres en calories et en lipides.

SANTÉ ET NUTRITION

EFFETS ET PROPRIÉTÉS

• ***Source importante d'iode***
L'iode est indispensable pour le bon fonctionnement de la glande thyroïde qui régule le métabolisme.

• ***Apportent du sélénium***
Les crustacés et autres produits de la mer constituent la seule source sûre de cet antioxydant qui aurait une action sur le système cardio-vasculaire.

• ***Excellente source de zinc***
Les fruits de mer constituent une source de zinc facilement assimilable.

• ***Contiennent des acides gras oméga 3***
Les fruits de mer sont très pauvres en lipides mais apportent des petites quantités d'acides gras oméga 3, qui ont un lien avec la santé cardiaque, et possèdent une action anti-inflammatoire.

• ***Pourraient soulager la polyarthrite rhumatoïde***
Les moules à coquille verte de Nouvelle-Zélande pourraient soulager les malades de polyarthrite rhumatoïde. Les résultats de la recherche sur l'extrait de moule à coquille verte sont contradictoires mais au moins une étude a donné des résultats positifs avec un minimum d'effets secondaires. La quantité de moules correspondant à une quantité utile d'extrait n'a pas été établie.

• ***Les mollusques sont très riches en fer***
Les coques, suivies des palourdes, des huîtres et des moules constituent d'excellentes sources de fer, sous une forme facile à assimiler par l'organisme.

QUELLES QUANTITÉS ?

Ne consommez pas d'huîtres ou de mollusques quotidiennement car ils vous apporteraient trop de zinc et de fer. Une consommation de fruits de mer deux fois par semaine permet de garantir un apport convenable d'iode, de sélénium, de zinc et, par les mollusques, de fer. Par exemple, 100 g de coques pesées sans les coquilles apportent environ la moitié de la quantité de fer, tout l'iode, un sixième du zinc et plus de la moitié du sélénium correspondant aux apports journaliers.

Coquille St Jacques

Moule

Les huîtres *sont de loin la meilleure source alimentaire de zinc.*

Les crevettes *constituent une bonne source de calcium.*

Le crabe *Une portion couvre une bonne part des apports journaliers en zinc pour un adulte.*

Attention

Les personnes souffrant de la goutte doivent éviter de manger des fruits de mer car ceux-ci sont riches en purines qui peuvent faire augmenter le taux d'acide urique.

DANS LA CUISINE

CHOIX ET STOCKAGE

Prévoyez de manger les fruits de mer le jour même de l'achat ou de les congeler. Les fruits de mer prêts à consommer et surgelés sont souvent cuits ou blanchis à l'eau salée : essayez de ne pas consommer de sel par ailleurs au cours du même repas.

PRÉPARATION ET DÉGUSTATION

Les fruits de mer donnent du goût aux salades et aux potages. Leur cuisson est très facile et très rapide, que ce soit à la vapeur, au grill ou au four. Évitez de masquer leur saveur délicate avec des condiments trop puissants.

RECETTES

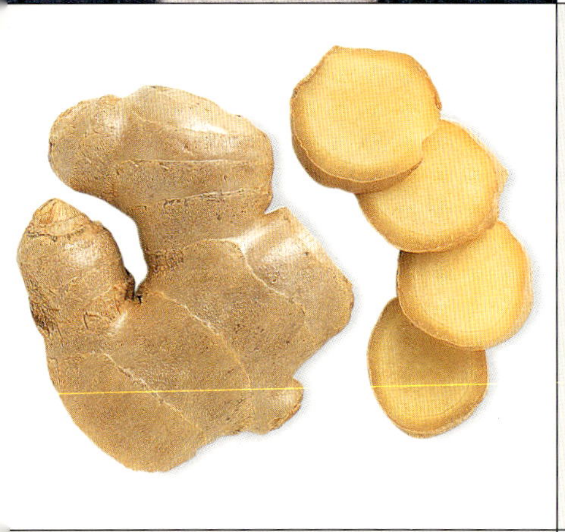

Améliorez votre santé

Voici un guide pratique des aliments qui aident à prévenir ou à traiter une large gamme de problèmes de santé courants, des maladies de peau aux calculs biliaires. Néanmoins, une alimentation équilibrée constitue une étape essentielle pour rester en bonne santé, voir p. 12-13.

Les informations fournies dans cet ouvrage ne remplacent pas l'avis d'un médecin ; si vous souffrez de symptômes persistants inquiétants, il est préférable de consulter.

Le système respiratoire

L'inflammation des muqueuses et la production de mucus font partie des réactions de l'organisme face aux infections et aux substances irritantes. La consommation de certains aliments peut aider l'organisme à se défendre contre l'infection ainsi que soulager plusieurs symptômes. Certains aliments pourraient soulager l'asthme en neutralisant la constriction des bronches. Les troubles respiratoires sont parfois consécutifs à l'ingestion de certains aliments.

Les infections

Une alimentation équilibrée joue un rôle important dans notre capacité à résister aux maladies.

CONSEIL GÉNÉRAL

- ***Mangez beaucoup d'aliments contenant les nutriments essentiels pour renforcer la résistance face aux infections, voir p. 89.***
- ***Cessez de fumer.***

Rhumes et grippes

Les rhumes et les grippes sont surtout des infections virales. L'organisme réagit au virus du rhume par une inflammation des muqueuses du nez et de la gorge, ce qui entraîne l'obstruction nasale ou des écoulements et le mal de gorge. Les symptômes de la grippe sont variés et comportent notamment une forte fièvre, des douleurs et un malaise général. La toux constitue une tentative de l'organisme pour se débarrasser des glaires ou d'une substance irritante dans les voies aériennes.

- La fièvre fait partie du système de défense de l'organisme et ne doit pas être combattue sauf si elle est très élevée. Buvez beaucoup pour remplacer les liquides qui s'évaporent par la transpiration.

LES ALIMENTS BÉNÉFIQUES

- *Les fruits de mer, les graines de potiron, les viandes maigres, le foie et les produits laitiers* sont riches en zinc ; celui-ci peut raccourcir la durée de certains rhumes.
- *Le cassis, les légumes verts à feuilles, les poivrons rouges et les agrumes* sont riches en vitamine C qui peut aider à inactiver certaines bactéries.
- *L'ail, le cresson et l'oignon* ont une action anti-infectieuse. Le cresson et l'oignon peuvent également soulager la congestion des bronches et l'ail possède des propriétés antivirales.
- *Le thé vert* est utilisé depuis longtemps pour lutter contre la fièvre.
- *Le gingembre et les piments* peuvent aider à dégager les voies aériennes congestionnées et à soulager les maux de tête associés en stimulant la circulation et en fluidifiant les glaires afin de faciliter leur évacuation.
- *Le gingembre, le fenouil et les piments* ont des propriétés antispasmodiques et chauffantes qui soulagent les troubles gastriques.
- *Le miel* peut calmer les maux de gorge et améliorer les extinctions de voix.
- *Les graines de fenouil écrasées* sont traditionnellement utilisées contre les difficultés respiratoires et la toux sèche. Pour bénéficier de leurs vertus relaxantes, consommez-les mélangées à du thé ou ajoutez-les à de l'eau chaude et faites des inhalations.

L'asthme et les allergies

Les allergies au sens strict se réfèrent à une réaction excessive du système immunitaire à une protéine. L'asthme est généralement causé par une réaction de l'organisme à l'inhalation de certaines substances.

CONSEIL GÉNÉRAL

Identifiez les substances qui provoquent la réaction et essayez de les éviter. Pour identifier d'éventuels responsables parmi les aliments, voir p. 79.

L'asthme

Les crises d'asthme peuvent être déclenchées par de nombreuses substances irritantes. Les émotions et le stress jouent aussi un rôle important.

- L'exercice physique, le yoga et des exercices respiratoires peuvent aider à éviter les crises.

LES ALIMENTS BÉNÉFIQUES

- *L'oignon* pourrait empêcher certaines crises d'asthme, peut-être parce qu'il neutralise la constriction des bronches.
- *Le thé* contient un dérivé de la caféine, la théophylline, qui possède des vertus légèrement bronchodilatatrices. Il a été utilisé en forme concentrée pour soigner les crises d'asthme.

Les allergies

Les symptômes respiratoires tels que le catarrhe, les sinus congestionnés, les rhinites allergiques et le rhume des foins sont souvent provoqués par une réaction à des substances présentes dans les aliments, l'air ou les produits qui nous entourent. Certaines réactions n'apparaissent qu'en cas de maladie ou sous l'effet du stress. Le seul traitement possible à ces réactions consiste à éviter la cause. Certains médecins adeptes de médecines alternatives prétendent pouvoir rendre les personnes moins sensibles aux substances qui les irritent, mais ceci n'est pas prouvé.

LES ALIMENTS BÉNÉFIQUES

- *Le miel qui contient du pollen, qu'il s'agisse de miel non filtré extrait à froid ou de miel en rayon* est utilisé traditionnellement pour désensibiliser les personnes souffrant du rhume des foins, voir p. 65.

Les yeux et la bouche

Les problèmes oculaires et buccaux ont la réputation d'être inévitables, mais une bonne partie d'entre eux peut être évitée ou limitée par une bonne alimentation. La prévention est plus efficace si on la commence lorsque l'on est jeune. La santé de la bouche dépend tout particulièrement d'une bonne alimentation et vice versa : des dents en mauvais état rendent plus difficile la consommation de fruits et de légumes frais, ce qui nuit au bien-être général et à la résistance aux infections.

❖ Les infections ❖

Les petits troubles oculaires sont le résultat d'une inflammation ou d'une irritation mais ils peuvent également être le signe d'un problème plus général. La contraction convulsive des paupières peut être un signe de nervosité, voir p. 93 ou de fatigue.

Conseil général

- ***Consultez en cas d'apparition soudaine d'une inflammation, de tension, de vision floue ou de taches qui peuvent être les symptômes de glaucome ou d'un décollement de la rétine.***
- ***Effectuez régulièrement un contrôle ophtalmologique.***

Baisse de la vision

Bien que la vision décline avec l'âge, la baisse peut être liée à une mauvaise circulation, voir p. 82.

Les aliments bénéfiques

- ***Le cassis, les myrtilles, les agrumes, les airelles, les légumes verts à feuilles et le poivron rouge*** sont riches en flavonoïdes ou en vitamine C. Ceux-ci aident à entretenir une bonne circulation et à renforcer les petits vaisseaux capillaires.
- ***Les graines de tournesol, les patates douces, les noix et les amandes*** contiennent de la vitamine E et des acides gras essentiels qui limitent l'inflammation et favorisent la circulation.

Orgelets conjonctivites

Ces infections peuvent être favorisées par une mauvaise alimentation.

- Lavez-vous les mains avant de vous frotter les yeux ou de manipuler vos lentilles de contact.

Les aliments bénéfiques

- ***Les aliments qui renforcent le système immunitaire,*** voir p. 89.

Cataracte et dégénérescence maculaire

La cataracte, une opacité du cristallin, et la dégénérescence maculaire (atteinte de la rétine) constituent les causes principales de cécité chez les personnes âgées. La recherche a mis en évidence une corrélation importante entre les habitudes alimentaires dans les premières années de la vie et la dégénérescence maculaire et les cataractes.

Les aliments bénéfiques

- ***Les légumes verts à feuilles, les graines de tournesol, les patates douces, les courges d'hiver, les abricots, les carottes, le cassis et les agrumes*** sont riches en bêta-carotène et en vitamines C et E, des antioxydants. Les personnes qui mangent beaucoup d'aliments riches en antioxydants ont moins de risque de contracter ces maladies.

❖ La bouche ❖

L'hygiène dentaire est importante mais elle doit être associée à de bonnes habitudes alimentaires.

Les caries

La fréquence à laquelle le sucre – cause de caries – est consommé est plus importante que la quantité ingérée et le sucre consommé au moment d'un repas est moins nocif que le sucre mangé seul.

- Lavez-vous les dents et passez un fil dentaire entre les dents après avoir mangé, surtout des aliments sucrés.
- Effectuez des contrôles réguliers chez le dentiste et faites-vous soigner rapidement.

Les aliments bénéfiques

- ***Le fromage,*** consommé en petite quantité à la fin d'un repas, pourrait réduire le risque de carie et contribuer à la reminéralisation.
- ***Le thé est riche en fluor,*** et aide à réduire le risque de caries.

Inflammation des gencives

L'infection (gingivite) est provoquée par les bactéries présentes dans les particules alimentaires qui entourent les dents.

- Suivez les conseils pour les caries.

Les aliments bénéfiques

- ***Les légumes verts à feuilles, les agrumes, le cassis, le poivron rouge*** sont riches en vitamine C et en flavonoïdes qui sont nécessaires pour empêcher les gencives de saigner et de devenir spongieuses et pour éviter le déchaussement des dents.

Les boutons de fièvre

Ils sont provoqués par le virus *herpès simplex.* Une fois qu'on l'a attrapé, on conserve ce virus toute la vie, mais les boutons de fièvre peuvent surgir uniquement en période de stress.

- Le virus est très contagieux. Évitez les contacts avec une personne atteinte d'un bouton de fièvre.

Les aliments bénéfiques

- ***Les huîtres, les viandes maigres, les graines de potiron et les produits laitiers,*** riches en zinc peuvent apporter une amélioration.

Le système digestif

Les troubles digestifs sont souvent négligés et considérés comme des désagréments mineurs, mais ils sont une cause fréquente de malaise. Ils peuvent également servir de signal d'alarme indiquant qu'un changement de mode de vie est nécessaire pour éviter de tomber malade. Notre santé digestive affecte également la façon dont nous assimilons les nutriments. L'hérédité rend certaines personnes plus vulnérables que d'autres aux troubles digestifs, mais le mode de vie joue aussi un rôle important. Des habitudes alimentaires plus saines constituent le pas le plus important vers la prévention et la disparition de la plupart des troubles digestifs.

Les troubles

Les mauvaises habitudes alimentaires peuvent, avec le temps, provoquer des troubles. Le stress ou certains aliments mal tolérés peuvent également affecter le système digestif.

Conseil général

- *Accordez à votre alimentation une place primordiale.*
- *Mangez doucement et mastiquez longuement les aliments.*
- *Soyez attentif à ce que votre organisme vous réclame et ne mangez jamais quelque chose dont vous n'avez pas envie.*
- *Évitez de consommer de l'alcool en quantités excessives, bien qu'en petites quantités il puisse être bénéfique.*
- *Apprenez à gérer le stress grâce à des méthodes de relaxation telles que le yoga ou la méditation.*
- *L'activité physique peut également aider à lutter contre le stress et on sait qu'elle joue un rôle dans l'amélioration de l'humeur.*

La constipation

Bien que l'augmentation de la consommation de fibres de céréales soit un moyen démontré de traiter la constipation, il est important de traiter d'autres causes telles qu'une consommation insuffisante de liquides, l'inactivité, le fait d'ignorer l'envie d'aller à la selle et l'habitude de prendre des laxatifs ou des antiacides.

- Augmentez peu à peu votre apport en fibres sur plusieurs semaines car une augmentation rapide peut entraîner des flatulences et des ballonnements.

Les aliments bénéfiques

- *Le pain, les pâtes et les céréales complets, riches en fibres.* Par jour, augmentez votre consommation jusqu'à 6 à 7 tranches de pain complet ou 3 à 4 tranches de pain complet et 50 g de céréales complètes.
- *Les légumes et les fruits, en particulier les pommes, les abricots secs et les bananes pas trop mûres* évitent la constipation et apportent des liquides. Augmentez votre ration jusqu'à environ 400 g par jour.
- *Le yaourt et la choucroute crue* aident au développement les bactéries qui augmentent le volume des selles.

Les diverticuloses

Une alimentation pauvre en fibres peut entraîner l'apparition de cavités dans les parois des intestins, provoquées par la pression des muscles forçant pour déplacer des petites selles dures. Les déchets logés dans ces cavités peuvent s'infecter ce qui provoque une douleur et une inflammation aiguës.

Les aliments bénéfiques

- *Les céréales non raffinées* sont riches en fibres insolubles qui augmentent le volume des selles. Consommez du pain complet additionné de son.

Les flatulences

Les flatulences excessives peuvent être provoquées par des repas trop copieux, la prise d'antiacides et le fait d'avaler de l'air, en parlant par exemple. Elles peuvent également être provoquées par une quantité excessive de la levure *Candida albicans*, voir p. 87.

- Mangez et buvez lentement.

Les aliments bénéfiques

- *Le bulbe et les graines de fenouil, l'aneth, l'angélique (de la variété* archangelica*), la cannelle, le carvi et la cardamome* contribuent à prévenir et à soulager les flatulences en chauffant et en relaxant l'appareil digestif. Le yaourt contenant du *Lb. acidophilus* peut neutraliser les vents causés par le *Candida albicans* et multiplie les bactéries qui facilitent la digestion.

Diarrhée et vomissements

Ce sont deux moyens pour l'organisme de se débarrasser de substances toxiques, telles que les médicaments, les bactéries ou les virus.

- Restez au chaud et buvez beaucoup pour éviter de vous déshydrater.
- Ne mangez que si vous en avez envie.

Les aliments bénéfiques

- *Le gingembre* contribue à prévenir les nausées et les spasmes.
- *L'ail, le yaourt, le cassis, le miel extrait à froid, les pommes et les bananes mûres* sont des remèdes contre la diarrhée. Mangez-les aussitôt après le début de la diarrhée.
- *Le piment et le cresson* évitent la récurrence de la diarrhée et des vomissements.
- *Le yaourt et la choucroute crue* peuvent contribuer à reconstituer la flore intestinale après la guérison.
- *Le germe de blé et le foie de volaille* aident à reconstituer le stock de vitamines B diminué suite à un épisode de diarrhée.

L'indigestion

Elle peut avoir toutes sortes de causes, parmi lesquelles on trouve le stress, une alimentation trop riche, trop épicée, trop importante ou trop rapide.

• Mangez moins gras car les graisses mettent le système digestif à rude épreuve.
• Une amélioration de la circulation peut s'avérer bénéfique, voir p. 82 à 85.

Les aliments bénéfiques

• *Les piments et le cresson* favorisent la production de sucs digestifs.
• *L'ananas* peut faciliter la digestion des protéines.
• *Le gingembre et la cannelle* ont une action chauffante ; ils aident à soulager les douleurs liées aux coliques.
• *Les asperges* contribuent à soulager les digestions paresseuses en accélérant l'évacuation de l'estomac.

Les gastro-entérites

Une bactérie, un virus ou des toxines liées à une intoxication alimentaire peuvent tous provoquer l'inflammation de l'appareil digestif, accompagnée de crampes, de vomissements, de fièvre ou de diarrhée. La meilleure défense est une bonne hygiène alimentaire. Voir aussi Diarrhée et vomissements, p. 78.

Les aliments bénéfiques

• *L'ail, les yaourts, les myrtilles, les airelles et le miel extrait à froid* ont tous une action antibactérienne.

Ulcères gastro-duodénaux

Les ulcères sont des zones irritées dans les parois du système digestif, causées soit par un excès d'acidité soit par une altération de la muqueuse qui protège normalement ces parois de l'acidité. La cause des ulcères peut également être une infection par *Helicobacter pylori* et une intolérance à certains aliments. Le stress ne fait qu'empirer la situation.

• Une alimentation lactée pauvre en fibres est inefficace et l'excès de lait semblerait encourager la production d'acidité.
• Évitez les médicaments tels que l'aspirine et les autres anti-inflammatoires non stéroïdiens qui attaquent les muqueuses.
• Évitez l'alcool, la caféine et les repas trop lourds qui provoquent une production excessive d'acidité.
• Évitez d'utiliser régulièrement des antiacides qui peuvent provoquer en retour une augmentation de l'acidité.
• Cessez de fumer car le tabac ralentit la cicatrisation des ulcères.

Les aliments bénéfiques

• *Le chou cru et les bananes plantain cuites* favorisent la cicatrisation des ulcères et découragent leur réapparition.
• *Le miel Manuka extrait à froid et les yaourts contenant des* Lb. acidophilus neutralisent les bactéries *Helicobacter pylori.*
• *Les fruits de mer, les graines de potiron et les autres aliments riches en zinc.*
• *L'avoine, les légumes secs, les pommes, les graines de lin, les graines de tournesol, le cassis, les mûres et les framboises* sont riches en fibres solubles qui pourraient empêcher la récurrence des ulcères. L'avoine et les graines de lin, riches en mucilages aident à protéger les muqueuses de l'appareil digestif des irritations.

Les calculs biliaires

Les calculs biliaires sont des cristaux de cholestérol ou de calcium ou un mélange des deux. Ils se forment lorsque l'organisme produit trop de cholestérol dans la bile ou lorsque la bile est trop riche en calcium. Les calculs biliaires peuvent empêcher le passage de la bile vers l'intestin. Les graisses ne sont pas digérées et l'inflammation qui en résulte entraîne des nausées, des indigestions, des douleurs et une perte de vitamines liposolubles.

• Limitez la consommation de graisses et d'alcool.
• Mangez des fruits et des légumes.
• Surveillez votre poids.
• Évitez la constipation (voir p. 78) qui augmente les risques de calculs biliaires.

Les aliments bénéfiques

• *Les artichauts et les légumes amers tels que les endives et les feuilles de pissenlits* stimulent la production de la bile qui contribue à diluer le cholestérol et le calcium. Les artichauts aident à soulager les troubles de la vésicule biliaire et sont bons pour le foie.
• *L'avoine, les légumes secs, les légumes et les fruits sont riches en fibres solubles* qui aident à limiter l'augmentation de la glycémie dans le sang après les repas. Un taux élevé de glucose dans le sang tend à augmenter le cholestérol de la bile. Les fibres solubles peuvent aussi favoriser l'élimination du cholestérol.

Identifiez les aliments mal tolérés

Attention

Les régimes d'exclusion, où l'alimentation est limitée à 2 ou 3 aliments avec une réintroduction progressive des autres aliments, doivent être effectués sous surveillance médicale.

La seule façon efficace de vérifier si un aliment est responsable d'un trouble de la santé est de l'exclure de votre alimentation. Procédez avec un aliment à la fois et excluez-le sous toutes ses formes pendant 2 à 3 semaines. Cela devrait suffire pour vous permettre de constater si cela vaut la peine de le supprimer définitivement.

• Remplacez toujours l'aliment supprimé par un autre aliment qui apporte des nutriments semblables. Par exemple, si vous supprimez les produits laitiers, remplacez-les par du tofu, des amandes, des sardines en boîte mangées avec leurs arêtes et des légumes verts à feuilles pour le calcium. Pour l'apport en zinc, remplacez-les par des fruits de mer, des viandes maigres ou des graines de potiron, et pour la vitamine B2 par du foie, des germes de blé, des amandes ou des graines de potiron.
• Bien que certains additifs alimentaires provoquent des réactions chez certaines personnes, les intolérances sont bien plus souvent causées par des aliments courants. Les aliments qui provoquent le plus d'intolérance seraient les œufs, le blé, le poisson, les fruits de mer, le soja, les cacahuètes et autres oléagineux, le porc, les viandes attendries, le chocolat, le café, le thé et les agrumes.
• La liste ci-dessus comprend plusieurs aliments utilisés au cours du sevrage et le fait de donner des aliments solides ou du lait de vache aux bébés lorsqu'ils sont trop jeunes pour les supporter pourrait jouer un rôle dans une intolérance future.
• Les additifs alimentaires les plus souvent liés à des phénomènes d'intolérance sont les colorants artificiels, certains conservateurs et les glutamates utilisés comme rehausseurs de goût.
• L'intolérance à un aliment peut être passagère. On peut donc essayer de réintroduire dans l'alimentation certains aliments (à part les noix et les cacahuètes) au bout de six mois ou un an.

LES OS ET LES ARTICULATIONS

Les troubles qui affectent les os et les articulations sont généralement considérés comme des signes d'usure liés au vieillissement, mais ils sont fréquemment le résultat de désordres du métabolisme dans lesquels l'alimentation et le mode de vie jouent un rôle essentiel. Les traitements classiques étant à base de médicaments aux effets secondaires non-négligeables, il est préférable de chercher un soulagement par des méthodes plus naturelles. L'alimentation joue, dans ce cas, un rôle important.

LES OS

Bien que la croissance du squelette soit à son sommet à l'adolescence, la densité osseuse augmente jusqu'à l'âge de 40 ans. Bien que l'hérédité joue un rôle dans la santé osseuse, de nombreux facteurs sont entre nos mains. À nous de tout faire pour garder des os en bon état le plus longtemps possible.

CONSEIL GÉNÉRAL

- *Un bon apport de calcium est important, en particulier pendant l'enfance où les besoins sont les plus grands, bien qu'il soit inutile de dépasser les apports journaliers recommandés (voir p. 150). On sait que l'excès de calcium gêne l'absorption du fer et peut encourager les calculs rénaux chez les personnes prédisposées.*
- *Une bonne alimentation générale est aussi importante qu'un apport de calcium adéquat pour constituer et conserver des os solides, voir p. 12 à 13.*
- *Évitez l'excès de sel, de protéines, de sucre et de boissons sucrées contenant de l'acide phosphorique, qui entraînent une élimination plus importante de calcium.*
- *La vitamine D est nécessaire pour l'absorption du calcium. Aidez l'organisme à fabriquer de la vitamine D en passant du temps dehors au soleil, en laissant bras et jambes à l'air libre.*
- *Prenez soin de vos reins, voir p. 92, où la vitamine D est transformée en sa forme active.*

L'OSTÉOPOROSE

Cette maladie, caractérisée par une forte déminéralisation et une diminution de la densité osseuse, favorise les fractures et une mauvaise consolidation de celles-ci. L'absorption du calcium par les os est stimulée par les hormones sexuelles et l'ostéoporose apparaît généralement plus tôt chez les femmes que chez les hommes car leur production d'hormone diminue plus tôt, lors de la ménopause. Les deux sexes sont affectés de la même façon par les autres facteurs déclenchants de l'ostéoporose et peuvent trouver des avantages à modifier leur hygiène de vie et leur alimentation.

- La pratique quotidienne d'un exercice physique, tel que la marche, est le meilleur moyen d'éviter, de ralentir ou d'inverser l'évolution de la perte osseuse. Le fait de porter une charge, telle que les courses, augmente l'effet bénéfique de l'exercice.
- Évitez le tabac et l'alcool qui accélèrent la diminution de la densité osseuse.

LES ALIMENTS BÉNÉFIQUES

- *Le lait, le yaourt et le fromage* sont la meilleure source de calcium. Le manque de calcium chez les jeunes peut signifier que les os n'atteindront pas leur densité maximale mais le manque de calcium après 40 ans n'est pas un facteur essentiel dans l'apparition de l'ostéoporose. Il n'a pas été démontré qu'une consommation de calcium supérieure aux apports recommandés, soit par l'alimentation soit par des compléments alimentaires, renforce la solidité osseuse après la ménopause.
- *Le tofu, le poisson avec ses arêtes, tel que les sardines en boîte ou la blanchaille, les amandes et les légumes verts à feuilles, en particulier le brocolis et le cresson,* sont aussi de bonnes sources de calcium.
- *Les poissons gras* sont la principale source alimentaire de vitamine D qui est nécessaire pour l'absorption du calcium.
- *Les aliments protéiques au soja, tels que le tofu, les graines de soja, la farine de soja et le lait de soja* contiennent des phyto-œstrogènes.

ARTICULATIONS ET MUSCLES

Les articulations sont entourées d'un cartilage lisse et protégées et lubrifiées par des membranes et des liquides synoviaux. Elles travaillent en association avec les ligaments et les muscles qui les entourent pour permettre des mouvements harmonieux. Les articulations sont sujettes à l'usure, surtout si les muscles qui supportent le poids sont faibles ou trop sollicités. Elles sont également affectées par des désordres du métabolisme qui peuvent être liés à l'alimentation.

CONSEIL GÉNÉRAL

- *Tonifiez vos muscles avec de l'exercice modéré pour éviter aux articulations un effort excessif.*
- *Évitez de prendre trop de poids afin de ne pas fatiguer vos articulations.*
- *Adoptez une alimentation équilibrée (voir p. 12 à 13) pour favoriser le bon fonctionnement du foie et des reins. Ceux-ci contrôlent les fluides corporels et ont un rôle important dans la santé.*

La goutte

Les douleurs et le gonflement des articulations sont provoqués par un excès d'acide urique, qui est le déchet des purines surtout présent dans les aliments protéiques. L'acide urique forme des cristaux qui sont déposés dans les articulations, les reins et d'autres tissus.

- Perdez du poids si nécessaire mais peu à peu car le fait de rester quasiment à jeun peut déclencher une crise.
- Évitez l'alcool qui augmente la production d'acide urique.
- Essayez de ne pas prendre de diurétiques car ils augmentent le taux d'acide urique dans le sang.
- Évitez les aliments riches en purines : le foie, les fruits de mer, les rognons, le gibier, les levures, les sardines, et dans une certaine mesure, les asperges, les épinards, le chou-fleur, les champignons et les petits pois.

Les aliments bénéfiques

- *Les cerises :* rouges ou noires, fraîches ou en boîte, avec une consommation quotidienne de 15 à 25 cerises (225 g).
- *Le régime conseillé pour l'arthrite,* à droite, peut s'avérer bénéfique.

Arthrose et rhumatismes

Le rhumatisme, maladie très répandue, prend des formes diverses, à l'origine de différents schémas de gonflement et de douleur dans les articulations. Souvent regroupée avec les douleurs musculaires sous le terme général de rhumatisme, il en existe deux grandes catégories. Dans l''arthrose, le cartilage des articulations se décompose ou se durcit et les os se déforment, en formant des bosses et des saillies. Dans la polyarthrite rhumatoïde, l'inflammation des articulations provoque douleur, échauffement et raideur. Peu de recherches ont été menées pour établir le lien entre l'alimentation et la prévention de ces maladies, mais de plus en plus de données indiquent que l'alimentation peut être un traitement efficace.

Conseil général

Conservez un poids de forme. L'hypertension et le stress jouent un rôle dans cette affection alors combattez-les avec du repos, un peu d'exercice et des techniques de maîtrise du stress, telles que la méditation ou le yoga.

❖ Régime en cas d'arthrite ❖

Le régime pour les arthritiques est fondé sur deux idées majeures. L'une est que certaines formes d'arthrite sont provoquées ou aggravées par des années d'une alimentation déséquilibrée et le stress et que, associé à des méthodes de contrôle du stress, un régime végétarien peut apporter un soulagement. L'autre est que certaines formes de polyarthrite rhumatoïde pourraient résulter d'une intolérance à certains aliments qui doivent être évités. Le plan alimentaire ci-dessous est en partie basé sur le régime pour arthritiques de la Clinique du Dr John Hunter à l'Hôpital Addenbrooke, Cambridge, Grande-Bretagne.

Attention

Ne modifiez pas votre traitement médical.

- Pendant 4 semaines, évitez : le thé, le café, le chocolat, le sucre, l'alcool, les produits à base de lait de vache, la viande sauf la volaille, les fruits de mer sauf les moules à coquille verte de Nouvelle-Zélande, les sardines, les agrumes, les aliments en saumure ou fumés, le blé, le seigle, l'orge, les produits à base de soja tels que le tofu, les cacahuètes et les œufs.
- Évitez les aliments avec du sucre ajouté.
- Réduisez le sel et les graisses au maximum, sauf pour 25 à 50 g de noix ou de graines par jour et la même quantité d'huile ou de margarine végétale.
- Composez vos repas avec des légumes, des fruits, des oléagineux, des graines, et des céréales non raffinées, avec des petites portions d'aliments riches en protéines.
- Après 4 semaines : réintroduisez un aliment tous les 4 jours et observez vos réactions. Introduisez en premier les aliments de base tels que le lait, le blé, la viande et les œufs. Tout aliment qui provoque une réaction négative doit être exclu de nouveau.

Les aliments bénéfiques

- Dans des essais, ***les poissons gras*** ont soulagé les malades atteints de polyarthrite rhumatoïde. Consommez-en environ 700 g par semaine.
- ***Le gingembre*** à raison de 50 g s'il est cuit, ou 5 g, s'il est cru, pour une consommation quotidienne.
- ***L'ananas et les piments crus*** ont une certaine action anti-inflammatoire.
- ***Les pommes, les asperges, le cassis, le céleri et le persil*** sont des remèdes traditionnels contre l'arthrite.

Compléments facultatifs

Ils ont tous soulagé les malades dans au moins 1 essai clinique.

- ***Vitamine E :*** 400 mg par jour.
- ***Vitamine C :*** 1 g 4 fois par jour, en réduisant la dose à 500 mg par jour après une diminution des symptômes.
- ***Bromélaïne :*** 125 à 400 mg 3 fois par jour.
- ***Acide pantothénique*** (pour la polyarthrite rhumatoïde) : 500 mg par jour pendant deux jours, 1 g par jour pendant trois jours, 1 500 mg par jour pendant quatre jours, puis 200 mg par jour pendant deux mois ou jusqu'à ce que la douleur s'atténue. Puis réduisez au minimum pour ne pas souffrir.

Menu type

Petit déjeuner

- Porridge ou müesli d'avoine, fruits frais ou fruits secs préalablement mis à tremper, tisane ou substitut de café.

Encas

- Fruits frais ou fruits secs, graines de tournesol ou de potiron, galette d'avoine.

Repas léger

- Salade Waldorf, p. 110 assaisonnée avec de l'huile de tournesol non raffinée.
- Patates douces ou pommes de terre au four avec de la margarine végétale *ou* un plat de légumes secs, par exemple des Haricots de Lima à la sauge et à l'ail, p. 125, du Dhal p. 127 *ou* de l'Hummus allégé, p. 140.

Repas principal

- Potage de légumes, p. 103.

Saumon grillé *ou* poêlée de brocolis, p. 121, accompagné de riz brun ou de sarrasin et de légumes verts à feuilles.

Pomme au four avec des dattes hachées *ou* de l'ananas frais.

Boissons

Tisanes et substituts de café à volonté ; 1 verre par jour de jus de pommes ou de raisin sans sucre ajouté ; consommez l'eau de riz ou d'avoine si vous le désirez.

Condiments

Persil, graines de céleri, ail, gingembre, piment et oignon.

LA CIRCULATION ET LE CŒUR

L'amélioration de la circulation est l'une des conséquences les plus bénéfiques d'une meilleure alimentation. De nombreux aspects de la santé sont modifiés par l'apport en oxygène et en nutriments dans les cellules et une mauvaise circulation entraîne notamment des maladies cardio-vasculaires, des varices et un manque de résistance aux infections. Ce que nous mangeons affecte la circulation en aidant ou en nuisant à l'activité cardiaque, modifiant l'élasticité des vaisseaux sanguins, la capacité du sang à transporter l'oxygène et sa tendance à former des caillots.

LA CIRCULATION SANGUINE

Bien que les problèmes de circulation sanguine soient en partie héréditaires, ils sont également fortement liés à nos habitudes alimentaires. Chez les personnes qui ont une alimentation de type occidental, des plaques de graisse ont tendance à s'accumuler sur les parois des artères. Cela nuit à la circulation, créant un risque de maladie coronarienne et d'attaque cérébrale ainsi qu'une mauvaise circulation périphérique et de nombreux troubles associés tels que les varices, les crampes et une réduction de l'apport d'oxygène au cerveau. La tension artérielle augmente ce qui oblige le cœur à fournir davantage d'efforts.

En contrôlant la tension artérielle et le taux de cholestérol, on peut mesurer l'étendue de l'artériosclérose.

Une modification des habitudes alimentaires entraîne une amélioration spectaculaire de l'hypertension et de l'hypercholestérolémie. Le mieux serait d'adopter de bonnes habitudes dès l'enfance, mais les modifications même tardives sont bénéfiques.

Une bonne circulation dépend aussi d'une bonne santé sanguine. Deux problèmes couramment rencontrés sont une prédisposition à la formation de caillots, qui peuvent boucher les vaisseaux sanguins, et le manque de fer qui réduit la capacité du sang à transporter l'oxygène.

CONSEIL GÉNÉRAL

- *Consommez moins de lipides, en particulier d'acides gras saturés (voir Hypercholestérolémie, p. 83) qui, en excès, favorisent la constitution de la plaque d'atléadine et la formation de caillots dans le sang.*
- *Cessez de fumer et évitez une consommation trop importante d'alcool : ces deux facteurs favorisent le durcissement des artères.*
- *Faites de l'exercice quotidiennement.*

MALADIES CARDIO-VASCULAIRES

Les maladies coronariennes apparaissent lorsque les artères rétrécissent au point de diminuer l'apport en oxygène. Lorsqu'une artère se bouche, soit par la formation d'un caillot sanguin sur la paroi de l'artère, soit par un morceau de plaque qui se décolle de la paroi, cela provoque un infarctus ou, si c'est dans une artère qui alimente le cerveau, une attaque cérébrale. Les signes essentiels du risque d'infarctus et d'attaque cérébrale sont l'hypertension, une coagulation élevée et une consommation insuffisante d'aliments riches en vitamine E, en bêta-carotène et dans une moindre mesure en vitamine C, aux propriétés antioxydantes. La coagulation sanguine est essentielle pour la cicatrisation des plaies. Toutefois une grande consommation de graisses, en particulier d'acides gras saturés, ainsi que le tabac, la prise de contraceptifs oraux et l'excès de poids, en particulier abdominal, favorisent la formation de caillots dans les veines ou les artères.

- Suivez les conseils généraux bénéfiques pour la circulation énoncés ci-dessus.
- Prenez des mesures pour prévenir ou diminuer l'hypercholestérolémie et l'hypertension.
- Maintenez votre indice de masse corporelle à 25 ou en dessous, voir p. 87.
- Surveillez votre consommation d'alcool.

Une diminution du risque d'infarctus est associée à la consommation quotidienne de 1 à 3 verres de vin rouge, dont les bienfaits seraient dus à sa teneur en alcool et en flavonoïdes. Mais une consommation supérieure à ces quantités augmente le risque de maladies cardio-vasculaires.

LES ALIMENTS BÉNÉFIQUES

- ***Les poissons gras, tels que les sardines, le saumon et le maquereau*** contiennent un acide gras, l'acide eicosapentaénoïque (EPA), de la famille des oméga 3, qui diminue l'hypercoagulation et le risque de formation de caillots dans le sang.
- ***Les produits à base de tournesol, les amandes, les patates douces et les germes de blé*** sont riches en vitamine E, l'antioxydant qui diminuerait le plus le risque d'angine de poitrine et d'infarctus. L'alimentation occidentale en apporte 10 mg et les données fournies par la recherche suggèrent qu'un apport de 40 mg par jour serait bénéfique.
- ***Les légumes verts à feuilles, les carottes, les abricots, les courges d'hiver, les patates douces à chair orange et les poivrons rouges*** constituent une source incomparable de bêta-carotène. Lorsqu'il est apporté en grande quantité par les aliments, celui-ci est lié à une diminution importante du risque d'attaque cérébrale et, pour les fumeurs et les ex-fumeurs, à une diminution du risque d'infarctus.

• *Le cassis, les fraises, les agrumes, les poivrons rouges et les légumes verts à feuilles tels que le cresson* sont très riches en vitamine C, un antioxydant dont il faut un apport quotidien.
• *Les oignons, le thé, le vin rouge et les pommes* constituent la source principale de quercétol, un flavonoïde associé à une diminution du risque de maladies cardio-vasculaires. Son action protectrice pourrait être due à son action antioxydante.
• *Les oignons, l'ail, les piments, le gingembre, l'ananas et le thé* évitent la formation de caillots dans le sang. Les oignons, l'ail et les piments peuvent aussi favoriser une meilleure circulation en dilatant les vaisseaux sanguins.

L'hypertension

L'hypertension est signal d'alarme des maladies cardio-vasculaires.
• Suivez les conseils généraux donnés pour la circulation, p. 82.
• Mangez moins de sel, qui est surtout composé de sodium et dont l'excès fait monter la tension artérielle chez de nombreuses personnes. Achetez moins de plats préparés : au moins deux tiers du sel que nous mangeons est ajouté au moment de leur fabrication.

Les aliments bénéfiques

• *Les abricots secs, les pommes de terre, les patates douces, le cassis, le céleri, le fenouil, les légumes verts à feuilles, le persil, les artichauts et les légumes secs* sont riches en potassium. Celui-ci contribue à réguler la tension artérielle en favorisant l'élimination du sodium par l'organisme.
• *L'ail et l'avoine* peuvent favoriser la baisse de l'hypertension.
• *Le jus de citron, les herbes aromatiques fraîches, les épices, le miel et le vinaigre* en petites quantités peuvent être utilisés pour parfumer les plats à la place du sel.

L'hypercholestérolémie

Un taux élevé de cholestérol peut générer des maladies cardio-vasculaires. Toutefois, le cholestérol dans le sang comprend des lipoprotéines de haute densité (HDL), c'est ce qu'on appelle le « bon » cholestérol car il aide à évacuer le cholestérol vers le foie pour qu'il soit éliminé. Une baisse du cholestérol est bénéfique si l'on stabilise ou on augmente le HDL tout en réduisant le LDL, lipoprotéines de basse densité, (« mauvais » cholestérol) qui contribue à l'athérosclérose, voir le chapitre Circulation, p. 82

• Réduisez votre consommation d'acides gras saturés et trans afin qu'ils représentent environ 10 % de l'apport calorique (environ 21 g par jour). Une consommation supérieure à celle-ci augmente le taux de cholestérol et favorise la formation de caillots dans le sang. Les acides saturés et trans sont les principaux lipides contenus dans le fromage, la viande, les biscuits, les pâtisseries, le chocolat, les produits au lait entier et tous les corps gras qui se solidifient à température ambiante.

Les aliments bénéfiques

• *Les artichauts, les oignons et 1 à 2 gousses d'ail* par jour peuvent contribuer à diminuer le taux de cholestérol.
• *Les noix, les graines de tournesol, les amandes, les graines de potiron, les graines de lin, les germes de blé et les graines de soja* apportent de l'acide linoléique, un acide gras essentiel qui fait baisser le cholestérol. Consommez-en en petites quantités : l'excès d'acide linoléique peut faire baisser le HDL tout autant que le LDL.
• *L'avoine, les légumes secs, les pommes, les fruits secs, les agrumes et les petits pois* sont riches en fibres solubles qui réduisent la quantité de LDL entrant dans le sang.

Plan alimentaire pour la santé

Ces menus vous montrent comment les aliments bénéfiques pour la santé cardio-vasculaire peuvent s'intégrer dans une alimentation agréable.

En général

• Utilisez des margarines à base de tournesol, du lait et des assaisonnements écrémés, pauvres en matières grasses.

Petit-déjeuner

• Porridge avec du son d'avoine et des germes de blé ; une orange ou un pamplemousse.
• Du pain complet avec de la margarine au tournesol et de la compote de cassis.
• Müesli authentique, p. 131 avec des germes de blé et des graines de tournesol ; une orange.
• Haricots blancs à la tomate sur du pain complet grillé ; pain grillé avec de la margarine au tournesol et du miel.
• Œuf poché sur du pain complet grillé ; orange ou pamplemousse.

Encas

• Muffins, p. 137 ; pommes ; abricots secs ; graines de tournesol ; bananes ; amandes ; carottes.

Repas légers

• Soupe de lentilles ; Salade Waldorf, p. 110
• Patate douce au four avec une salade de chou, p. 112
• Potage de carottes à la coriandre, p. 100, sandwich au céleri et aux noix
• Salade Munkazina, p. 109 ; Gâteau au fromage blanc, au miel et au citron, p. 131
• Sandwich au saumon avec une salade verte aux graines de tournesol, p. 112
• Hummus allégé, p. 120 avec un pain pita et de la salade de chou, p. 112

Repas principaux

• Soupe à l'oignon à la mode suisse, p. 102
• Saumon grillé et sauce à l'ananas, p. 138, avec des chips de patates douces, p. 126 et des haricots verts ou des petits pois
• Compote d'airelles et d'abricots, p. 132
• Harengs marinés à l'aneth, p. 106 avec des galettes d'avoine
• Poêlée de brocolis, p. 121 avec une sauce aux piments et du riz brun avec des graines de tournesol
• Ananas frais
• Haricots de Lima à la sauge et à l'ail, p. 125
• Poulet aux quarante gousses d'ail, p. 117 avec une salade de chou rouge et de cresson
• Bananes au four au gingembre, p. 129
• Soupe à l'oignon à la mode suisse, p. 102
• Céleri aux amandes, p. 120 avec une patate douce cuite au four
• Kissel, p. 133 préparé avec du cassis
• Légumes grillés et sauce tiède aux noix, p. 105
• Falafel, p. 123 et Hummus allégé, p. 140 avec un pain pita au blé complet
• Mousse aux abricots et aux amandes, p. 130
• Salade d'arame, de brocolis et de noix, p. 110
• Ragoût de poisson à la grecque, p. 115
• Courge d'hiver aux épices, p. 125
• Crumble au tournesol, aux pommes et aux abricots, p. 133

Troubles sanguins et circulatoires

Une plus grande consommation d'aliments bénéfiques pour la circulation permet non seulement de diminuer le risque de maladies cardio-vasculaires, mais aussi d'agir contre d'autres troubles allant d'un manque d'énergie aux vertiges en passant par les pieds froids et une prédisposition aux hématomes.

Conseil général

• *Suivez les conseils indiqués pour la circulation, p. 82*

La rétention d'eau

La rétention d'eau est non seulement inconfortable mais elle peut aussi être le signal d'alarme d'une affection cachée, telle qu'une maladie cardiaque ou de l'hypertension, p. 82-83, une hypertrophie de la prostate, p. 93 ou un syndrome prémenstruel, p. 86. Elle peut également être un effet secondaire des médicaments stéroïdiens et être parfois provoquée par des intolérances alimentaires, p. 79.

• Évitez les aliments salés. L'excès de sodium fatigue les reins.

Les aliments bénéfiques

• *Les abricots secs, les artichauts, les bananes, le cassis, le céleri, les agrumes, le fenouil, les légumes verts à feuilles, le persil, les pommes de terre et les légumes secs* sont riches en potassium. Celui-ci est nécessaire aux reins pour éliminer l'excès de sodium. Si des diurétiques vous ont été prescrits, il est très important de manger ces aliments en grande quantité pour améliorer votre taux de potassium.

• *Les asperges, les artichauts, le cassis, le céleri, les feuilles de pissenlit et le persil* augmentent la sécrétion d'urine et peuvent ainsi dans certains cas améliorer la rétention d'eau.

Les varices et les hémorroïdes

Les veines des jambes sont munies de petites valves qui s'ouvrent dans un seul sens pour empêcher le sang de remonter sous la pression de l'attraction terrestre. Si ces valves s'affaiblissent, le sang s'accumule dans les veines qui enflent et se déforment. Les varices dans le rectum sont nommées « hémorroïdes ». L'hérédité augmente dans certains cas la prédisposition aux varices et aux hémorroïdes. D'autres facteurs de risque sont une mauvaise circulation et l'obésité.

• N'entravez pas la circulation en restant debout ou assis dans la même position pendant trop longtemps ou en portant des vêtements trop serrés.

• Évitez de vous asseoir jambes croisées. Reposez-vous en surélevant vos jambes au-dessus du niveau de votre tête.

• Perdez du poids si nécessaire et faites attention pendant la grossesse lorsque le poids supplémentaire augmente les problèmes circulatoires dans les jambes.

Les aliments bénéfiques

• *Les céréales complètes, les graines de lin, les abricots secs et les bananes peu mûres,* associés à beaucoup de liquides, empêchent la constipation qui est l'un des facteurs déclenchant des varices et des hémorroïdes.

• *L'ananas, les piments, l'ail, l'oignon et le gingembre* contribuent à éviter la formation de caillots sanguins. Si les caillots se forment dans les veines, ils provoquent un gonflement, une douleur, un risque de septicémie et s'ils se déplacent jusqu'aux poumons, un risque d'embolie pulmonaire.

• *L'ail, le gingembre et les piments* stimulent la circulation.

• *Les légumes verts à feuilles, les myrtilles, le cassis, les agrumes, les poivrons rouges et les produits à base de tournesol* apportent une bonne quantité de vitamine C et de flavonoïdes qui aident à renforcer la solidité des vaisseaux capillaires.

Engelures et froideur des extrémités

Les engelures sont des gonflements rouges des extrémités qui, comme la froideur des mains et des pieds, sont provoqués par une exposition au froid associée à une mauvaise circulation périphérique. L'anémie, p. 85, peut altérer la circulation et être un facteur qui contribue à cet état.

• Protégez-vous du froid en portant des vêtements et des chaussures chauds et suffisamment larges pour permettre une bonne circulation.

• Frottez vos extrémités vivement avec une serviette rugueuse ou une brosse douce en direction du cœur pendant 1 à 2 minutes par jour.

• Faites tremper la partie concernée dans de l'eau chaude pendant 3 minutes puis dans de l'eau froide pendant 1 minute. Recommencez 3 fois.

Les aliments bénéfiques

• *Le cassis, les myrtilles, les agrumes, les légumes verts à feuilles, les poivrons rouges, les germes de blé, les produits à base de tournesol, les amandes et les patates douces* apportent une bonne quantité de vitamines C et E et de flavonoïdes importants pour la circulation dans les petits vaisseaux sanguins.

• *L'ail, le gingembre et les piments* stimulent la circulation et ont une action chauffante.

Les crampes

Les crampes dans les muscles surviennent lorsque la circulation locale s'interrompt, ce qui prive le muscle d'oxygène et provoque l'accumulation d'acide lactique. Les causes possibles sont l'immobilité prolongée, l'anémie, le rétrécissement des artères en raison de troubles cardiaques ou du tabagisme ; une carence en calcium ou en magnésium, et la perte de sodium après une grosse suée.

Attention

Consultez un médecin si les crampes sont sévères ou si elles se répètent car elles peuvent être liées à une maladie cardiaque.

Conseil

• Massez la région concernée.

• Buvez du jus de fruits coupé pour moitié avec de l'eau.

• Ne portez pas des vêtements ou des chaussures trop serrés.

• Ne faites pas de sport avec l'estomac plein car le sang serait détourné des muscles pour aider la digestion.

Les aliments bénéfiques

• *Les légumes verts à feuilles, les myrtilles, le cassis, les agrumes, les poivrons rouges, les produits à base de tournesol, les amandes, les germes de blé et les patates douces* apportent une grande quantité de vitamine C et de flavonoïdes qui sont importants pour une bonne circulation.

• *Les germes de blé, les abricots secs, les graines de soja et les yaourts maigres* sont riches en magnésium et en calcium nécessaires en grande quantité pour la contraction des muscles.

• *L'ail, le gingembre et les piments* stimulent la circulation.

L'ANÉMIE

L'anémie survient lorsque le sang contient une trop petite quantité de globules rouges ou hémoglobine, ce qui entraîne une moins bonne oxygénation des tissus. Les causes les plus courantes sont les carences en nutriments nécessaires pour la fabrication des globules rouges et une perte de sang liée à des règles abondantes, à un ulcère gastro-duodénal ou des hémorroïdes qui saignent, et à la prise régulière d'aspirine et de nombreux autres antalgiques non stéroïdiens. L'anémie entraîne une faiblesse généralisée, une grande fatigue, voire de la dépression, et elle est assez répandue, même si cela paraît étonnant dans les pays riches. Les personnes les plus exposées sont les adolescents, les femmes enceintes et les personnes âgées. Même faible, une carence en fer peut diminuer l'énergie et les défenses face aux infections, tandis qu'une véritable anémie provoque vertiges, irritabilité, palpitations, jambes gonflées et léthargie.

Attention

En présence de faibles taux d'hémoglobine, il faut procéder à des examens complets avant de conclure qu'ils sont dus à une carence en fer. Les compléments de fer doivent uniquement être pris si les taux d'hémoglobine et de ferritine sont trop bas car un excès de fer peut gêner l'absorption du zinc, nécessaire pour le système immunitaire, et avoir des effets oxydants indésirables, voir Antioxydants, p. 21.

CONSEIL

- Favorisez l'absorption du fer en évitant un apport très important de calcium et en ne buvant pas de thé corsé avec les repas.
- Si vous êtes sujet à l'anémie, vous devez éviter le son d'avoine et le son de blé (sauf dans le pain complet) car ils contiennent de l'acide phytique qui limite l'absorption du fer apporté par les aliments au cours du même repas.
- Faites-vous traiter en cas de troubles intestinaux car la diarrhée empêche l'assimilation des nutriments.

LES ALIMENTS BÉNÉFIQUES

- *Le foie, les rognons, les poissons gras, les légumes secs, les abricots secs, le cassis, les graines de potiron, les céréales du petit déjeuner enrichies, les légumes verts à feuilles, les germes de blé et le persil* sont des sources exceptionnelles de fer et d'acide folique. Un bon apport en fer est essentiel pour la production des globules rouges. Les femmes aux règles abondantes, peuvent avoir besoin d'un apport en fer plus important que celui fourni par l'alimentation seule mais ne prenez jamais de compléments alimentaires sans consulter un médecin au préalable.
- *Le cassis, les agrumes, les fraises, les poivrons rouges, les légumes verts à feuilles tels que le cresson* sont riches en vitamine C. La consommation d'un aliment riche en vitamine C (au moins 50 mg) à chaque repas peut multiplier par deux l'absorption du fer apporté par les végétaux.
- *Les algues.* Tous les végétaliens et certains végétariens doivent consommer des aliments enrichis en vitamine B12, tels que les extraits de levure ou certaines céréales, ou encore, des compléments alimentaires. Les algues sont quasiment la seule source non animale de cette vitamine mais il faut en consommer des quantités importantes.
- *Les piments, les légumes amers tels que le cresson et les artichauts* stimulent la sécrétion des sucs digestifs qui peuvent aider les personnes qui digèrent mal à mieux assimiler les vitamines B12 et B6, l'acide folique et le fer apportés par leur alimentation.

CIRCULATION ET CŒUR : QUESTIONS-RÉPONSES

• *Les aliments riches en cholestérol font-ils augmenter le taux de cholestérol ?*
Pas dans les quantités généralement consommées. Le taux de cholestérol augmente en général en raison d'une consommation excessive d'acides gras saturés et trans. De nombreux aliments riches en cholestérol apportent en réalité peu d'acides gras saturés, tels que les œufs, le foie et les fruits de mer.

• *L'essence de café (et non la caféine) peut-elle augmenter le cholestérol ?*
Oui, mais seulement si le café est fabriqué selon une méthode qui en extrait l'essence, par exemple avec une cafetière à pression (café expresso).

• *L'ail est-il aussi efficace sous toutes ses formes pour faire baisser le cholestérol ?*
Non. L'ail cru est le plus efficace. Les résultats obtenus avec de l'ail séché ou en purée ou des capsules d'huile essentielle d'ail sont mitigés.

• *Bien que les acides gras polyinsaturés soient meilleurs pour la santé cardiaque, sont-ils cancérigènes ?*
Pas si on les consomme en petites quantités avec beaucoup d'aliments riches en vitamine E.

• *Existe-t-il un lien de cause à effet entre un faible taux de cholestérol et la dépression ?*
C'est possible chez certaines personnes, mais la plupart des gens qui n'ont pas une alimentation de type occidental ont des taux de cholestérol faibles et ne souffrent pas de dépression.

• *Pourquoi certaines personnes qui ont un faible taux de cholestérol et une faible tension ont-elles quand même des maladies cardiaques ?*
Un petit nombre d'infarctus ne sont pas provoqués par une maladie coronarienne mais par une multitude d'autres facteurs. Le cœur peut s'être affaibli suite à une infection. Il peut s'agir d'une maladie héréditaire liée à un taux élevé d'homocystéine, un composant sanguin néfaste pour le cœur. Les maladies coronariennes sont toutefois de loin la cause la plus fréquente d'infarctus.

• *Pourquoi certaines personnes peuvent-elles s'alimenter en dépit du bon sens, fumer 40 cigarettes par jour et pourtant vivre jusqu'à 90 ans ?*
Certaines personnes héritent d'une meilleure capacité à gérer l'abus de graisse ou de tabac. Certaines données indiquent également qu'une meilleure alimentation fœtale et l'alimentation au sein des bébés apportent une certaine protection plus tard dans la vie.

• *Les fibres insolubles, telles que le son de blé, font-elles diminuer le taux de cholestérol dans le sang ?*
Non, seules les fibres solubles peuvent faire baisser le cholestérol.

• *Les végétariens sont-ils moins sujets aux maladies de cœur ?*
Oui, mais c'est peut-être parce qu'ils mangent davantage de fruits et de légumes ou parce qu'ils ont une meilleure hygiène de vie plutôt que parce qu'ils ne mangent pas de viande.

LA SANTÉ AU FÉMININ

C'est une erreur de penser que la santé des femmes est dominée par leurs hormones. Au contraire, c'est leur état de santé général – résultant de leur mode de vie – associé à leur bagage héréditaire, qui détermine leur santé hormonale. La recherche a montré qu'une alimentation saine améliore parfois les troubles liés à la menstruation et à la ménopause et contribue à éviter certaines maladies telles que le cancer du sein et l'ostéoporose. Elle influence aussi la santé de la génération suivante : l'état nutritionnel de la femme au moment de la conception affecte le risque de *spina bifida*, le développement cérébral et la croissance du fœtus.

LES BESOINS DE LA FEMME

Le fait d'être actif, en pratiquant un peu d'exercice quotidiennement, est essentiel pour rester en bonne santé. Cela permet de manger davantage, ce qui améliore l'apport en nutriments, vital pour la résistance aux maladies. L'activité physique limite les problèmes de poids, de diabète et d'hypertension, facteurs affectant l'équilibre hormonal qui joue également sur le capital osseux. Même tardive, l'adoption de bonnes habitudes alimentaires et physiques est bénéfique.

CONSEILS GÉNÉRAUX

- *L'essentiel de votre alimentation doit être constitué d'aliments riches en nutriments, voir Les bases d'une alimentation équilibrée, p. 12-13.*
- *Les femmes en âge de procréer doivent consommer beaucoup d'aliments riches en fer. A ce stade de la vie, les femmes ont besoin de presque 2 fois plus de fer par jour que les hommes pour éviter carences ou anémie, voir p. 85.*
- *De nombreuses femmes n'ont pas d'activité physique. Prenez le temps de marcher, en particulier de monter et descendre des collines ou des escaliers. L'exercice physique modéré, tels que le ménage, le jardinage ou le transport des courses contribue à constituer et à conserver des os solides.*
- *Évitez l'exercice physique exténuant et les régimes draconiens qui peuvent perturber le métabolisme hormonal, réduisant la solidité des os et nuisant au cycle menstruel.*
- *Ne fumez pas. Tout en augmentant le risque de nombreux cancers, le tabac double le risque d'ostéoporose, réduit la protection contre les maladies cardiaques pendant les années précédant la ménopause et multiplie les risques de complications pendant la grossesse.*

SYNDROME PRÉMENSTRUEL

Au cours des jours précédant la menstruation, certaines femmes ressentent des symptômes désagréables, tels que rétention d'eau (voir p. 84), irritabilité, fatigue, dépression, constipation et sensibilité des seins. Ce phénomène est dû à un déséquilibre entre l'œstrogène et la progestérone.

LES ALIMENTS BÉNÉFIQUES

- *Le pain et les céréales complets, les graines de soja et les graines de lin concassées* associent des fibres et des phyto-œstrogènes, qui favoriseraient l'élimination de l'excès d'œstrogène. Consommez 10 g de graines de lin concassées par jour avec 150 ml de liquide. Ces aliments peuvent également soulager la constipation.
- *Les germes de blé, les pommes de terre, les bananes, les oléagineux, en particulier les noix, les poivrons rouges et les légumes crucifères, crus en particulier,* constituent une bonne source de vitamine B6. Il est aussi parfois conseillé de prendre des compléments alimentaires qui contiennent plus de vitamine B6 que les aliments mais demandez conseil à un médecin au préalable. Environ la moitié des femmes qui prennent des compléments de 50 mg ou plus par jour souffrent d'effets secondaires indésirables.
- *Le persil, le céleri, les artichauts, les asperges et les salades amères* stimulent la sécrétion d'urine, ce qui est bénéfique en cas de rétention d'eau.

LES ENVIES DE SUCRE

De nombreuses femmes ont plus d'appétit en particulier pour des aliments sucrés dans les 7-10 jours qui précèdent leurs règles et selon certaines données, il semblerait que l'organisme brûle davantage de calories à ce moment-là. Pour éviter de consommer trop de sucre, prenez des repas légers et rapprochés, en privilégiant des aliments qui aident à stabiliser le taux de glycémie dans le sang, voir Tableau d'index glycémique, p. 91.

LES ALIMENTS BÉNÉFIQUES

Les pommes, les pamplemousses roses, les prunes, les bananes peu mûres, les cerises et les abricots secs sont des aliments sucrés qui modifient de façon plus progressive le taux de glycémie dans le sang que les biscuits, les gâteaux, le pain ou les bananes mûres.

LES DOULEURS MENSTRUELLES

Celles-ci peuvent être liées à l'anémie, voir p. 85 et à une mauvaise circulation, voir p. 82 à 85.

Les problèmes de poids

L'obésité est un problème croissant dans les pays industrialisés. La manière officielle d'établir le poids idéal par rapport à la taille consiste à calculer l'indice de masse corporelle (IMC). La formule est la suivante :

$$\frac{\text{Poids (en kilos)}}{\text{Taille (en mètre au carré)}} = \text{IMC}$$

Par exemple, une personne qui mesure 1,63 m et qui pèse 64 kg possède un IMC de 24 (64 divisés par $1{,}63^2$). Si le résultat obtenu est de :
18 ou moins, vous êtes trop maigre. Essayez de ne pas laisser votre poids diminuer davantage.
19 à 25, votre poids se situe dans une moyenne pour être en bonne santé.
26 à 30, vous êtes trop gros, ce qui peut comporter des risques pour la santé.
31 ou plus, vous êtes obèse et votre santé est certainement altérée par ce facteur. Vous courez un risque accru de problèmes de santé sérieux.

Conseil

Quel que soit votre poids, vous devez avoir une alimentation nourrissante, voir Les bases d'une alimentation équilibrée, p. 12-13. Si votre IMC est égal ou supérieur à 26, vous pouvez perdre du poids sans risque pour votre santé en mangeant davantage de fruits et de légumes et moins de graisses, voir p. 16-17. Si votre IMC est inférieur à 18, le contrôle du stress, l'exercice physique modéré et l'arrêt du tabac permettent d'augmenter l'appétit et l'assimilation des aliments par l'organisme ainsi que le tonus musculaire.

Candidose

Une faiblesse du système immunitaire, la consommation répétée d'antibiotiques et le manque de bactéries non pathogènes dans l'organisme sont les principaux responsables des mycoses provoquées par le champignon *Candida albicans*.
• Limitez l'utilisation des antibiotiques lorsque c'est possible. Ils détruisent les bactéries non pathogènes et l'on pense que c'est l'une des causes principales de la prolifération excessive du candida.
• Certains médicaments peuvent altérer l'équilibre de l'organisme et favoriser la croissance du candida.

Les aliments bénéfiques

• *Le yaourt* qui contient du *Lb. acidophilus* pourrait être bénéfique pour les femmes souffrant d'infections vaginales chroniques provoquées par le candida. La consommation de yaourt pour lutter contre les candidoses, buccales et autres, peut donc s'avérer intéressante.
• *L'ail* élimine les champignons du candida chez l'animal et au cours d'expériences en laboratoire mais l'action chez l'être humain n'a pas été démontrée.

Le cancer du sein

Bien que la recherche en soit au stade préliminaire, on pense aujourd'hui que le risque de cancer du sein pourrait être diminué par une alimentation riche en fibres de céréales et en phyto-œstrogènes, une substance semblable à l'œstrogène présente dans certains végétaux. On a constaté que les femmes courent un risque plus important de cancer du sein lorsqu'elles ont des taux élevés d'œstrogène (ou après la ménopause, d'androgène) dans l'organisme. Ce taux peut être réduit par la consommation accrue de fibres de céréales qui semblent favoriser l'élimination des hormones sexuelles et la consommation accrue de phyto-œstrogènes. On pense que ces derniers, moins forts que l'œstrogène de l'organisme le remplace, entraînant une baisse du taux global des œstrogènes. Tandis que le cancer du sein avant la ménopause est lié à la maigreur, après la ménopause il est plus courant chez les femmes trop enrobées. La prise de poids après un certain âge, surtout autour de la taille, est associée à une production accrue d'insuline après la consommation de glucides qui pourrait faire monter les taux d'œstrogène et d'androgène.
• Maîtrisez votre poids en consommant moins de graisses (sauf des poissons gras et des graines de lin).
• Faites régulièrement un peu d'exercice physique ce qui contribue à réduire la surproduction d'insuline.

Les aliments bénéfiques

• ***Les graines de soja, le tofu, la farine de soja et le lait de soja, les graines de lin, le fenouil, les légumes secs, le blé complet, l'orge et les haricots verts*** sont des aliments riches en phyto-œstrogènes.
• ***Le blé complet et les autres céréales non raffinées*** sont les aliments les plus riches en fibres insolubles.
• *L'avoine, les légumes secs, les pâtes, le pain noir complet, les légumes et les fruits* figurent parmi les aliments qui favorisent une augmentation progressive du taux de glycémie dans le sang.

Les modifications liées à la ménopause

Chez de nombreuses femmes, les fluctuations des taux d'œstrogène avant la ménopause entraînent des troubles tels que fatigue, bouffées de chaleur, insomnies et maux de tête. Comme l'œstrogène stimule la minéralisation des os, lorsqu'il décline au moment de la ménopause, la diminution de la densité osseuse liée au vieillissement est accrue. D'après plusieurs études, les aliments riches en phyto-œstrogènes réduisent les bouffées de chaleur et stoppent la perte osseuse liée à la ménopause. On pense que les phyto-œstrogènes imitent l'action des œstrogènes.
• Adoptez une alimentation pauvre en graisses pour vous protéger des maladies cardiaques, voir p. 82-83, car après la ménopause les femmes y sont plus exposées.
• Évitez de prendre beaucoup de poids car cela vous expose à un risque accru d'attaque cérébrale, de diabète, de maladie cardiaque, d'arthrite et de cancer du sein. Si vous avez du mal à perdre du poids malgré un régime, cela peut être dû à une surproduction d'insuline après la consommation de glucides raffinés. Préférez les glucides qui sont les moins susceptibles d'avoir cet effet, voir le Tableau d'index glycémique, p. 91.
• Ne prenez pas de fer sous forme de compléments alimentaires à moins d'avoir un taux de globules rouges trop bas. Après la ménopause, les besoins en fer sont quasiment diminués de moitié et les risques d'anémie sont moins grands.
• Protégez-vous de l'ostéoporose, voir p. 80.

Les aliments bénéfiques

• ***La semoule et la farine de soja, les graines de lin, les grains de blé concassés et la farine de blé blanche*** sont, d'après les données actuelles, les aliments les plus intéressants pour leur action contre les bouffées de chaleur.
• ***Le fenouil, le chou, les carottes, le céleri, les cerises, les oléagineux, le persil, la sauge, les graines et les épinards*** contiennent également des phyto-œstrogènes mais leur action n'a pas fait l'objet de recherche.

LA PEAU

Les problèmes de peau sont parmi les troubles les plus courants et les plus difficiles à soigner. Ils sont souvent provoqués par une intolérance alimentaire ou médicamenteuse et le seul traitement consiste à éliminer la cause du problème. Certaines maladies de peau sont toutefois le signe d'une maladie plus générale. L'alimentation joue un rôle essentiel dans la santé de la peau, permettant de prévenir et de traiter de nombreux troubles, mais il faut faire preuve de beaucoup de patience.

LA SANTÉ DE LA PEAU

Il est peu probable qu'une alimentation essentiellement à base d'aliments industriels apporte assez de nutriments ; en outre, ils contiennent souvent trop de graisse, de sucre et de sel néfastes pour l'organisme.

LES NUTRIMENTS ESSENTIELS

Le zinc, la vitamine A, la vitamine E et les acides gras essentiels sont très bons pour la peau. Une corrélation convaincante a été établie entre eux, la prévention et le traitement de maladies de peau. Les aliments qui en sont riches sont les huîtres, les moules et autres fruits de mer, le foie, les poissons gras, la viande maigre, les fruits et légumes riches en bêta-carotène, le germe de blé, les noix, les graines de tournesol et les graines de lin.

L'ACNÉ

L'acné est surtout liée à l'activité hormonale chez les jeunes gens.
- Évitez de faire passer l'infection d'un bouton à l'autre.
- L'iode peut aggraver l'acné. Évitez le poisson, les fruits de mer, les algues, et le sel iodé pendant 2 à 3 semaines pour voir si l'acné s'améliore.

LES ALIMENTS BÉNÉFIQUES

- *Les aliments riches en nutriments essentiels* favorisent la cicatrisation.
- ***La viande de bœuf et d'agneau maigre constitue une bonne source de zinc.*** Pour favoriser l'absorption du zinc, évitez le son, sauf dans le pain complet.

LES FURONCLES

Les furoncles indiquent une diminution de la résistance aux infections. Les furoncles à répétition peuvent être le signe d'une maladie plus grave.

LES ALIMENTS BÉNÉFIQUES

- ***Les aliments qui renforcent les défenses de l'organisme*** (p. 89), intensifient la résistance aux infections.

L'ECZÉMA

L'eczéma peut être provoqué ou aggravé par une intolérance à un produit ou à un aliment. Il existe souvent un terrain allergique familial.
- Évitez les substances qui peuvent être irritantes, telles que la laine, le nickel et les détergents.
- Identifiez les éventuels aliments responsables, tels que le lait, les œufs ou le blé, voir p. 79.
- L'acide gamma-linolénique, un acide gras issu de l'huile d'onagre et de l'huile de pépins de cassis peut aider à soulager l'eczéma. Essayez-les en capsules.

LES ALIMENTS BÉNÉFIQUES

- ***Les aliments riches en nutriments essentiels*** pour la santé de la peau énumérés ci-dessus sont les meilleurs pour favoriser la cicatrisation.
- ***Les germes de blé, les graines de lin, le cassis écrasé, les graines de tournesol, le cresson et les poissons gras*** contiennent des acides gras qui peuvent soulager l'eczéma.
- ***Les fruits de mer*** sont une bonne source de zinc. Les personnes sujettes à certaines formes d'eczéma peuvent avoir besoin d'apports supérieurs en zinc. Favorisez l'absorption du zinc en évitant le son sauf dans le pain complet.

LE PSORIASIS

Cette maladie caractérisée par une desquamation de la peau est provoquée par la reproduction trop rapide des cellules de la peau.
- Le traitement le plus efficace contre le psoriasis est souvent le soleil.
- Favorisez une alimentation végétarienne, pauvre en protéines et en graisses, à base de riz brun et de légumes.
- Une consommation réduite de graisses et d'acides gras oméga 6 peut être bénéfique. Ceux-ci figurent en quantités importantes dans la plupart des oléagineux, des graines et des huiles végétales.

LES ALIMENTS BÉNÉFIQUES

- ***Les poissons gras et les graines de lin*** sont les meilleures sources d'acides gras oméga 3 qui sont généralement peu présents dans la peau des personnes atteintes de psoriasis.
- ***Les artichauts, l'ail, les piments, l'ananas, le cresson et le gingembre*** peuvent améliorer les digestions paresseuses qui, selon certains médecins, sont une des causes sous-jacentes du psoriasis.

CICATRISATION DES PLAIES ET DES BRÛLURES

Buvez beaucoup de liquides.

LES ALIMENTS BÉNÉFIQUES

- ***Le foie, les germes de blé, les huîtres et autres fruits de mer, l'ananas, les légumes verts à feuilles, le poivron rouge, les noix, le cassis, les graines de tournesol, les patates douces et les graines de potiron*** fournissent des protéines, de l'acide folique, du zinc, du potassium, de la vitamine C et des acides gras essentiels, nécessaires au renouvellement des tissus, et de la vitamine E qui accélère la cicatrisation.

LES DÉFENSES DE L'ORGANISME

Le corps possède une gamme sophistiquée de défenses. Outre le système immunitaire, il existe des mécanismes qui corrigent les déséquilibres de fluides corporels et qui compensent les substances polluantes de l'air, l'alcool et les autres substances qui entrent dans le corps. Les systèmes de défenses doivent recevoir de nombreux nutriments apportés par les aliments. Des substances particulières à certains aliments semblent également renforcer notre système de défense.

LUTTER CONTRE L'INFECTION

Le système immunitaire utilise différentes sortes de globules blancs pour détruire les micro-organismes pathogènes. Il les identifie par leurs caractéristiques chimiques (antigènes) et produit des anticorps pour les attaquer. Une fois formés, les anticorps nous empêchent de contracter la même maladie une deuxième fois. On pense que certaines bactéries non pathogènes présentes dans certains aliments aident le système immunitaire à combattre les infections, telles que les candidoses, voir p. 87. Les allergies sont provoquées par une réaction excessive du système immunitaire devant certains aliments, voir p. 79.

CONSEIL GÉNÉRAL

- *Adoptez une bonne hygiène de vie car les maladies et certaines drogues, dont le tabac et l'alcool, réduisent l'activité immunitaire.*
- *Évitez les métaux lourds, tels que le plomb, présent dans les vieilles canalisations, le cadmium et le mercure (apportés par la pollution) car ils peuvent réduire l'action du système immunitaire.*
- *L'anémie liée à une carence en fer réduit la résistance aux infections, voir p. 85.*

LES ALIMENTS BÉNÉFIQUES

- *Les fruits de mer, le foie de volaille, les poissons gras, les germes de blé, les légumes et les fruits riches en antioxydants, tels que les oranges, les carottes et les patates douces, les céréales et les graines non raffinées, le yaourt, les graines de tournesol et les algues* sont des sources importantes de nutriments qui renforcent l'efficacité des défenses immunitaires.
- *Les yaourts* contenant du *Lb. acidophilus, l'ail, les airelles, l'oignon, les piments, le miel, les myrtilles et le cassis* ont tous montré une action antibactérienne et les trois premiers sont également antifongiques. Le yaourt favorise le développement de la flore intestinale, voir p. 23.
- *L'ail* possède des propriétés antivirales.
- Il a été démontré au cours de tests de laboratoire que *le thé* combat le virus de la grippe.

FAIRE FACE AUX SUBSTANCES TOXIQUES

De nombreuses menaces pour la santé viennent de la fumée de cigarettes, l'excès de sel, de nitrates, d'alcool ou de soleil. L'organisme a besoin de substances apportées par les aliments pour y faire face. La vitamine C est nécessaire pour contrecarrer la formation potentiellement cancérigène de composés de nitrates qui peuvent apparaître après la consommation de nitrates apportés par les engrais chimiques dans les aliments, les conservateurs ou dans les aliments fumés.

CONSEIL GÉNÉRAL

Essayez de limiter le contact avec la fumée de tabac, les gaz d'échappements, et l'excès d'alcool, qui sollicitent des efforts supplémentaires du système de défenses de l'organisme.

LES ALIMENTS BÉNÉFIQUES

- *Les légumes verts à feuilles, les carottes, les poivrons rouges, les patates douces, les agrumes, les céréales complètes, les graines de tournesol, les huîtres et autres fruits de mer* sont de bonnes sources de bêta-carotène, de vitamines E et C, de minéraux, de sélénium et de zinc, à l'action antioxydante (voir aussi p. 144-148 pour les autres bonnes sources alimentaires). Un apport important d'antioxydants par l'alimentation joue un rôle essentiel pour aider l'organisme à lutter contre les radicaux libres potentiellement néfastes produits naturellement par l'oxydation, voir Antioxydants, p. 12. En quantité excessive, les radicaux libres constituent un danger associé aux maladies cardiaques et à certains cancers. Les polluants présents dans l'air, la fumée et l'excès de soleil favorisent le développement des radicaux libres.
- *Les oignons, l'ail et les légumes crucifères tels que le chou* contiennent des composés sulfurés réputés pour leur action contre certaines substances cancérigènes.
- *Les oignons, le thé (vert ou noir), le vin rouge* sont les meilleures sources courantes de quercétol, un flavonoïde dont l'action antioxydante a récemment été liée à un risque moins élevé de maladies cardio-vasculaires.
- Les fruits et les légumes contiennent beaucoup d'autres flavonoïdes, voir p. 22. Certains, tels que les anthocyanes présents dans les myrtilles ont été étudiés. La présence de flavonoïdes et d'autres substances particulières pourrait expliquer au moins en partie pourquoi les antioxydants, pris sous forme de compléments alimentaires, n'ont pas les mêmes effets que la consommation de légumes ou de fruits.

La santé des diabétiques

Le diabète survient lorsque l'organisme ne parvient pas à produire suffisamment d'insuline pour transformer le glucose en énergie. Il se caractérise par un taux de sucre élevé dans le sang. Il est de plus en plus fréquent chez les personnes d'un certain âge dans les pays industrialisés en raison du manque d'activité et de l'excès de poids. Même sous traitement, les diabétiques doivent observer des règles strictes d'alimentation et d'exercice physique pour éviter que l'hyperglycémie altère leur système circulatoire et les exposent à des troubles de la vue, des maladies cardiaques, à la gangrène des pieds et à des défaillances rénales. Leur hygiène de vie est donc déterminante.

Le diabète

Au cours de la digestion, l'organisme réduit les glucides simples et complexes en sucres simples. Normalement, lorsque le sucre passe dans le sang, le pancréas produit la quantité d'insuline nécessaire pour permettre au glucose de pénétrer dans les tissus soit pour servir d'énergie ou soit pour être stocké. Dans le cas du diabète, l'organisme cesse de produire l'insuline ou en produit en quantité insuffisante ou encore en produit une quantité normale mais ne parvient pas à l'utiliser. L'organisme ne peut alors utiliser les glucides consommés. Ce phénomène, qui suscite une grande fatigue, perturbe de nombreuses fonctions de l'organisme, surtout la circulation. Bien que le terrain familial semble jouer un rôle important dans le diabète, l'obésité multiplie les risques lorsque l'on vieillit et les nouveaux cas sont deux fois plus courants chez les personnes qui n'ont pas d'activité physique.

Attention

La forme de diabète la plus courante chez les jeunes gens est souvent si dangereuse pour la santé qu'elle est vite diagnostiquée, mais le diabète qui survient plus tard dans la vie peut passer inaperçu. Consultez rapidement en cas de symptômes tels que fatigue, vertiges, soif intense, picotements fréquents, troubles de la vue ou émissions urinaires fréquentes.

Conseil général

- ***Évitez de prendre beaucoup de poids (voir p. 87), surtout s'il y a des cas de diabète dans votre famille, ou si vous avez eu un bébé pesant plus de 4,5 kg : c'est un signe de risque plus élevé pour le futur. L'excès de poids provoque une résistance à l'insuline.***
- ***L'exercice physique régulier améliore la capacité de l'organisme à utiliser l'insuline.***
- ***Évitez de manger des glucides très sucrés ou pauvres en fibres sans compenser avec des fibres solubles qui ralentissent l'augmentation du taux de glucose dans le sang. Préférez les fibres solubles présentes dans les aliments au son d'avoine.***

Contrôler le taux de glycémie dans le sang

La plupart des diabétiques atteints dès l'enfance doivent recevoir des injections d'insuline toute leur vie, mais il existe une autre forme de diabète déclenché après un certain âge par l'excès de poids. Grâce à de l'exercice physique et à une perte de poids liée à un régime, ils peuvent mieux utiliser leur propre insuline et stabiliser leur taux de sucre dans le sang. Il est conseillé aux diabétiques de s'alimenter en suivant les règles recommandées pour tous, avec des aliments pauvres en graisse, riches en fibres, des glucides non raffinés, des légumes et des fruits (voir p. 12-13), en privilégiant des aliments qui aident à stabiliser le taux de glucose dans le sang.

- Réduisez votre consommation de sucre à 25 g maximum. Répartissez cette quantité sur la journée et mangez-le associé à des aliments riches en fibres solubles. Le fructose n'a pas besoin d'insuline pour être assimilé et, utilisé en petites quantités, il constitue le meilleur choix de sucre en poudre.
- Préférez les aliments qui augmentent progressivement le taux de glucose dans le sang, voir p. 91.
- Évitez les aliments qui provoquent une augmentation brutale de la glycémie dans le sang tels que le pain fabriqué avec de la farine blanche, les corn-flakes, les carottes, le potiron, les bananes mûres et les pommes de terre.
- Ajoutez des collations aux trois repas principaux.

Les aliments bénéfiques

- ***Les flocons d'avoine (mais pas instantanés), le son d'avoine, les oignons, les artichauts, et les légumes secs*** sont des aliments qui ont la capacité de réduire la hausse du taux de glucose dans le sang.
- ***Les fruits de mer, les viandes maigres, les céréales complètes, les légumes secs, les graines de potiron et les oléagineux*** associent du chrome et du zinc, 2 minéraux souvent présents en quantité insuffisante chez les diabétiques.
- ***Les germes de blé, les bananes peu mûres la dinde, le poisson, les oléagineux, en particulier les noix, les poivrons rouges et les légumes crucifères*** constituent une bonne source de vitamine B6, nécessaire pour stabiliser la glycémie. De nombreux diabétiques ont des apports insuffisants de ces nutriments.

Troubles circulatoires

De nombreux diabétiques souffrent d'une mauvaise circulation qui augmente le risque de maladie cardiaque et peut être à l'origine d'une neuropathie (affection du système nerveux en général) pouvant entraîner la perte de la vue, la gangrène et l'impotence.
- Ne fumez pas : cela nuit à la circulation.
- Évitez de comprimer l'extrémité des membres.
- Un apport de graines de cassis ou d'onagre contenant de l'acide gamma-linolénique (AGL) peut contribuer à prévenir les neuropathies diabétiques. Essayez 360 mg d'AGL par jour.

Les aliments bénéfiques

- *Les germes de blé, les graines de tournesol, l'huile de colza, les amandes et les patates douces* contiennent une grande quantité de vitamine E. De nombreuses recherches ont montré que celle-ci améliore la circulation chez les diabétiques et peut contribuer à prévenir et à traiter les neuropathies diabétiques. La consommation d'aliments riches en vitamine E a démontré son utilité pour réduire le risque de cataracte auquel les diabétiques sont particulièrement sujets.
- *Les myrtilles* contiennent des antocyanes qui se sont révélés bénéfiques pour les rétinopathies et la circulation périphérique en améliorant la solidité des vaisseaux capillaires.
- *Les myrtilles, le cassis, les mûres, les cerises rouges ou noires et les airelles* contiennent également des anthocyanes mais leur action n'a pas encore été vérifiée. Le cassis est riche en vitamine C qui est également nécessaire pour la solidité des membranes cellulaires.

Plan alimentaire bénéfique pour la santé

Cette alimentation est à la fois bénéfique pour les diabétiques et les personnes ne souffrant pas de diabète, les aidant à éviter des taux élevés d'insuline dans le sang, liés au surpoids lorsque l'on atteint un certain âge et à un risque plus grand de maladie cardiaque et de cancer du sein.

Petit déjeuner

- Porridge saupoudré de son d'avoine ou de germes de blé
1 pomme ou 1 pamplemousse
- Yaourt maigre avec des graines de tournesol et une compote d'abricots secs
- Haricots blancs à la tomate sur du pain complet grillé avec des tomates poêlées
Myrtilles
- Müesli authentique, p. 131
Poitrine fumée maigre, œuf poché
1 orange ou 1 pamplemousse

Encas

- Muffins au son d'avoine, p. 137 ; pommes ; graines de tournesol ; abricots secs ; amandes ; bâtonnets de céleri

Repas léger

- Soupe de lentilles
Salade Waldorf, p. 110
- Pain noir au seigle
Salade de haricots verts et de maïs
Soupe à l'oignon à la mode suisse, p. 102
- Sandwich au céleri et aux noix dans du pain aux 6 céréales
- Soupe Suimono, p. 101
Salade de cœurs d'artichauts, p. 109
- Taboulé, assaisonné p. 113
Poulet avec de la Salade de chou, p. 112

Repas principal

Artichauts en vinaigrette, à l'huile de tournesol
Kedgeree de saumon, p. 116, servi avec l'Assaisonnement à l'ananas, p. 138 et des haricots verts
Kissel, p. 133, confectionné avec des myrtilles
- Haricots de Lima à la sauge et à l'ail, p. 125
Poulet aux quarante gousses d'ail, p. 117 servi avec de l'orge et des amandes ; salade verte
Prunes ou cerises fraîches
- Pilaf aux noix et aux cerises, p. 123 préparé avec du boulgour et accompagné d'une Salade verte aux graines de tournesol, p. 112
Pomme au four farcie de poires séchées
- Oignons à la grecque, p. 107
Ragoût de poisson à la grecque, p. 115 accompagné de chou rouge
Pudding d'été, p. 129 avec des prunes et des fruits rouges
- Légumes grillés et sauce tiède aux noix, p. 105
Falafel, p. 123 et Hummus allégé, p. 140 avec une salade de concombre
Mousse aux abricots et aux amandes, p. 130
- Salade Shiro Ae, p. 111
Poêlée de brocolis, p. 121 avec des amandes
Compote d'airelles et d'abricots, p. 132

Taux d'index glycémique

Ce tableau permet de comparer l'augmentation du taux de glucose dans le sang après la consommation de différents glucides. Les chiffres sont comparés à ceux apportés par une quantité équivalente de glucose qui est fixée à 100 %. Plus le chiffre est bas, moins l'aliment fait monter la glycémie.
Les aliments qui sont pauvres en sucre, riches en fibres solubles ou composés de larges particules donnent les meilleurs résultats.

• *Glucose*	100 %
• *Céréales*	
Pâtes, complètes ou blanches	42 à 50
Riz, brun ou blanc	47 à 55
Müesli à l'avoine	60
Porridge	49
Pain complet ou blanc	70 à 78
Pain aux six céréales ou noir	45
Corn-flakes	78
• *Sucres*	
Fructose	20
Saccharose	65
• *Légumes secs*	
Graines de soja, lentilles, pois chiches, haricots blancs	20 à 40
• *Fruits*	
Cerises, pamplemousses, abricots secs	32 ou moins
Oranges, pommes, poires	36 à 43
Bananes selon le mûrissement	30 à 70
• *Légumes*	
Tous très faibles sauf les petits pois, les patates douces, le maïs	48 à 55
Pommes de terre, carottes	56 à 85

LES REINS ET L'APPAREIL URINAIRE

La santé des reins et du système urinaire est directement affectée par les aliments que nous mangeons et que nous buvons. Les reins filtrent environ 180 litres de fluides corporels par jour et le moindre trouble de fonctionnement altère rapidement l'équilibre des fluides dans l'organisme, facteur essentiel de bonne santé. Les reins jouent également un rôle dans la production d'hormones et de globules rouges. Les hommes devraient adopter une alimentation qui contribue à prévenir l'hypertrophie de la prostate, à l'origine de troubles urinaires chez la plupart des hommes âgés.

LES REINS

Les reins éliminent l'excès d'eau, de sodium, de potassium et d'autres éléments et préservent le délicat équilibre entre substances acides et alcalines dans l'organisme. Ils jouent également un rôle dans la densité osseuse, dans l'action de la vitamine D et dans la fabrication d'une hormone indispensable pour la production des globules rouges. Leur mauvais fonctionnement peut entraîner anémie, fragilité osseuse, rétention d'eau, hypertension, risque accru d'infections générales et de calculs rénaux.

CONSEIL GÉNÉRAL

- ***Buvez 1,5 litre d'eau par jour.***
- ***Évitez une consommation excessive de sel, de protéines et de sucre, chacun de ces éléments apportant une charge de travail supplémentaire pour les reins.***

LES ALIMENTS BÉNÉFIQUES

- *Les abricots secs, les légumes verts à feuilles, les pommes de terre et les bananes* sont riches en potassium, dont un apport important aide les reins à éliminer les quantités excessives de sodium présentes dans l'alimentation de type occidental.
- *Les asperges, le céleri, le persil, les artichauts et le cassis* possèdent des propriétés diurétiques qui aident les reins à éliminer les déchets de l'organisme en favorisant la sécrétion d'urine.

Attention

Les personnes atteintes de goutte ne doivent pas manger d'asperges.

LES CALCULS RÉNAUX

De plus en plus de personnes souffrent de calculs rénaux souvent récurrents. Leur urine contient trop d'oxalate de calcium ou d'acide urique qui forment des cristaux. Lorsque ceux-ci se déplacent dans le système urinaire, ils provoquent des douleurs. Dans les pays occidentaux, ils sont souvent provoqués par l'alimentation et un apport hydrique insuffisant pour diluer les composants des cristaux. Celui-ci peut être lié à une déshydratation ou à une affection qui altère le fonctionnement des reins.

- Évitez de boire régulièrement de l'eau adoucie.
- Dans la plupart des cas, les calculs contiennent de l'oxalate de calcium. Lorsque celui-ci est présent en grande quantité dans les urines, cela indique parfois la présence de troubles digestifs. Mangez plus d'épinards, de rhubarbe, et évitez de consommer de grandes quantités de thé noir corsé ou d'airelles.
- Un des moyens les plus efficaces pour éviter la formation de calculs consiste à boire 2 à 2,5 litres de liquide par jour.

LES ALIMENTS BÉNÉFIQUES

- *Les céréales complètes, les germes de blé, les oléagineux et les graines* sont riches en magnésium et en fibres qui aident l'organisme à éliminer l'excès de calcium et d'oxalate.
- *Les germes de blé, les bananes, les pommes de terre, les noix, les poivrons rouges et les légumes crucifères* sont riches en vitamine B6 qui aide l'organisme à éliminer l'oxalate.
- *Les airelles, en quantités limitées (sous forme de jus ou de baies),* peuvent empêcher la réapparition de calculs en abaissant le taux de calcium dans l'urine.

L'APPAREIL URINAIRE

L'urine s'écoule du rein par les uretères vers la vessie où elle est stockée jusqu'à ce qu'elle soit évacuée par l'urètre. Une bonne élimination de l'urine est importante car elle évite les infections et les calculs en éliminant bactéries et minéraux.

CONSEIL GÉNÉRAL

- *N'ignorez jamais une envie d'uriner.*

LES INFECTIONS

Les infections des conduits urinaires et de la vessie sont souvent provoquées par des bactéries ramenées de l'anus vers l'urètre, très proches chez les femmes. La prévention des infections repose sur une bonne hygiène locale. Les infections de la vessie ou cystites sont douloureuses et, si elles sont chroniques, elles peuvent aboutir à une infection des reins.

- Essayez de boire au moins 3 litres d'eau par jour pendant une infection.

LES ALIMENTS BÉNÉFIQUES

Les aliments qui renforcent les défenses de l'organisme (voir p. 89) contribuent à limiter le risque d'infection.

- *Les airelles et les myrtilles* aident à empêcher les bactéries d'adhérer aux parois de l'urètre et de la vessie. Une consommation de 300 ml de jus d'airelle ou de 85 g d'airelles fraîches par jour constitue un moyen efficace de limiter les risques d'infection. 340 à 500 ml de jus ou 2 portions de baies par jour peuvent soulager les symptômes en cas d'infection.
- *L'ail* possède des vertus antibactériennes qui contribuent à prévenir les infections.

❖ La prostate ❖

La plupart des hommes développent une hypertrophie de la prostate entre 40 et 60 ans. La pression qui en résulte sur l'urètre peut provoquer des urines fréquentes et parfois douloureuses, des mictions ralenties et des difficultés pour vider complètement la vessie.
Cela augmente le risque d'infection de la vessie et de calculs.

Conseil général

- ***Attention à l'excès de poids abdominal qui accentue la pression sur la vessie.***

Les aliments bénéfiques

- *Les huîtres, les bulots et autres fruits de mer, les viandes maigres, les pignons de pin, les graines de sésame, le tahini et les noix de pecan* sont riches en zinc, nécessaire pour un bon fonctionnement de la prostate.
- *Les germes de blé, les poissons gras et les graines de lin* apportent des acides gras oméga 3 et oméga 6, anti-inflammatoires.
- *Les graines de potiron* sont un remède pour lutter contre l'hypertrophie de la prostate. Elles associent du zinc et des acides gras à l'action anti-inflammatoire et un phytostérol qui réduirait la réaction hormonale à l'origine de l'hypertrophie de la prostate. Consommez 25 à 50 g de graines de potiron par jour, en les mastiquant ou en les broyant au mixer.
- *Le persil* est un autre remède pour les problèmes de prostate, probablement en raison de ses vertus diurétiques. Il est efficace frais ou séché. Essayez un apport quotidien de 25 g de feuilles fraîches.

L'ÉQUILIBRE ÉMOTIONNEL

Les aliments que nous consommons peuvent modifier notre état émotionnel et vice versa. Nous le savons tous, pour avoir observé comment la faim rend les gens désagréables ou comment les aliments sont utilisés pour se remonter le moral. L'image de l'aliment consolateur n'est pas uniquement mentale : la recherche confirme de plus en plus la relation existant entre les aliments et l'humeur, indiquant que nombre d'entre nous choisissent certains aliments pour leurs effets sur notre moral et nos émotions.

❖ Aliments et émotion ❖

La glycémie est la façon la plus directe par laquelle les aliments modifient notre humeur. Chez de nombreuses personnes, l'humeur se dégrade au fur et à mesure que la glycémie baisse. La catégorie d'aliments consommée a également son importance. On pense qu'en l'absence de protéines, l'insuline libérée après la consommation de glucides déclenche l'augmentation du taux de sérotonine dans le cerveau. La sérotonine est un neurotransmetteur à l'action apaisante. Ce sont les aliments glucidiques, contenant aussi du tryptophane, le précurseur de la sérotonine, qui ont probablement le plus d'effet, ainsi que quelques aliments contenant de la sérotonine. L'humeur et les émotions sont aussi modifiées par une carence en certains nutriments. Ainsi, une carence en fer peut entraîner de la dépression.

Conseil général

- ***Observez comment votre humeur modifie votre alimentation.***
- ***Limitez vos aliments de « réconfort » à des glucides non raffinés et pauvres en graisses, sinon vous risquez de prendre du poids.***
- ***Si votre moral baisse après avoir mangé du sucre, stabilisez le taux de glucose dans le sang en répartissant les aliments en 5 à 6 collations par jour plutôt que 2 à 3 gros repas.***

Tristesse, agitation, nervosité et insomnies

Vous pouvez réduire ces symptômes en mangeant de façon à augmenter vos apports en fer, vitamine B1, B2, niacine, vitamine B6, acide folique, vitamine C, magnésium et zinc et en stabilisant le taux de glycémie dans le sang.

- *Le foie, les germes de blé, les légumes verts à feuilles, les petits pois, les fruits de mer, le gibier, les poissons gras, les oléagineux et les graines* sont riches en nutriments liés à l'humeur et à l'équilibre émotionnel. Essayez d'en manger davantage lorsque vous ressentez un stress, après une maladie ou la prise de médicaments, toutes choses qui peuvent affecter la digestion et réduire l'absorption de certains nutriments.
- *Les bananes* contiennent de la sérotonine et sont une meilleure façon pour la santé d'améliorer son humeur que la dégustation de sucrerie ou de petits gâteaux. Il est prouvé que la consommation de 1 à 2 bananes, sans autre aliment, augmente le taux de sérotonine dans l'organisme.
- *L'avoine* est utilisée par les herboristes pour soigner les nerfs mais son action reste inexpliquée.
- *La salade, le céleri et les asperges* sont consommés traditionnellement pour leur effet sédatif. Une substance sédative a été trouvée dans le céleri et une substance soporifique a été identifiée dans la salade.
- *Les glucides non raffinés, en particulier l'avoine et l'orge, les légumes secs, les fruits et les légumes* sont riches en fibres solubles et aident à stabiliser le taux de sucre dans le sang (voir Le diabète, p. 90-91).

LES RECETTES

Ces recettes illustrent comment les 50 aliments-clés pour notre santé peuvent être dégustés dans chaque type de cuisine. Toutes sont conçues afin de s'intégrer dans une alimentation équilibrée, pour conserver leur valeur nutritionnelle tout en réjouissant nos papilles.

Toutes les recettes sont pour 4 personnes, sauf indication contraire.
Les informations nutritionnelles sont approximatives en raison des variations naturelles des substances nutritives dans les aliments, *voir p. 160.*

L'HYGIÈNE DANS LA CUISINE

Les bienfaits apportés par nos aliments dépendent beaucoup de la façon dont ils sont stockés et préparés. Il est essentiel de choisir des ingrédients de qualité. Lorsque c'est possible, préférez des produits issus de l'agriculture biologique et des produits laitiers et des viandes maigres, voir p. 13. Comme la majeure partie du sel que nous consommons provient des aliments industriels, ajoutez moins de sel lorsque vous cuisinez des aliments frais et utilisez des herbes, des épices, du zeste et du jus d'agrumes, de l'ail et des noix pour parfumer vos préparations.

LA PRÉPARATION

CONSERVER LES NUTRIMENTS

Coupez les légumes, les fruits, les herbes, les noix et les graines juste avant de les faire cuire ou de les servir pour éviter le phénomène de l'oxydation, voir p. 21. En coupant les aliments, on libère également un enzyme qui détruit la vitamine C. Arrosez les parties découpées avec du jus de citron, qui est un antioxydant ou enfermez-les dans un récipient hermétique. Ne laissez pas tremper les aliments dans l'eau : les nutriments seraient alors perdus.

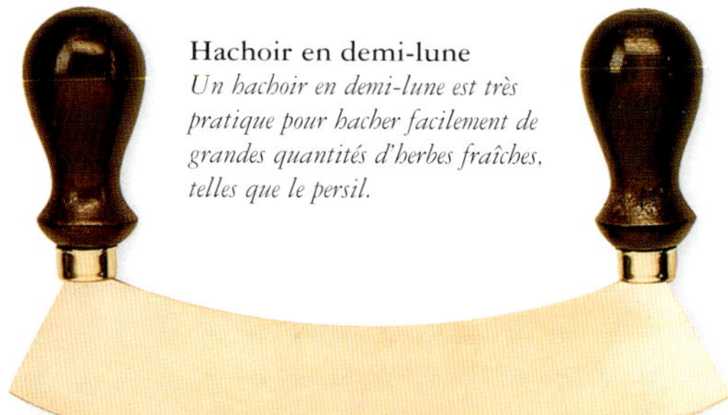

Hachoir en demi-lune
Un hachoir en demi-lune est très pratique pour hacher facilement de grandes quantités d'herbes fraîches, telles que le persil.

Économe
Un économe bien aiguisé enlève une très fine épaisseur de peau et évite de retirer toutes les substances nutritives du légume.

Brosse dure
Avant d'utiliser des fruits, lavez-les avec de l'eau chaude savonneuse et une brosse dure pour retirer les cires et les pesticides, puis rincez-les soigneusement.

Robot
Les robots réduisent la perte des nutriments provoquée par l'oxydation car ils permettent de hacher les ingrédients frais juste avant de les faire cuire.

CONSERVATION

Les graisses polyinsaturées, surtout celles qui sont pauvres en vitamine E aux propriétés antioxydantes, ont tendance à s'oxyder et à rancir plus rapidement si elles sont exposées à l'air, à la chaleur et à la lumière. Augmentez la résistance des huiles fragiles, telles que l'huile de noix ou l'huile de pépins de raisin, en ajoutant une capsule de vitamine E dans le récipient juste après la première ouverture. En règle générale, évitez de les conserver trop longtemps.

Des récipients en verre opaque et en acier inoxydable
Pour éviter d'altérer les qualités nutritionnelles des huiles riches en acides polyinsaturés, telles que l'huile de noix, de graines, et de germes de blé, stockez-les dans des récipients hermétiques, dans un endroit frais et sombre, et consommez-les rapidement.

Le matériel de cuisine

Des ustensiles plus sains

Les ustensiles de cuisine en acier inoxydable, en fonte et en verre sont les meilleurs pour la santé. Les poêles à fond épais assurent une bonne répartition de la chaleur, permettant de cuisiner avec moins de graisse sans que les aliments attachent. Les casseroles en fonte conduisent très bien la chaleur. Comme l'acier inoxydable n'est pas un bon conducteur de chaleur, mieux vaut choisir des casseroles comportant une épaisseur de cuivre ou d'aluminium incorporée dans la base.

Une cuisson rapide des légumes permet de conserver davantage de vitamines et de minéraux.

Un couvercle bien hermétique *retient les nutriments en conservant la vapeur et la chaleur. Cela diminue le temps de cuisson et lorsque l'on fait cuire des légumes, permet de réduire la quantité d'eau nécessaire à la cuisson.*

Les poêles antiadhésives
Les poêles antiadhésives facilitent la cuisson sans graisse. Il vaut mieux éviter d'utiliser ce genre de poêles lorsque le revêtement est rayé ou montre des signes d'usure.

Les pinceaux aux soies naturelles
Un pinceau trempé dans de l'huile permet de graisser poêles et moules à gâteaux avec un minimum de corps gras. Attention, les pinceaux en plastique fondent au contact d'une casserole chaude.

Astuces de cuisson

La cuisson des fruits et des légumes entraîne toujours une perte de nutriments mais celle-ci varie énormément en fonction du temps de cuisson et de la durée pendant laquelle l'aliment est en contact avec de l'eau.

Limitez le temps de cuisson

- Portez l'eau à ébullition avant d'y ajouter des fruits ou des légumes (même les pommes de terre).
- Couvrez hermétiquement la casserole ou le cuit-vapeur pour empêcher la vapeur de s'échapper pendant la cuisson.
- Laissez cuire les aliments le moins longtemps possible (un minuteur est essentiel).
- Servez les aliments cuits sans attendre.

Limitez la perte en nutriments

- La cuisson à la vapeur empêche les nutriments de se diluer dans l'eau de cuisson tandis que la cuisson dans l'eau bouillante porte plus rapidement les aliments à la température à laquelle l'enzyme qui détruit la vitamine C est neutralisé.
- Lorsque vous faites cuire des aliments dans l'eau bouillante, utilisez seulement 2 à 3 cm d'eau.
- Récupérez les nutriments en vous servant de l'eau de cuisson comme d'un bouillon.
- Salez un peu l'eau en début de cuisson des légumes afin d'éviter la fuite des sels minéraux dans l'eau de cuisson.
- N'ajoutez jamais de bicarbonate de soude lorsque vous faites cuire des légumes afin qu'ils conservent leur couleur verte : il détruit la vitamine C.
- Les cocottes minutes et les fours à micro-ondes contribuent à conserver les nutriments car ils réduisent le temps de cuisson (s'il est bien surveillé) et réduisent la quantité d'eau nécessaire à la cuisson.

Quelle huile choisir ?

Les huiles pressées à froid et non raffinées possèdent une plus grande valeur nutritive et davantage de saveur.

Pour la cuisson à forte température

L'huile d'olive, d'arachide ou de sésame.

Pour la cuisson à basse température

L'huile de maïs, de noisette, de colza, de pépins de raisin, et de carthame.

Pour les salades

L'huile de colza, de soja, de noisette, de germes de blé, et de noix.

Potages et soupes

Les potages et les soupes permettent de manger des aliments riches en nutriments sous une forme agréable, et utile pour les personnes qui n'aiment pas les légumes et qui n'en consommeraient jamais une quantité équivalente sous une autre forme. Aujourd'hui, les potages sont encore plus nourrissants grâce à l'invention des mixers et le temps de cuisson peut être réduit, ce qui protège leurs vitamines et conserve leur belle couleur appétissante. Non seulement les légumes sont plus savoureux mais le mélange est très onctueux grâce à l'utilisation du mixer et il n'est pas nécessaire de rajouter de la crème et du beurre. Les robots facilitent énormément le travail. Les ingrédients n'ont plus besoin d'être émincés aussi finement à la main et même si on manque de temps, on peut préparer de la soupe plus souvent. Le potage, qui est un aliment nourrissant et rassasiant, contient souvent peu de calories. C'est donc un plat très utile pour les personnes qui veulent perdre du poids.

Soupe de fruits rouges
Cette soupe traditionnelle dans le nord de l'Europe contient très peu de matières grasses.

La couleur de la soupe varie du rose vif au bleu-noir en fonction des baies choisies.

Soupe de fruits rouges

Ingrédients

500 g de baies variées, telles que myrtilles, cerises, cassis et airelles, fraîches, surgelées ou en bocaux au naturel, poids égoutté.
500 ml d'eau ou de jus, s'il s'agit de fruits en bocaux
Le zeste d'1 citron
1 bâton de cannelle
2 clous de girofle
Miel, selon votre goût
4 cuillerées à café de crème fraîche ou de crème aigre pour le décor

Cette soupe froide constitue une entrée rafraîchissante avant un plat principal riche. Si vous mélangez des baies acides et sucrées, il est moins nécessaire d'ajouter du sucre.

1. Retirez les tiges et les noyaux des fruits frais et rincez-les à l'eau courante. Laissez-les égoutter. Les baies surgelées peuvent être utilisées directement sans décongélation préalable.
2. Dans une grande casserole, faites chauffer l'eau ou le jus des fruits avec le zeste, la cannelle et les clous de girofle et laissez frémir pendant 10 minutes environ. Jetez les épices, conservez le zeste et ajoutez les fruits.
3. Faites cuire les fruits pendant 3 à 10 minutes ou jusqu'à ce qu'ils soient ramollis. Passez la soupe au mixer jusqu'à obtention d'une préparation lisse. Mettez au réfrigérateur pendant 2 heures avant de servir.
4. Au bout d'1 heure, ajoutez le miel en quantité désirée. La soupe doit conserver une saveur acidulée. Décorez chaque assiettée avec un filet de crème fraîche ou aigre.

Qualités nutritionnelles

Par portion	
Kilocalories/Kjoules	69/291
Lipides (g)	1
% de calories	14
Acides gras saturés (g)	1
% de calories	8
Glucides (g)	14
Amidon (g)	0
Fibres (g)	3
Protéines (g)	1
Sodium (mg)	5

Bonne source de vitamine C.

Liens possibles avec la santé

Gastro-entérites, p. 79.
Circulation, p. 82-85.
Infections urinaires, p. 92.

Soupe épicée et acidulée

Ingrédients

25 g de champignons chinois déshydratés
1 pincée de sel
1 pincée de sucre roux
1 cuillerée à café de sauce soja
1 cuillerée à soupe de xérès sec
4 cuillerées à café de fécule de pomme de terre
1 cuillerée à soupe d'eau
1 cuillerée à café d'huile de sésame
100 g de porc en fines lamelles
180 g de tofu ferme
1,2 litre de bouillon de volaille
3 cuillerées à soupe de sauce soja
2 œufs, bien battus
3 cuillerées à soupe de vinaigre de riz
2 cuillerées à soupe de coriandre fraîche hachée
Poivre noir fraîchement moulu
1 cuillerée à café d'huile de sésame
2 oignons nouveaux découpés en lamelles de 1 cm
1 cuillerée d'huile pimentée

Ce bouillon chinois, qui réchauffe sans emporter la bouche, est une manière savoureuse de manger du tofu. Un grand bol de soupe constitue un repas léger.

1. Mettez les champignons déshydratés dans un récipient résistant à la chaleur et recouvrez-les d'eau bouillante. Laissez-les reposer 30 minutes.
2. Préparez la marinade, en mélangeant le sel, le sucre, la sauce soja, le xérès, la fécule, l'eau et l'huile dans un saladier en Pyrex.
3. Ajoutez les lamelles de viande de porc et laissez reposer 20 minutes.
4. Égouttez et découpez le tofu en petits dés. Le liquide provenant du tofu égoutté peut être ajouté au potage. Égouttez et émincez très finement les champignons.
5. Dans une grande casserole, portez le bouillon à ébullition. Ajoutez la sauce soja, les champignons et la marinade contenant les lamelles de porc. Laissez cuire pendant quelques minutes puis baissez le feu.
6. Ajoutez le tofu et portez doucement le mélange à ébullition pour éviter de briser les dés de tofu.
7. Versez progressivement les œufs dans la soupe sur le dos d'une fourchette, en remuant pour séparer les filaments. Éteignez le feu et laissez les œufs cuire pendant quelques instants.
8. Incorporez le vinaigre, la coriandre, le poivre et l'huile de sésame. Goûtez et ajoutez un peu plus de sauce soja ou de vinaigre selon votre goût.
9. Disposez quelques oignons nouveaux et quelques gouttes d'huile de piment dans chaque bol. Versez par-dessus la soupe chaude et servez.

Qualités nutritionnelles

Par portion	
Kilocalories/Kjoules	182/759
Lipides (g)	11
% des calories	54
Acides gras saturés (g)	2
% des calories	11
Glucides (g)	7
Amidon (g)	1
Fibres (g)	traces
Protéines (g)	14
Sodium (mg)	875

Bonne source de calcium et de phosphore.

Liens possibles avec la santé

Infections respiratoires, p.76.
Digestion, p. 78-79.
Circulation, p. 82-85.
Ménopause, p. 87.

Potage de carottes à la coriandre

Ingrédients

1 kg de carottes

1 cuillerée à soupe d'huile d'olive

1 litre d'eau ou de bouillon de légumes ou de volaille

4 cuillerées à café de coriandre fraîche hachée

Poivre noir fraîchement moulu

Sel de mer

4 cuillerées à café de crème aigre ou de crème liquide pour décorer

Ce potage onctueux, à la belle couleur orangée, peut représenter la portion de légumes d'un repas. Pratique en pique-nique, il peut aussi servir d'encas.

1. Épluchez les carottes, sauf si elles sont d'origine biologique auquel cas elles peuvent être grattées ou brossées. Découpez-les en tronçons.
2. Dans un grand faitout, faites chauffer l'huile, ajoutez les carottes et laissez-les cuire pendant quelques minutes.
3. Ajoutez l'eau ou le bouillon, portez à ébullition, couvrez, réduisez le feu et laissez mijoter pendant 30 minutes.
4. Passez les carottes et le liquide de cuisson avec la coriandre au mixer, en réservant quelques feuilles de coriandre pour décorer. Assaisonnez à votre goût. Décorez chaque assiette avec un filet de crème aigre ou de crème liquide.

Qualités nutritionnelles

Par portion	
Kilocalories/Kjoules	132/550
Lipides (g)	6
% des calories	38
Acides gras saturés (g)	1
% des calories	10
Glucides (g)	20
Amidon (g)	0
Fibres (g)	6
Protéines (g)	2
Sodium (mg)	66

Bonne source de carotènes et potassium.

Liens possibles avec la santé

Santé cardiaque, p. 82-85.
Les défenses de l'organisme, p. 89.

Variantes

- *Suivez la même méthode pour confectionner un potage de fenouil ou de betterave.*
- *Remplacez la coriandre par d'autres herbes aromatiques fraîches.*

Soupe Suimono

Ingrédients

1 litre d'eau
15 g d'algues kombu
15 g de bonite séchée (katsuobushi)
2 cuil. à café de sauce soja
250 g de tofu ferme
2 oignons nouveaux, finement hachés
Zeste de citron

Variantes

- *Remplacez le tofu par du poulet cuit, des crevettes ou d'autres fruits de mer émincés. Laissez mijoter la soupe quelques minutes de plus.*
- *Remplacez les oignons nouveaux par du cresson, de fines rondelles de poireaux ou quelques petits pois.*

Ce bouillon permet d'équilibrer un repas comprenant un plat principal copieux ou un dessert trop riche.

1. Portez l'eau à ébullition. Ajoutez les algues, baissez le feu et laissez frémir pendant 4 minutes en remuant sans arrêt.
2. Retirez les algues avec une écumoire et ajoutez la bonite émincée. Portez à nouveau à ébullition puis retirez la casserole du feu. Lorsque les morceaux de bonite sont tombés au fond de la casserole, filtrez le bouillon (ou *dashi*), et jetez les morceaux de bonite.
3. Portez à nouveau le bouillon à ébullition et ajoutez la sauce soja selon votre goût.
4. Égouttez et découpez le tofu en 8 morceaux. Ajoutez-les au bouillon et faites chauffer à feu doux, pour éviter de les briser, jusqu'à ce qu'ils soient très chauds.
5. Mettez une pincée d'oignons nouveaux hachés, une lamelle de zeste de citron et 2 dés de tofu dans chaque assiette, puis versez le bouillon par-dessus et servez immédiatement.

Qualités nutritionnelles

Par portion	
Kilocalories/Kjoules	49/206
Lipides (g)	3
% des calories	49
Acides gras saturés (g)	1
% des calories	6
Glucide (g)	1
Amidon (g)	traces
Fibres (g)	2
Protéines (g)	6
Sodium (mg)	273

Bonne source de calcium et d'iode.

Liens possibles avec la santé

Ménopause, p. 87.

Soupe épicée au poulet et à la noix de coco

Ingrédients

1 litre d'eau
1 blanc de poulet, avec peau et os
1 oignon haché
4 feuilles de citronnier
3 tiges de citronnelle
1 morceau de gingembre frais de 3 cm ou 1 morceau de galanga frais de 10 cm, finement émincé
1 petit piment rouge, épépiné, finement émincé
100 g de champignons shimeji ou shiitake, finement émincés
2 châtaignes d'eau, finement émincées, facultatif
1 cuillerée à soupe de sauce au poisson thaïlandaise
Le jus d'1 citron vert et d' 1/2 citron
200 ml de lait de coco
Poivre noir fraîchement moulu
Sel de mer
2 cuil. à soupe de coriandre fraîche

Le piment, l'oignon et le gingembre sont associés dans cette soupe thaïlandaise nourrissante, qui stimule la circulation et facilite la digestion.

1. Dans une casserole, faites chauffer l'eau avec le poulet, l'oignon, les feuilles de citronnier, la citronnelle, le gingembre ou le galanga et le piment. Portez à ébullition, couvrez hermétiquement, baissez le feu et laissez mijoter pendant 20 minutes, jusqu'à ce que le poulet soit tendre.
2. Sortez le poulet du bouillon, retirez la peau et les os et émincez la viande. Remettez la peau et les os dans le bouillon et laissez frémir pendant encore 15 minutes.
3. Filtrez le bouillon. Jetez les épices, sauf quelques rondelles de piment qui ajouteront de la couleur au bouillon. Remettez le bouillon dans le faitout. Ajoutez les morceaux de poulet, les champignons et les châtaignes.
4. Laissez mijoter pendant 3 minutes, puis ajoutez la sauce au poisson, le jus de citron et de citron vert et le lait de coco. Retirez du feu et rectifiez l'assaisonnement selon votre goût.
5. Disposez quelques pincées de coriandre hachée dans chaque assiette à soupe. Réchauffez la soupe sans la porter à ébullition, versez-la dans les assiettes et servez.

Qualités nutritionnelles

Par portion	
Kilocalories/Kjoules	83-349
Lipides (g)	6
% des calories	60
Acides gras saturés (g)	4
% des calories	44
Glucides (g)	1
Amidon (g)	traces
Fibres (g)	traces
Protéines (g)	7
Sodium (mg)	202

Liens possibles avec la santé

Infections respiratoires, p. 76.
Digestion, p. 78-79.
Circulation, p. 82-85.

Variantes

- *Ajoutez 200 g de tofu coupé en dés avec le poulet lors de l'étape n° 3.*

❖ POTAGE CHTCHI ❖

INGRÉDIENTS

- *2 œufs, facultatif*
- *1,2 litre de bouillon de légumes*
- *1 branche de céleri, finement émincée*
- *1 feuille de laurier*
- *5 grains de poivre, au choix*
- *1 oignon finement émincé*
- *200 g de pommes de terre coupées en dés*
- *2 cuillerées à soupe de sarrasin ou de riz, facultatif*
- *500 g d'épinards*
- *2 cuillerées à soupe d'aneth frais haché, facultatif*
- *1 filet de jus de citron*
- *Sel de mer*
- *4 cuillerées à café de crème aigre, pour décorer*

Cette soupe qui peut être confectionnée avec différents légumes constitue une bonne façon de manger des légumes aux vertus bénéfiques.

1. Faites durcir les œufs, si désiré, égouttez-les et laissez-les refroidir dans de l'eau froide.
2. Dans un grand faitout, faites chauffer le bouillon avec le céleri, la feuille de laurier, les grains de poivre, l'oignon, les pommes de terre, le sarrasin ou le riz, si vous les utilisez. Une fois le mélange porté à ébullition, baissez le feu et laissez frémir pendant 15 minutes.
3. Pendant ce temps, lavez soigneusement les épinards ou les autres légumes verts à feuille et hachez-les. Retirez la feuille de laurier et les grains de poivre du faitout, ajoutez les épinards ou l'oseille et portez à nouveau le mélange à ébullition.
4. Laissez cuire pendant 4 minutes, puis retirez du feu. Laissez reposer, à couvert, pendant 5 minutes.
5. Dans un robot, mixez tout ou partie du mélange de légumes selon votre goût. Ajoutez l'aneth, si désiré, le jus de citron et le sel.
6. Décorez chaque assiette avec une cuillerée de crème aigre, surmontée d'un demi-œuf dur, si désiré, et servez.

QUALITÉS NUTRITIONNELLES

Par portion	
Kilocalories/Kjoules	91/380
Lipides (g)	2
% des calories	22
Acides gras saturés (g)	1
% des calories	7
Glucides (g)	13
Amidon (g)	8
Fibres (g)	4
Protéines (g)	5
Sodium (mg)	187

Bonne source de calcium, de fer, d'acide folique, de magnésium et vitamine A.

LIENS POSSIBLES AVEC LA SANTÉ

Anémie, p. 85.
Les défenses de l'organisme, p. 89.

❖ SOUPE À L'OIGNON À LA MODE SUISSE ❖

INGRÉDIENTS

- *2 cuillerées à soupe d'huile d'olive ou de colza*
- *500 g d'oignons, finement émincés*
- *1/2 gousse d'ail hachée*
- *1/2 cuillerée à café de sucre roux*
- *1 litre de bouillon de viande ou de légumes*
- *Poivre noir fraîchement moulu*
- *Sel de mer*
- *4 tranches de pain complet*
- *25 g de gruyère ou de parmesan fraîchement râpé*
- *25 g de persil frais haché*
- *150 ml de vin rouge, facultatif*

Cette version légère de la soupe à l'oignon que nous connaissons permet de savourer une bonne portion d'oignons aux innombrables vertus médicinales.

1. Dans une cocotte à fond épais, faites chauffer l'huile et ajoutez les oignons. Ils doivent former une couche épaisse. Remuez puis laissez-les fondre à découvert pendant environ 15 minutes. Remuez de temps en temps pour les empêcher d'accrocher et de brûler.
2. Une fois les oignons dorés et translucides, ajoutez l'ail et le sucre. Pendant ce temps, portez le bouillon à ébullition dans une casserole. Versez le bouillon chaud sur les oignons, mélangez bien et, une fois à ébullition, baissez le feu et laissez mijoter à couvert pendant 20 à 30 minutes. Assaisonnez à votre goût.
3. Déposez une tranche de pain saupoudrée de fromage et de persil au centre de chaque assiette. Réchauffez la soupe et ajoutez le vin, si désiré. Versez la soupe dans les assiettes et servez.

QUALITÉS NUTRITIONNELLES

Par portion	
Kilocalories/Kjoules	220/920
Lipides (g)	11
% des calories	44
Acides gras saturés (g)	3
% des calories	12
Glucides (g)	25
Amidon (g)	14
Fibres (g)	4
Protéines (g)	7
Sodium (mg)	267

LIENS POSSIBLES AVEC LA SANTÉ

Infections respiratoires, p. 76.
Gastro-entérites, p. 79.
Circulation, p. 82-85.

VARIANTES

- *Pour obtenir un potage encore plus parfumé, utilisez 3 gousses d'ail, un vin rouge corsé.*
- *Remplacez le fromage par des fines herbes ciselées.*

Potage au cresson

Ingrédients

- *1 cuillerée à soupe d'huile d'olive extra-vierge*
- *3 oignons nouveaux ou 1 poireau, finement hachés*
- *1 ou 2 pommes de terre, selon grosseur, grossièrement coupées*
- *1 litre d'eau ou de bouillon de viande ou de légumes*
- *2 bottes de cresson*
- *75 ml de crème aigre ou de crème liquide*
- *1 pincée de noix muscade en poudre*
- *Poivre noir fraîchement moulu*
- *Sel de mer*

Cette version rafraîchissante de la soupe de cresson permet de conserver le maximum de vitamines du cresson grâce au temps de cuisson très court.

1. Dans un faitout, faites chauffer l'huile.
Ajoutez les oignons nouveaux ou le poireau et laissez-les revenir à feu doux jusqu'à ce qu'ils soient tendres, environ 10 minutes.
2. Ajoutez les pommes de terre et l'eau ou le bouillon.
Portez à ébullition, baissez le feu et laissez mijoter, à couvert, pendant 15 minutes.
3. Lavez, égouttez et hachez grossièrement le cresson. Ajoutez-le dans le faitout et portez à nouveau à ébullition pendant 2 minutes. Éteignez le feu et laissez reposer 5 minutes.
4. Mixez le potage dans un robot et remettez-le dans le faitout. Ajoutez la crème et la noix muscade et assaisonnez selon votre goût. Réchauffez juste avant de servir, sans laisser bouillir.

Qualités nutritionnelles

Par portion	
Kilocalories/Kjoules	120/500
Lipides (g)	9
% des calories	64
Acides gras saturés (g)	3
% des calories	24
Glucides (g)	7
Amidon (g)	5
Fibres (g)	2
Protéines (g)	4
Sodium (mg)	49

Bonne source de carotène, d'acide folique et de fer.

Liens possibles avec la santé

Santé cardiaque, p. 82-85.
Anémie, p. 85.
Les défenses de l'organisme, p. 89.

Soupe de légumes

Ingrédients

- *2 cuillerées à café d'huile d'olive extra-vierge ou de colza*
- *1 cuillerée à soupe de beurre*
- *2 oignons finement hachés*
- *1 branche de céleri, émincée*
- *200 g de potiron épluché, épépiné et coupé en dés*
- *150 g de carottes coupées en bâtonnets*
- *175 g de pommes de terre coupées en dés*
- *500 ml de bouillon de légumes*
- *1 feuille de laurier*
- *150 g de brocoli*
- *100 g de maïs, de petits pois ou de haricots verts*
- *2 tomates épluchées, épépinées et hachées, facultatif*
- *500 ml de lait demi-écrémé*
- *3 cuil. à soupe d'herbes aromatiques fraîches, telles que du basilic, de l'origan, du fenouil, de l'aneth et du persil, seules ou mélangées.*
- *Poivre noir fraîchement moulu*
- *Sel de mer*

Ce délicieux potage possède une saveur et une consistance légères et agréables. Il associe les vertus des carottes, du céleri, du brocoli, du potiron et des tomates.

1. Dans un faitout, faites chauffer l'huile et le beurre, ajoutez les oignons et remuez jusqu'à ce qu'ils grésillent. Baissez le feu au minimum et laissez revenir pendant 10 minutes, en remuant de temps en temps, jusqu'à ce que les oignons soient tendres et translucides.
2. Ajoutez le céleri, le potiron, les carottes et les pommes de terre. Faites chauffer 5 minutes à feu moyen, puis baissez le feu et laissez cuire 5 minutes, en remuant de temps en temps.
3. Ajoutez le bouillon et la feuille de laurier, portez à ébullition puis laissez mijoter, à couvert, pendant 7 à 8 minutes, jusqu'à ce que les pommes de terre soient presque cuites.
4. Ajoutez le brocoli, le maïs (ou les autres légumes) et les tomates, si désiré. Portez à nouveau à ébullition et laissez cuire à gros bouillons 3 à 4 minutes ou jusqu'à ce que le brocoli soit tendre.
5. Incorporez le lait et les herbes, assaisonnez et servez.

Qualités nutritionnelles

Par portion	
Kilocalories/Kjoules	188/786
Lipides (g)	9
% des calories	44
Acides gras saturés (g)	3
% des calories	14
Glucides (g)	21
Amidon (g)	10
Fibres (g)	3
Protéines (g)	6
Sodium (g)	81

Bonne source d'antioxydants, de calcium, de phosphore et de potassium.

Liens possibles avec la santé

Santé cardiaque, p. 82-85.
Les défenses de l'organisme, p. 89.

Variante

- *Ajoutez 150 g de moules ou de crevettes décortiquées en même temps que le brocoli.*

ENTRÉES ET HORS-D'ŒUVRE

La plupart des hors-d'œuvre, que nous dégustons au moment où notre faim est la plus grande, mettent en appétit pour les plats suivants et constituent une excellente occasion de savourer des aliments bons pour la santé, tels que des légumes et des fruits crus ou légèrement cuits. Ceux-ci calment la faim, tandis que leur couleur, leur texture croquante, et leur arôme stimulent le système digestif, le préparant pour la suite. La cuisine traditionnelle de nombreux pays tient compte de ce phénomène : les légumes, tels que le poivron, le fenouil, l'oignon, l'asperge et l'artichaut, figurent dans de nombreuses recettes traditionnelles, qu'il s'agisse de préparations courantes ou de mets plus sophistiqués destinés aux grandes occasions. Si vous prévoyez une salade ou un légume en plat principal, présentez en entrée des aliments complémentaires sur le plan nutritif, tels que du hareng ou encore du foie de volaille ; même en petite quantité, ces aliments sont riches en nutriments. Vous obtiendrez ainsi un repas plus varié, plus consistant et plus équilibré.

LÉGUMES GRILLÉS ET SAUCE AUX NOIX TIÈDE
Ce délicieux hors-d'œuvre coloré et appétissant permet de faire figurer davantage de légumes au menu.

Légumes grillés et sauce tiède aux noix

Ingrédients

75 g de cerneaux de noix

200 ml de yaourt nature

1 blanc d'œuf

20 g de parmesan fraîchement râpé

1/2 gousse d'ail, hachée

1 pincée de paprika

2-3 gouttes de sauce au piment ou 1 cuil. à soupe d'herbes aromatiques fraîches finement ciselées

Poivre noir fraîchement moulu

Sel de mer

2 cuillerées à café d'huile d'olive extra-vierge

1 bulbe de fenouil émincé dans le sens de la hauteur

1 petite patate douce, découpée en fines rondelles

300 g de potiron, épluché, épépiné et émincé

2 poivrons rouges, orange ou jaunes épépinés, découpés en lamelles de 2,5 cm

2 courgettes, coupées en quatre puis en tronçons de 10 cm

170 g de pain complet en accompagnement

Tirez parti de la riche saveur des noix pour donner envie de déguster des légumes légèrement grillés aux qualités protectrices importantes.

1. Hachez les noix dans un robot ou un moulin à café jusqu'à ce qu'elles soient réduites en poudre. S'il reste de gros morceaux, ils apporteront plus de consistance à la sauce.
2. Mélangez soigneusement les noix avec le yaourt, le blanc d'œuf, le parmesan, l'ail et le paprika. Ajoutez la sauce au piment ou les fines herbes. Le piment rend la sauce plus épicée tandis que les herbes fraîches telles que l'aneth, le basilic, le persil et la menthe apportent une saveur délicate plus parfumée.
3. Versez le mélange dans une casserole et faites chauffer doucement pendant 2-3 minutes, sans laisser bouillir.
Le blanc d'œuf permet d'éviter la coagulation du yaourt sous l'effet de la chaleur. Retirez du feu et assaisonnez à votre goût avec du sel et du poivre.
4. Pour faire griller les légumes, faites chauffer un gril, tel que le hibachi japonais, un gril classique ou une poêle en fonte. Enduisez légèrement les lamelles de fenouil, de patate douce et de potiron avec de l'huile d'olive. Laissez les poivrons et les courgettes tels quels.
5. Faites cuire les légumes jusqu'à ce qu'ils prennent une teinte brune mais qu'ils restent croquants, pendant 5 à 10 minutes. Attention, les poivrons et les courgettes cuisent plus rapidement que les autres légumes.
6. Faites griller quelques tranches épaisses de pain et découpez-les en bâtonnets.
7. Servez la sauce tiède, entourée de légumes grillés et de morceaux de pain.

Qualités nutritionnelles

Par portion	
Kilocalories/ Kjoules	427/1777
Lipides (g)	28
% des calories	58
Acide gras saturés (g)	6
% des calories	13
Glucides (g)	30
Amidon (g)	16
Fibres (g)	7
Protéines (g)	16
Sodium (mg)	305

Bonne source de bêta-carotène, calcium, acide folique, magnésium, phosphore, potassium, vitamines C et E et zinc.

Liens possibles avec la santé

Circulation et santé cardiaque, p. 82-85.
Les défenses de l'organisme, p. 89.

Asperges au parmesan et à la noix muscade

Ingrédients

750 g d'asperges vertes

40 g de parmesan fraîchement râpé

1 pincée de noix muscade fraîchement râpée

Variante

◆ *Servez les asperges chaudes, avec un œuf à la coque ou poché par personne pour lequel elles feront office de mouillettes, ou tièdes accompagnées d'une vinaigrette.*

Les asperges vertes sont tout aussi savoureuses que les asperges blanches, qui sont plus grosses, et contiennent davantage de carotène et de vitamine C.

1. Portez à ébullition 6 cm d'eau au fond d'un cuit-vapeur ou d'une casserole prévue pour la cuisson des asperges.
2. Découpez l'extrémité dure des asperges. Retirez l'élastique qui entoure les bottes, rincez les asperges et entourez-les avec de la ficelle de coton. Faites-les cuire à la vapeur pendant 5 à 10 minutes ou jusqu'à ce que la base soit tendre.
3. Sortez les bottes de la casserole en les soulevant avec une fourchette par la ficelle. Laissez-les égoutter un court moment puis posez-les sur un plat de service réchauffé, de forme ronde. Découpez la ficelle et disposez les asperges en éventail tout autour du plat.
4. Saupoudrez les asperges de parmesan en évitant les pointes et les bases. Ajoutez ensuite une pincée de noix muscade et servez immédiatement. Prévoyez des rince-doigts.

Qualités nutritionnelles

Par portion	
Kilocalories/Kjoules	76/317
Lipides (g)	4
% des calories	48
Acides gras saturés (g)	2
% des calories	26
Glucides (g)	3
Amidon (g)	traces
Fibres (g)	2
Protéines (g)	8
Sodium (mg)	110

Bonne source d'acide folique et de vitamine C.

Liens possibles avec la santé

Indigestion, p. 78.
Les reins, p. 92.

HARENGS MARINÉS À L'ANETH

INGRÉDIENTS

- *140 ml de xérès sec*
- *140 ml de vinaigre de vin blanc*
- *2 cuillerées à soupe de sauce Worcestershire*
- *1 cuillerée à soupe de sucre roux*
- *15 g d'aneth frais haché*
- *2 cuillerées à soupe de crème aigre*
- *4 filets de harengs (sans la peau)*
- *140 ml de yaourt nature*
- *320 g de pain noir*

Le goût des poissons gras est moins prononcé lorsqu'on les fait mariner. Voici une entrée idéale en prélude à un plat principal léger, qui favorise l'absorption du fer et du zinc.

1. Dans une casserole de taille moyenne, faites chauffer le xérès, le vinaigre, la sauce Worcester et le sucre et portez à ébullition.
2. Retirez du feu et laissez refroidir pendant 10 minutes environ au réfrigérateur. Ajoutez l'aneth et la crème aigre.
3. Découpez les filets de hareng en lamelles d'environ 5 cm de large dans le sens de la longueur, et déposez-les dans un plat en verre. Versez la marinade par-dessus et laissez au réfrigérateur pendant au moins 48 heures.
4. Incorporez le yaourt et servez accompagné de tranches de pain noir.

QUALITÉS NUTRITIONNELLES

Par portion	
Kilocalories/Kjoules	463/1 944
Lipides (g)	16
% des calories	32
Acides gras saturés (g)	5
% des calories	9
Glucides (g)	45
Amidon (g)	35
Fibres (g)	4
Protéines (g)	27
Sodium (mg)	718

Source de calcium, d'acides gras essentiels, de fer, de sélénium et de vitamine D.

LIENS POSSIBLES AVEC LA SANTÉ

Polyarthrite rhumatoïde, p. 81. Circulation et santé cardiaque, p. 82-85. Psoriasis, p. 88.

MOUSSE DE SARDINES AU CITRON

INGRÉDIENTS

- *2 boîtes de 120 g de sardines à l'huile entières*
- *225 g de fromage frais ou de fromage blanc maigre*
- *Le jus de 2 citrons*
- *Poivre noir fraîchement moulu*

VARIANTE

◆ *Remplacez les sardines par des harengs ou des maquereaux fumés en boîte ou 2 grands filets de chaque.*

Délicieuse sur des toasts ou des galettes d'avoine, cette terrine de poisson constitue une entrée nourrissante qui apporte tous les bienfaits des poissons gras.

1. Égouttez soigneusement les sardines en réservant l'huile pour réaliser des assaisonnements. Consommez-la dans les 8 jours.
2. Écrasez soigneusement le poisson à la fourchette, puis ajoutez le fromage frais ou le fromage blanc. Ajoutez le jus de citron et le poivre. Laissez au réfrigérateur jusqu'au moment de servir.

QUALITÉS NUTRITIONNELLES

Par portion	
Kilocalories/Kjoules	144/603
Lipides (g)	7
% des calories	45
Acides gras saturés (g)	2
% des calories	9
Glucides (g)	4
Amidon (g)	0
Fibres (g)	trace
Protéines (g)	16
Sodium (mg)	244

Source de calcium, d'acides gras essentiels, de sélénium, de vitamines B12 et D.

LIENS POSSIBLES AVEC LA SANTÉ

Ostéoporose, p. 80. Circulation et santé cardiaque, p. 82-85. Psoriasis, p. 88.

PÂTÉ DE FOIE DE VOLAILLE AU VERMOUTH

INGRÉDIENTS

- *2 cuillerées à soupe d'huile d'olive*
- *1 oignon finement haché*
- *400 g de foies de volaille*
- *1 gousse d'ail, écrasée*
- *1 cuillerée à soupe de vermouth*
- *2 cuillerées à soupe de vin rouge ou de bouillon*
- *2 cuil. à soupe d'herbes aromatiques fraîches mélangées et hachées*
- *100 g de fromage blanc maigre*
- *Poivre noir fraîchement moulu*
- *Sel de mer*

Plus pauvre en graisse que la plupart des recettes de pâté, cette version rend le foie de volaille plus apprécié.

1. Dans une casserole à fond épais, faites chauffer l'huile, ajoutez l'oignon et laissez revenir à découvert, à feu très doux, environ 12 minutes, en remuant, jusqu'à ce que l'oignon soit translucide.
2. Retirez les éventuels morceaux jaunes ou verts des foies de volaille et découpez chacun d'entre eux en 3 ou 4 morceaux.
3. Ajoutez le foie de volaille et l'ail à l'oignon et laissez cuire à feu doux, en remuant fréquemment, pendant 5-6 minutes, ou jusqu'à ce que le foie soit cuit à point. Ne le laissez pas trop cuire.
4. Passez la préparation au mixer avec le vermouth, le vin ou le bouillon, et les herbes.
5. Incorporez le fromage blanc et assaisonnez. Versez la préparation dans le plat de service et laissez-la au réfrigérateur jusqu'au moment de servir.

QUALITÉS NUTRITIONNELLES

Par portion	
Kilocalories/Kjoules	261/1 088
Lipides (g)	15
% des calories	53
Acides gras saturés (g)	4
% des calories	14
Glucides (g)	6
Amidon (g)	1
Fibres (g)	traces
Protéines (g)	23
Sodium (mg)	214

Bonne source d'acide folique, de fer, de vitamines B, surtout B12 et de zinc.

LIENS POSSIBLES AVEC LA SANTÉ

Anémie, p. 85.
Les défenses de l'organisme, p. 89.

Oignons à la grecque

Ingrédients

- *1 citron non traité, plus 4 cuillerées à café de jus de citron*
- *100 ml d'eau*
- *4 cuillerées à soupe d'huile d'olive*
- *3 cuillerées à soupe de vin blanc sec*
- *1 gousse d'ail coupée en deux, facultatif*
- *1/2 cuillerée à café de graines de coriandre broyées*
- *1/2 cuillerée à café de grains de poivre, au choix*
- *1 feuille de laurier*
- *500 g de petits oignons et/ou d'échalotes, de préférence à peau rouge*
- *Sel de mer*
- *15 g de persil frais haché*

Les bienfaits des oignons et du persil sont complétés par ceux de l'ail et du citron. Ce plat doit être accompagné de pain, étant donné la quantité d'huile qu'il contient.

1. Coupez le citron en 4 rondelles épaisses puis découpez chaque rondelle en deux. Retirez les pépins.
2. Dans une casserole, déposez l'eau, l'huile, le vin, les demi-rondelles de citron, les 4 cuillerées de jus de citron, l'ail, les graines de coriandre, les grains de poivre et la feuille de laurier. Portez à ébullition. Baissez le feu et laissez frémir à couvert pendant 10 minutes.
3. Ajoutez les oignons. Portez de nouveau à ébullition, à couvert, puis laissez mijoter en remuant de temps en temps, pendant environ 20 minutes, jusqu'à ce que les oignons soient tendres mais pas ramollis.
4. Retirez les oignons et les rondelles de citron avec une écumoire et déposez-les dans le plat de service.
5. Faites bouillir le liquide à découvert jusqu'à ce qu'il ait réduit de moitié environ. Goûtez et rectifiez l'assaisonnement. Versez-le sur les oignons et les rondelles de citron et laissez refroidir. Servez tiède ou froid, saupoudré d'une bonne couche de persil haché et accompagné de pain complet.

Qualités nutritionnelles

Par portion	
Kilocalories/Kjoules	194/799
Lipides (g)	15
% des calories	72
Acides gras saturés (g)	2
% des calories	10
Glucides (g)	11
Amidon (g)	traces
Fibres (g)	2
Protéines (g)	2
Sodium (mg)	7

Bonne source de vitamine C.

Liens possibles avec la santé

Infections respiratoires, p. 76.
Circulation et santé cardiaque, p. 82-85.

Variante

- *Fenouil à la grecque : remplacez les oignons par 2 gros bulbes de fenouil coupés en tronçons de 1 cm de large dans le sens de la hauteur. Laissez-les cuire 15 minutes.*

SALADES

Un large éventail de salades composées, aux ingrédients variés, est le meilleur antidote contre le préjugé encore courant aujourd'hui contre les plats principaux froids. De nombreuses personnes sont rebutées par l'image traditionnelle d'une assiette disparaissant sous un monceau de verdure mais les salades peuvent réunir des ingrédients si variés que chacun trouvera la combinaison qui lui plaît. Il existe plus d'une centaine de variétés de salades auxquelles on peut rajouter des légumes cuits, des fruits, des céréales, des oléagineux, des algues et des légumes secs, ce qui encourage à manger des salades plus souvent et en plus grande quantité. On peut aussi y ajouter des ingrédients chauds ou plus consistants, tels que des pâtes ou du boulgour, ou accompagner la salade d'une bonne soupe. Si vous servez régulièrement des salades, préférez les assaisonnements pauvres en matières grasses, voir p. 140-141. Les vinaigrettes classiques contiennent souvent davantage de graisse et de calories que les salades qu'elles accompagnent.

SALADE MUNKAZINA AU CRESSON
L'association orange, oignon et cresson donne un mélange de couleurs et de saveurs sucré-acidulé synonymes d'une vaste gamme de bienfaits pour la santé.

*Les **oignons** réduisent le risque de formation de caillots dans le sang lié à la consommation d'aliments gras.*

*Les **oranges** sont riches en vitamine C.*

*Le **cresson** est riche en acide folique, en vitamine C et en fer.*

SALADE MUNKAZINA

INGRÉDIENTS

4 oranges moyennes, épluchées

1 oignon rose, coupé en rondelles fines

1 poignée d'olives noires dénoyautées

1 pincée de paprika, pour décorer

Pour l'assaisonnement

Utilisez une vinaigrette ou la Sauce au yaourt et à la menthe, p. 141

VARIANTE

◆ *Salade Munkazina au cresson : ajoutez 1 botte de cresson.*

Populaire dans toute l'Afrique du Nord, cette salade acidulée associe les bienfaits des oranges et des oignons.

1. Découpez les oranges en rondelles et disposez celles-ci sur un plat de service.
2. Répartissez l'oignon coupé en rondelles et les olives par-dessus.
3. Ajoutez l'assaisonnement, décorez en saupoudrant de paprika et servez.

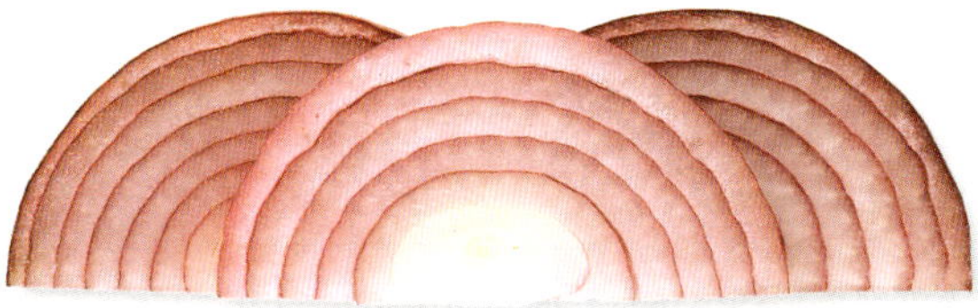

QUALITÉS NUTRITIONNELLES

Par portion	
Kilocalories/Kjoules	112/472
Lipides (g)	2
% des calories	16
Acides gras saturés (g)	1
% des calories	3
Glucides (g)	21
Amidon (g)	traces
Fibres (g)	4
Protéines (g)	4
Sodium (mg)	342

Bonne source de vitamine C.

LIENS POSSIBLES AVEC LA SANTÉ

Infections respiratoires, p. 76.
Les défenses de l'organisme, p. 89.

SALADE DE CŒURS D'ARTICHAUTS

INGRÉDIENTS

4 gros artichauts ou 400 g de fonds d'artichauts en boîte ou en bocaux

1 cuillerée à soupe de vinaigre de vin

2 œufs

100 g de crevettes, ou de bouquets, poids décortiquées

1 laitue ou 250 g d'une autre salade, telle que de la scarole

Pour l'assaisonnement

Utilisez une vinaigrette ou la Sauce au yaourt et à la menthe, p. 141 en remplaçant la menthe par davantage de ciboulette ou du persil, selon votre préférence

Les artichauts se marient très bien avec les œufs, la laitue et les fruits de mer tant par leur couleur que par leur saveur. On obtient une salade tiède, agréable en entrée, ou un repas léger pour 2 personnes, facile à digérer.

1. Si vous utilisez des artichauts frais, portez à ébullition de l'eau avec le vinaigre de vin dans un grand faitout. Coupez les tiges des artichauts. Plongez-les dans l'eau bouillante et laissez-les cuire doucement pendant 35 minutes. Si vous utilisez des cœurs d'artichauts en boîte, égouttez-les et réservez-les.
2. Pendant ce temps, faites cuire les œufs à l'eau bouillante pendant 8 minutes puis laissez-les dans l'eau froide jusqu'à ce qu'ils soient suffisamment froids pour être manipulés. Égouttez-les et écalez-les délicatement car ils devraient être mollets.
3. Ajoutez les crevettes aux feuilles de laitue.
4. Égouttez les artichauts frais. Retirez les feuilles extérieures dures et le foin. Conservez les feuilles intérieures, plus tendres, pour préparer d'autres plats.
5. Disposez le mélange de feuilles de laitue et de crevettes en cercle dans chaque assiette. Au centre, disposez un fond d'artichaut frais coupé en quatre ou deux fonds d'artichaut en boîte coupés en deux. Coupez les œufs en quatre et déposez-les sur les fonds d'artichaut. Arrosez avec un filet d'assaisonnement et servez.

QUALITÉS NUTRITIONNELLES

Par portion	
Kilocalories/Kjoules	150/634
Lipides (g)	4
% des calories	25
Acides gras saturés (g)	1
% des calories	8
Glucides (g)	14
Amidon (g)	traces
Fibres (g)	1
Protéines (g)	19
Sodium (mg)	248

Bonne source de calcium, de cuivre, d'acide folique, de fer, de magnésium, de phosphore, de potassium, de vitamine B12, et de zinc.

LIENS POSSIBLES AVEC LA SANTÉ

Digestion, p. 78-79. Calculs biliaires, p. 79. Anémie, p. 85. Insomnies, p. 93.

VARIANTES

◆ *Remplacez les crevettes par un poivron rouge grillé et émincé.*

Salade d'arame, de brocoli et de noix

Ingrédients

30 g d'arame, poids sec

2 carottes, coupées en bâtonnets

225 g de fleurs de brocoli

Pour l'assaisonnement

25 g de noix grillées et hachées

2 cuillerées à café de vinaigre de riz

1 cuil. à soupe d'huile de tournesol et de sésame non raffinées, mélangées

1 cuillerée à soupe de sauce soja

3 cuillerées à soupe de jus de pomme sans sucre ajouté

Les fines lamelles d'arame, algue japonaise, s'associent parfaitement avec le brocoli, les carottes et l'assaisonnement aux noix.

1. Rincez l'arame dans une passoire sous l'eau courante puis posez la passoire dans un grand saladier. Couvrez l'arame avec de l'eau froide et laissez tremper pendant 5 à 6 minutes pour le ramollir. Soulevez la passoire et laissez l'arame égoutter.
2. Remplissez une casserole avec 2,5 cm d'eau et portez-la à ébullition. Ajoutez les carottes et laissez-les cuire 3 à 4 minutes. Ajoutez le brocoli et laissez-le cuire 4 minutes de plus puis égouttez le tout.
3. Dans un plat de service, mélangez tous les ingrédients de l'assaisonnement.
4. Ajoutez l'arame et les légumes à l'assaisonnement, mélangez et servez.

Qualités nutritionnelles

Par portion	
Kilocalories/Kjoules	125/518
Lipides (g)	9
% des calories	64
Acides gras saturés (g)	1
% des calories	7
Glucides (g)	7
Amidon (g)	traces
Fibres (g)	6
Protéines (g)	5
Sodium (mg)	474

Bonne source d'antioxydants et d'acide folique.

Liens possibles avec la santé

Santé cardiaque, p. 82-85.

Salade Waldorf

Ingrédients

1 filet de jus d'orange ou de citron

350 g de pommes à peau rouge

350 g de céleri en branches, coupé en tronçons de 1 cm d'épaisseur

25 g de cerneaux de noix, hachés grossièrement

2 cuillerées à soupe de ciboulette, de persil, de fenouil ou d'aneth frais, haché, pour décorer

Pour l'assaisonnement

Utilisez la Sauce au yaourt et à la menthe, p. 141

Salade d'automne et d'hiver classique, qui associe les bienfaits des pommes, du céleri et des noix. Les pommes rouges sont du plus bel effet dans cette salade.

1. Pressez le citron dans le saladier.
2. Brossez les pommes sous l'eau chaude et rincez-les sauf si elles sont d'origine biologique, auquel cas vous pouvez juste les rincer à l'eau froide. Séchez-les puis découpez-les en dés que vous mettrez dans le saladier. Mélangez-les bien avec le jus de citron pour éviter qu'elles brunissent.
3. Ajoutez le céleri et les noix.
4. Ajoutez l'assaisonnement et remuez délicatement pour bien enrober tous les ingrédients.
5. Décorez avec les herbes fraîches et servez de suite. Si vous êtes obligé de préparer cette salade à l'avance, conservez-la dans un récipient fermé au réfrigérateur. Laissez-la revenir à température ambiante avant de servir. Consommez-la dans la journée.

Qualités nutritionnelles

Par portion	
Kilocalories/Kjoules	97/407
Lipides (g)	5
% des calories	45
Acides gras saturés (g)	1
% des calories	5
Glucides (g)	11
Amidon (g)	traces
Fibres (g)	3
Protéines (g)	3
Sodium (mg)	77

Bonne source de vitamine C.

Liens possibles avec la santé

Constipation, p. 78.
Santé cardiaque, p. 82-85.
Rétention d'eau, p. 84.

Salade d'été aux herbes

Ingrédients

250 g de pâtes au blé complet

35 g d'herbes mélangées, telles que du persil, de la ciboulette, de l'origan, du basilic, de l'aneth, de l'estragon, de la menthe, de la marjolaine, du fenouil, du cerfeuil et de la coriandre. Limitez à quelques feuilles les herbes au parfum soutenu telles que le romarin ou la sauge, pour éviter qu'elles ne dominent.

2 cuillerées à soupe d'huile d'olive extra-vierge

L'abondance des herbes fraîches est la clé de cette salade rapide et facile à préparer, qui constitue l'une des meilleures façons de consommer des pâtes au blé complet.

1. Portez de l'eau salée à ébullition dans un grand faitout, ajoutez les pâtes et laissez-les cuire à gros bouillons à découvert pendant 12 à 14 minutes ou jusqu'à ce qu'elles soient *al dente*.
2. Pendant ce temps, hachez finement la moitié des herbes, et l'autre moitié plus grossièrement. Frottez-les entre vos doigts au-dessus du saladier pour libérer leur saveur. Ajoutez l'huile et mélangez.
3. Égouttez les pâtes, en laissant un peu d'eau. Ajoutez-les aux fines herbes et mélangez soigneusement. Attendez environ 10 minutes, puis servez la salade tiède.

Qualités nutritionnelles

Par portion	
Kilocalories/Kjoules	272/1 150
Lipides (g)	9
% des calories	30
Acides gras saturés (g)	1
% des calories	4
Glucides (g)	42
Amidon (g)	39
Fibres (g)	6
Protéines (g)	9
Sodium (mg)	83

Bonne source de cuivre et de zinc.

Liens possibles avec la santé

Constipation, p. 78.
Santé cardiaque, p. 82-85.

Salade Shiro Ae

Ingrédients

4 champignons shiitake ou cèpes séchés

2 cuil. à café de sauce soja

300 ml d'eau

1 cuil. à soupe de mirin ou de saké + 1 cuil. à café de sucre

150 g de carottes coupées en julienne

150 g de haricots verts, en julienne

150 g d'arame réhydraté ou de concombre découpé en julienne ou 1 gros radis blanc émincé

Pour l'assaisonnement

200 g de tofu moelleux

2 cuillerées à soupe de graines de sésame

2 cuil. à soupe de sauce soja

1 cuil. à soupe de mirin ou de saké + 1 cuil. à café de sucre

5 g de flocons de nori ou 1 feuille de nori émincée pour décorer

Cette salade d'origine japonaise est réellement très nourrissante. Le tofu et l'assaisonnement au sésame apportent beaucoup de calcium.

1. Mettez les champignons dans un petit saladier résistant à la chaleur, recouvrez-les d'eau bouillante et laissez-les tremper jusqu'à ce qu'ils aient ramolli. Égouttez-les et émincez-les.
2. Portez à ébullition la sauce soja et l'eau dans une casserole. Ajoutez le mirin ou le saké plus le sucre, les champignons, les carottes et les haricots verts. Laissez-les cuire à couvert à feu moyen pendant 5 minutes, égouttez-les et réservez-les.
3. Pour préparer l'assaisonnement, commencez par égoutter le tofu en réservant le liquide pour faire du bouillon. Écrasez le tofu à la fourchette.
4. Faites chauffer une poêle à fond épais sans matière grasse, ajoutez les graines de sésame et laissez-les revenir à feu doux pendant 3 à 4 minutes, en secouant régulièrement la poêle, jusqu'à ce qu'elles commencent à dorer. Retirez du feu et concassez-les dans un mortier avec un pilon.
5. Passez au mixer le tofu, les graines de sésame, la sauce soja ainsi que le mirin ou le saké plus le sucre.
6. Dans un saladier, mélangez l'arame, le concombre ou le radis avec les légumes tièdes. Incorporez l'assaisonnement au tofu. Répartissez dans les assiettes, saupoudrez de flocons de nori et servez.

Qualités nutritionnelles

Par portion	
Kilocalories/Kjoules	140/585
Lipides (g)	7
% des calories	43
Acides gras saturés (g)	1
% des calories	6
Glucides (g)	12
Amidon (g)	1
Fibres (g)	4
Protéines (g)	8
Sodium (mg)	600

Bonne source de calcium, de carotènes et de phosphore.

Liens possibles avec la santé

Ménopause, p. 87.

Variante

- *Remplacez les haricots verts et les carottes par d'autres légumes colorés et croquants, tels que des fleurs de brocoli et du poivron rouge ou des oignons nouveaux et du maïs.*

Salade verte aux graines de tournesol

Ingrédients

- *50 g de graines de tournesol*
- *1 laitue ou 500 g de salade mélangée*
- *25 g de parmesan fraîchement râpé*

Pour l'assaisonnement

Utilisez l'Assaisonnement au miel et à la moutarde, p. 140, en supprimant le sel de mer

Les graines de tournesol sont une des meilleures sources de vitamine E et ajoutent saveur et croquant aux salades vertes.

1. Déposez les graines de tournesol dans une poêle sans matière grasse et laissez-les chauffer pendant quelques minutes, en secouant souvent la poêle, pour faire ressortir leur saveur.
2. Dans un saladier, mélangez les graines de tournesol poêlées, la salade et le parmesan. Ajoutez l'assaisonnement, mélangez bien et servez.

Qualités nutritionnelles

Par portion	
Kilocalories/Kjoules	149/619
Lipides (g)	11
% des calories	65
Acides gras saturés (g)	2
% des calories	14
Glucides (g)	6
Amidon (g)	2
Fibres (g)	2
Protéines (g)	7
Sodium (mg)	98

Source d'acide folique et de vitamine E.

Liens possibles avec la santé

Santé cardiaque, p. 82-85.
Les défenses de l'organisme, p. 89.

Salade de chou

Ingrédients

- *225 g de chou, de préférence vert ou chinois, finement émincé*
- *150 g de carottes grossièrement râpées*
- *1 pomme rouge brossée et coupée en dés*
- *40 g de raisins secs*

Pour l'assaisonnement

Utilisez l'Assaisonnement au miel et à la moutarde, p. 140

Rien de tel qu'une salade de chou, accompagnée de pain ou d'une pomme de terre en robe des champs, pour augmenter son apport en légumes et en fibres.

1. Mélangez les ingrédients dans un grand saladier.
2. Ajoutez l'assaisonnement et mélangez délicatement afin de bien enrober tous les ingrédients. Servez ou laissez au fais jusqu'au moment de servir. À consommer dans la journée.

Qualités nutritionnelles

Par portion	
Kilocalories/Kjoules	97/468
Lipides (g)	2
% des calories	23
Acides gras saturés (g)	1
% des calories	4
Glucides (g)	17
Amidon (g)	traces
Fibres (g)	3
Protéines (g)	3
Sodium (mg)	45

Bonne source d'antioxydants.

Liens possibles avec la santé

Santé cardiaque, p. 82-85.
Les défenses de l'organisme, p. 89.

Salade de tomates aux germes de blé

Ingrédients

- *600 g de tomates coupées en rondelles épaisses*
- *100 g de germes de blé*
- *50 g de graines de lin dorées, concassées*
- *100 ml de yaourt nature maigre*
- *3 cuillerées à soupe de vinaigre de riz*
- *120 ml de lait écrémé*
- *3 cuillerées à soupe d'herbes fraîches hachées, telles que du basilic, du persil, de la ciboulette et de l'origan.*
- *1 cuillerée à café de miel, facultatif*

Les graines de lin et les germes de blé ajoutent une saveur douce et croustillante à cette salade qui permet d'augmenter les apports en vitamine E et en acides gras oméga 3.

1. Déposez les rondelles de tomates dans un grand saladier.
2. Ajoutez les autres ingrédients et mélangez soigneusement. Goûtez et ajoutez le miel, si désiré.
3. Servez immédiatement.

Qualités nutritionnelles

Par portion	
Kilocalories/Kjoules	218/917
Lipides (g)	10
% des calories	43
Acides gras saturés (g)	2
% des calories	7
Glucides (g)	20
Amidon (g)	7
Fibres (g)	6
Protéines (g)	13
Sodium (mg)	57

Bonne source d'acides gras oméga 3, de potassium et de vitamine E.

Liens possibles avec la santé

La circulation et le cœur, p. 82-85.
Ménopause, p. 87.

TABOULÉ

INGRÉDIENTS

75 g de boulgour
50 à 75 g de persil frais haché
4-5 oignons nouveaux, finement hachés
3 branches de menthe fraîche, finement hachées
1 gousse d'ail, écrasée
1 cuillerée à soupe d'huile d'olive extra-vierge
Le jus d'1 citron
2 à 3 tomates épluchées et coupées en dés, facultatif
Poivre noir fraîchement moulu
Sel de mer

Voici une salade classique du Moyen-Orient. L'ingrédient principal est le persil, dont elle contient une quantité suffisante pour que l'on tire parti de ses vertus médicinales.

1. Rincez le boulgour dans une grande passoire sous l'eau froide. Posez la passoire dans un saladier et recouvrez le boulgour d'eau bouillante.
2. Laissez reposer 20 minutes, jusqu'à ce que le grain ait absorbé suffisamment d'eau pour devenir tendre.
3. Pendant ce temps, dans un saladier, mélangez tous les autres ingrédients sauf le sel et le poivre.
4. Sortez la passoire du saladier d'eau chaude et pressez le grain pour éliminer l'excédent d'eau.
5. Ajoutez le grain aux autres ingrédients, mélangez soigneusement et assaisonnez selon votre goût.
Attendez au moins 15 minutes avant de servir.

QUALITÉS NUTRITIONNELLES

Par portion	
Kilocalories/Kjoules	117/486
Lipides (g)	4
% des calories	35
Acides gras saturés (g)	1
% des calories	4
Glucides (g)	17
Amidon (g)	16
Fibres (g)	1
Protéines (g)	3
Sodium (mg)	11

Bonne source de vitamine C.

LIENS POSSIBLES AVEC LA SANTÉ

Anémie, p. 85.
Les défenses de l'organisme, p. 89.
Les reins, p. 92.

PLATS PRINCIPAUX

Les meilleurs plats principaux aujourd'hui reposent sur une petite portion de viande ou de poisson, parfumée grâce à des condiments variés. Le poisson est un aliment qui convient bien aux besoins modernes : qu'il s'agisse de fruits de mer pauvres en graisses ou de poisson gras riche en acides gras oméga 3, le poisson est bon pour la santé et c'est également un des aliments les plus rapides à faire cuire. La volaille a l'avantage de contenir peu de matières grasses, mais la viande rouge maigre possède aussi des qualités, en particulier pour les jeunes qui ont besoin d'un apport en fer important. Les plats uniques ont comme élément de base un féculent ou un légume, relevé par des épices ou des assaisonnements inspirés des recettes traditionnelles du monde entier. Qu'elles comportent ou non de la viande ou du poisson, ces recettes apportent suffisamment de protéines pour constituer un plat principal. Il existe une quantité incalculable de plats complets délicieux incluant peu de viande ou de poisson, tels que les risottos, les pilafs ou les poêlées.

RAGOÛT DE POISSON À LA GRECQUE
Ce plat à base de poisson permet de déguster davantage de poissons gras, qui apportent des acides gras oméga 3 et de la vitamine E.

Ragoût de poisson à la grecque

Ingrédients

- 1 cuillerée à soupe d'huile d'olive extra-vierge
- 1 oignon ou 6 échalotes finement haché(es)
- 1 ou 2 gousses d'ail selon grosseur, finement hachées
- 500 g de tomates épluchées et grossièrement hachées
- 100 ml de vin blanc sec
- 100 ml d'eau
- 700 g de poissons de mer sans arêtes découpés en gros cubes et de fruits de mer (espadon, truite, crevettes et moules, seuls ou mélangés)
- 1/2 botte de persil haché
- 2 cuillerées à soupe de feuilles de fenouil hachées, facultatif
- Le jus d'1 citron
- Poivre noir fraîchement moulu
- Sel de mer

Ce ragoût facile peut être confectionné en 15 minutes. Il comprend un assortiment varié de poissons blancs de mer, de poissons gras et de fruits de mer.

1. Dans une grande poêle, faites chauffer l'huile et revenir l'oignon et l'ail à feu doux pendant 5 minutes en remuant souvent.
2. Ajoutez les tomates, le vin et l'eau et laissez cuire pendant 8 à 10 minutes, jusqu'à ce que les tomates soient tendres. Ne faites pas cuire les tomates plus longtemps ; une cuisson rapide permet de conserver leur saveur et leur vitamine C.
3. Ajoutez les morceaux de poisson et/ou les fruits de mer, portez de nouveau à ébullition et laissez cuire à feu moyen 5 minutes, jusqu'à ce qu'ils soient tendres. Évitez de les laisser trop cuire.
4. Retirez du feu, incorporez le persil, le fenouil et le jus de citron si désiré. Assaisonnez à votre goût et servez immédiatement.

Qualités nutritionnelles

Par portion	
Kilocalories/Kjoules	247/1 039
Lipides (g)	8
% des calories	30
Acides gras saturés (g)	1
% des calories	3
Glucides (g)	6
Amidon (g)	traces
Fibres (g)	2
Protéines (g)	34
Sodium (mg)	235

Bonne source de carotène, fer, phosphore, potassium, sélénium, vitamines B12, C et E, et zinc.

Liens possibles avec la santé

Circulation et santé cardiaque, p. 82-85.
Les défenses de l'organisme, p. 89.

Moules marinières

Ingrédients

- 2 cuillerées à café d'huile d'olive extra-vierge
- 1 petit oignon, finement haché
- 1 gousse d'ail écrasée, facultatif
- 300 ml de vin rouge ou blanc sec
- Poivre noir fraîchement moulu
- 1,8 kg de moules
- 3 cuillerées à soupe de persil frais haché

Variante

- *Remplacez les moules par des palourdes.*

Voici un repas rapide à préparer. Toutes les moules possèdent de grandes qualités nutritives et les moules à coquille verte de Nouvelle-Zélande pourraient contribuer à soulager la polyarthrite rhumatoïde.

1. Pour nettoyer les moules, brossez les coquilles avec une petite brosse dure et retirez les filaments qui sortent sur le côté de la coquille.
2. Dans un grand faitout, mettez l'huile à chauffer et faites revenir l'oignon et l'ail à feu doux, pendant 8 minutes, en remuant souvent.
3. Ajoutez le vin et un peu de poivre et portez à ébullition. Ajoutez les moules, couvrez hermétiquement et laissez-les cuire à la vapeur 2 à 3 minutes en secouant souvent le faitout.
4. Dès que les moules se sont ouvertes, retirez du feu. Filtrez-les, en réservant le liquide de cuisson. Jetez les moules qui sont fermées.
5. Versez le liquide de cuisson dans le faitout en le filtrant à travers une passoire doublée de mousseline pour retirer le sable éventuel. Remettez-le sur le feu et laissez-le bouillir pendant quelques minutes.
6. Répartissez les moules dans les assiettes creuses. Ajoutez le persil dans la sauce, versez celle-ci sur les moules et servez immédiatement.

Qualités nutritionnelles

Par portion	
Kilocalories/Kjoules	213/895
Lipides (g)	6
% des calories	25
Acides gras saturés (g)	1
% des calories	3
Glucides (g)	7
Amidon (g)	traces
Fibres (g)	1
Protéines (g)	21
Sodium (mg)	444

Bonne source de cuivre, d'acide folique, de fer, de zinc, de phosphore, de sélénium et de vitamine B12.

Liens possibles avec la santé

Polyarthrite rhumatoïde, p. 81.
Anémie, p. 85.
Les défenses de l'organisme, p. 89.

❖ KEDGEREE DE SAUMON ❖

INGRÉDIENTS

675 g de saumon sans peau ni arêtes

1 cuillerée à soupe d'huile d'olive extra-vierge

4 clous de girofle

1 bâton de cannelle

Les graines de 3 gousses de cardamome, broyées

Sel de mer

250 g de riz long grain, de préférence, du basmati brun

1 oignon finement haché

1 morceau de gingembre frais de 2,5 cm, finement émincé

2 gousses d'ail, finement émincées

1/2 cuillerée à café de garam massala

1/2 petit piment rouge épépiné et émincé ou 1 pincée de chili en poudre.

25 g d'amandes non blanchies, effilées

Le jus d'1 citron ou d'1 citron vert

25 g de raisins secs, facultatif

2 œufs durs, hachés

Persil frais haché pour décorer

Le kedgeree, d'inspiration indienne, associe pas moins de sept aliments excellents pour la santé, aux bienfaits variés, mais particulièrement utiles pour la circulation.

1. Découpez le saumon en dés de 2,5 cm et réservez-les.
2. Faites chauffer la moitié de l'huile dans un grand faitout. Ajoutez les clous de girofle, la cannelle et la cardamome et faites cuire en mélangeant avec une cuillère 1 minute à feu moyen. Ajoutez le riz et continuez à mélanger pendant 1 minute de plus.
3. Ajoutez deux fois le volume d'eau s'il s'agit de riz ordinaire et 600 ml d'eau pour du riz basmati et portez à ébullition. Salez. Mélangez une fois, couvrez, baissez le feu au minimum et laissez mijoter 20 à 45 minutes ou jusqu'à ce que tout le liquide ait été absorbé.
4. Pendant ce temps, dans une autre casserole, mettez à chauffer le reste de l'huile et faites revenir doucement l'oignon, le gingembre et l'ail pendant 5 minutes. Ajoutez le garam massala, le chili ou le piment et les amandes et laissez cuire pendant 1 minute en remuant souvent. Ajoutez le saumon, aspergez-le de jus de citron ou de citron vert, couvrez et laissez cuire encore 5 minutes environ ou jusqu'à ce qu'il soit tendre.
5. Une fois le riz cuit, retirez la cannelle et les clous de girofle. Ajoutez-le à la préparation au saumon et les raisins, si désiré, en mélangeant délicatement afin de ne pas briser le saumon.
6. Faites cuire à feu doux pendant environ 15 minutes pour permettre aux saveurs de se mélanger. Rectifiez l'assaisonnement selon votre goût.
7. Décorez avec les œufs durs hachés et le persil. Servez aussitôt.

QUALITÉS NUTRITIONNELLES

Par portion	
Kilocalories/Kjoules	685/2 875
Lipides (g)	31
% des calories	41
Acides gras saturés (g)	5
% des calories	7
Glucides (g)	62
Amidon (g)	54
Fibres (g)	1
Protéines (g)	44
Sodium (mg)	126

Bonne source de phosphore, de sélénium, de vitamines B12 et E, et de zinc.

LIENS POSSIBLES AVEC LA SANTÉ

Infections respiratoires, p. 76.
Polyarthrite rhumatoïde, p. 81.
Circulation et santé cardiaque, p. 82-85.

VARIANTES

- *Remplacez le saumon par du haddock fumé ou des crevettes.*
- *Des légumes secs, tels que les lentilles, les pois cassés ou les haricots rouges peuvent être utilisés à la place du poisson. Comptez 60 g de légumes secs, poids sec, par personne. Laissez-les tremper une nuit, égouttez-les puis faites-les cuire dans de l'eau jusqu'à ce qu'ils soient tendres. Ajoutez-les à l'étape n° 5, une fois le riz cuit.*

❖ CREVETTES AU THÉ VERT ❖

INGRÉDIENTS

1 cuillerée à soupe de feuilles de thé vert

225 ml d'eau bouillante

1,5 cuillerée à soupe d'huile de sésame

500 g de crevettes fraîches ou surgelées, décortiquées ou non selon votre goût

1 cuillerée à soupe de saké ou de xérès

Ce plat s'accorde avec d'autres saveurs subtiles, telles que le riz au jasmin et apporte les bienfaits du thé vert dans un plat principal.

1. Placez les feuilles de thé dans un verre-mesureur résistant à la chaleur et versez dessus l'eau bouillante. Laissez-le infuser pendant 15 minutes.
2. Dans une poêle, faites chauffer l'huile jusqu'à ce qu'elle soit très chaude. Ajoutez les crevettes et le saké ou le xérès et laissez-les cuire à feu vif pendant 1 minute en remuant sans arrêt.
3. Ajoutez le thé et environ la moitié des feuilles de thé et laissez cuire encore une minute.
4. A l'aide d'une écumoire, retirez les crevettes de la poêle et posez-les sur un plat de service chaud. Faites réduire le liquide de cuisson à feu vif jusqu'à obtention de 150 ml. Versez-le sur les crevettes au travers d'une passoire et servez immédiatement avec le riz.

QUALITÉS NUTRITIONNELLES

Par portion	
Kilocalories/Kjoules	149/623
Lipides (g)	6
% des calories	38
Acides gras saturés (g)	1
% des calories	3
Glucides (g)	traces
Amidon (g)	0
Fibres (g)	0
Protéines (g)	22
Sodium (mg)	238

Bonne source de phosphore, de vitamines B12 et E.

LIENS POSSIBLES AVEC LA SANTÉ

Santé cardiaque, p. 82-85.
Les défenses de l'organisme, p. 89.

Agneau Pasanda

Ingrédients

- 1 cuillerée à soupe d'huile d'olive
- 170 g d'oignons, finement émincés
- 500 g de gigot sans os
- 2 gousses d'ail, écrasées
- 1 morceau de gingembre frais de 2,5 cm, finement râpé
- 1/2 cuillerée à café de curcuma en poudre
- 2 cuillerées à café de coriandre en poudre
- 1 cuillerée à café de cumin en poudre
- 1/2 cuillerée à café de noix muscade, fraîchement râpée
- 1 grosse pincée de poivre de Cayenne
- 200 ml d'eau
- 50 g d'amandes entières non blanchies
- 300 ml de yaourt nature maigre
- 1 cuillerée à café de garam massala
- Sel de mer

Légèrement épicé, ce plat à base d'agneau est aussi beau à regarder que délicieux à déguster. Il associe les bienfaits de six aliments exceptionnels pour la santé.

1. Dans une grande cocotte, faites chauffer la moitié de l'huile et faites revenir les oignons, à découvert, pendant 10 minutes jusqu'à ce qu'ils soient tendres. Retirez les oignons avec une écumoire et réservez-les.
2. Ajoutez le reste de l'huile dans la cocotte et faites-la chauffer. Ajoutez l'agneau et laissez-le dorer pendant quelques minutes à feu moyen, en remuant souvent. Ajoutez l'ail, le gingembre, le curcuma, la coriandre, le cumin, la noix muscade et le poivre de Cayenne et une fois chaud, baissez le feu et laissez cuire 2 minutes, en remuant souvent.
3. Remettez les oignons dans la cocotte et ajoutez l'eau. Portez à ébullition, réduisez le feu et laissez mijoter, à couvert, en remuant de temps en temps, pendant 30 minutes ou jusqu'à ce que la viande soit tendre. Laissez cuire à découvert pendant les 5 dernières minutes.
4. Pendant ce temps, faites dorer les amandes pendant 2 à 3 minutes à feu doux dans une poêle sans matière grasse. Effilez environ 10 d'entre elles et réduisez les autres en poudre dans un moulin à café.
5. Retirez l'agneau du feu et incorporez le yaourt, les amandes en poudre et le garam massala. Assaisonnez à votre goût.
6. Décorez avec les amandes effilées et servez.

Qualités nutritionnelles

Par portion	
Kilocalories/Kjoules	375/1 564
Lipides (g)	23
% des calories	56
Acides gras saturés (g)	7
% de calories	16
Glucides (g)	11
Amidon (g)	1
Fibres (g)	2
Protéines (g)	34
Sodium (mg)	178

Bonne source de calcium, de cuivre, de fer, de magnésium, de phosphore, de vitamines B12 et E et de zinc.

Liens possibles avec la santé

Les gastro-entérites, p. 79. Circulation et santé cardiaque, p. 82-85.

Poulet aux quarante gousses d'ail

Ingrédients

- 1 cuillerée à soupe d'huile d'olive extra-vierge
- 1 poulet d'environ 1,3 kg
- 250 g de céleri, grossièrement émincé
- 8 petites carottes, bien brossées
- 40 gousses d'ail (ou 30 si elles sont grosses), non épluchées, de préférence violettes
- 140 ml de vin blanc sec
- 2 fines lamelles de zeste de citron de 2,5 cm
- 4 branches de thym de 5 cm
- 1 cuillerée à soupe de vinaigre balsamique, facultatif
- Poivre noir fraîchement moulu
- Sel de mer

Grâce à une cuisson lente et douce, le goût de l'ail n'est pas trop puissant et l'épluchage des gousses d'ail est inutile. L'ail violet est le plus décoratif.

1. Préchauffez le four à 190 °C (thermostat 6). Découpez le poulet en deux dans le sens de la longueur.
2. Faites chauffer l'huile dans un plat à four large et peu profond résistant aux flammes et faites dorer chaque moitié de poulet à feu moyen.
3. Réduisez le feu et retirez les moitiés de poulet. Ajoutez le céleri, les carottes entières et l'ail. Laissez-les cuire en remuant pendant 2 minutes puis posez les moitiés de poulet par-dessus avec le vin, le zeste de citron et 2 branches de thym. Portez à ébullition puis éteignez le feu.
4. Pour être sûr qu'aucune vapeur ne s'échappe pendant la cuisson, posez une double épaisseur de papier aluminium sur le plat à four avant de poser le couvercle en appuyant doucement. Laissez cuire au four pendant 30 minutes.
5. Retirez le couvercle, incorporez le vinaigre, si désiré, et assaisonnez selon votre goût. Posez les autres branches de thym sur le poulet pour décorer et servez.

Qualités nutritionnelles

Par portion	
Kilocalories/Kjoules	297/1 246
Lipides (g)	11
% des calories	33
Acides gras saturés (g)	3
% des calories	9
Glucides (g)	11
Amidon (g)	2
Fibres (g)	4
Protéines (g)	33
Sodium (mg)	192

Bonne source de cuivre, de phosphore, de vitamine A et de zinc.

Liens possibles avec la santé

Infections respiratoires, p. 76.
Les gastro-entérites, p. 79.
Circulation et santé cardiaque, p. 82-85.

Poulet aux noix à la géorgienne

Ingrédients

- 1 poulet d'environ 1,3 kg
- 2 feuilles de laurier
- 1 cuillerée à soupe d'huile de tournesol non raffinée
- 2 oignons, finement émincés
- 1 à 2 gousses d'ail, écrasées
- 1 cuil. à café de graines de coriandre
- 100 g de cerneaux de noix, grossièrement concassés
- 200 g de prunes dénoyautées
- 1 cuil. à café de poivre de Cayenne
- 1 cuil. à café de cannelle en poudre
- 1 pincée de clous de girofle en poudre
- 50 g de pain complet
- Le jus d'1/2 grenade ou le jus d'1/2 citron additionné d'1/2 cuillerée à café de miel ou de sucre
- 2 cuil. à soupe de coriandre fraîche hachée
- Poivre noir fraîchement moulu
- Sel de mer
- 2 cuillerées à soupe de menthe fraîche

La sauce onctueuse présentée ci-dessous, à base de noix et non de beurre ou de crème fraîche riches en acides gras saturés, accompagne le poulet, la viande et le poisson. Les fruits présents dans ce plat sont typiques de la cuisine d'Asie centrale.

1. Découpez le poulet en 4 morceaux, et conservez la carcasse. Posez les morceaux de poulet et la carcasse dans un grand faitout, ajoutez les feuilles de laurier et suffisamment d'eau pour les recouvrir. Portez à ébullition, couvrez hermétiquement, baissez le feu et laissez mijoter 45 minutes.
2. Pendant ce temps, mettez l'huile à chauffer dans une grande poêle et faites doucement revenir les oignons pendant 10 minutes, en remuant souvent. Ajoutez l'ail, la coriandre et les noix et laissez cuire 3 à 4 minutes de plus. Retirez du feu et réservez.
3. Retirez le poulet et filtrez 400 ml du liquide de cuisson dans un pichet et mettez-le au réfrigérateur pendant environ 20 minutes. Retirez ensuite la graisse qui a remonté en surface.
4. Pour préparer la sauce, ajoutez le bouillon à la préparation aux oignons avec les prunes, le poivre de Cayenne, la cannelle, les clous de girofle, le pain, le jus de grenade ou de citron et la moitié de la coriandre. Remettez le mélange dans la poêle et ajoutez le poulet.
5. Faites cuire doucement pendant 10 minutes en remuant. Assaisonnez à votre goût. Décorez avec le reste de la coriandre et la menthe et servez.

Qualités nutritionnelles

Par portion	
Kilocalories/Kjoules	473/1 972
Lipides (g)	29
% des calories	54
Acides gras saturés	4
% des calories	8
Glucides (g)	18
Amidon (g)	5
Fibres (g)	3
Protéines (g)	38
Sodium (mg)	203

Bonne source de cuivre, de phosphore et de zinc.

Liens possibles avec la santé

Circulation et santé cardiaque, p. 82-85.

Variante

- *Servez cette sauce aux noix, chaude ou froide, et le poulet séparément ou avec une autre viande ou du poisson.*

Tzimmes de bœuf aux carottes

Ingrédients

- 400 g de poitrine de bœuf, désossée
- 2 oignons coupés en deux
- 225 g de pruneaux dénoyautés
- 4 clous de girofle
- 1 cuil. à café de gingembre en poudre
- 300 ml d'eau
- 700 g de carottes coupées en rondelles
- 2 cuillerées à soupe de miel
- Le jus d'1 ou 2 citrons
- Poivre noir fraîchement moulu
- Sel de mer

Cet excellent ragoût à la fois épicé et sucré, version simplifiée d'un grand classique de la cuisine juive traditionnelle, constitue une façon savoureuse de manger davantage de carottes, riches en carotène.

1. Retirez le maximum de gras sur la viande. Faites chauffer une cocotte sans matière grasse, déposez les morceaux de viande côté peau sur le fond et faites-les dorer. Une fois fondue une partie de la graisse, retournez la viande et faites-la dorer de toutes parts. Ajoutez les oignons et laissez-les dorer quelques minutes.
2. Ajoutez les pruneaux, les épices et l'eau. Portez à ébullition puis réduisez le feu et laissez cuire environ 2 heures, jusqu'à ce que la viande soit tendre.
3. Ajoutez les carottes et le miel. Portez à ébullition et laissez cuire à feu doux pendant environ 40 minutes, jusqu'à ce que les carottes soient tendres. Retirez du feu.
4. Filtrez le liquide de cuisson, déposez-le dans une casserole et faites-le réduire à gros bouillons pendant 4 à 5 minutes.
5. Versez le liquide de cuisson sur la viande et les carottes. Ajoutez le citron; assaisonnez à votre goût et servez immédiatement.

Qualités nutritionnelles

Par portion	
Kilocalories/Kjoules	376/1 576
Lipides (g)	13
% des calories	32
Acides gras saturés (g)	5
% des calories	12
Glucides (g)	44
Amidon (g)	1
Fibres (g)	8
Protéines (g)	22
Sodium (mg)	118

Bonne source de carotènes, de fer, de phosphore, de potassium, de vitamines A et B12 et de zinc.

Liens possibles avec la santé

Anémie, p. 85.
Les défenses de l'organisme, p. 89.

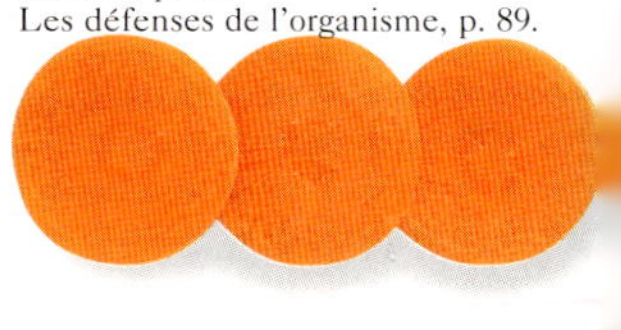

Saumon Teriyaki

Ingrédients

600 g de filets de poisson gras, (saumon, maquereau, espadon, hareng ou anguille)

Huile pour la poêle

Pour la sauce

2 cuillerées à café de sauce soja

1 cuillerée à soupe de sucre roux

4 cuillerées à soupe de saké

Variante

◆ *Utilisez des blancs ou des cuisses de poulet ou de dinde, des filets de porc ou des steaks de bœuf coupés en gros morceaux.*

Le Teriyaki est un mode de cuisson au gril qui permet de donner rapidement et facilement une extraordinaire saveur au poisson et à la viande grillés, sans ajouter de graisse.

1. Découpez le poisson en gros morceaux.
2. Appliquez un peu d'huile au fond de la poêle avec un pinceau et faites-la chauffer sous un gril chaud ou à feu vif jusqu'à ce qu'elle soit très chaude mais sans la laisser brûler.
3. Ajoutez le poisson et laissez-le dorer jusqu'à ce qu'il soit cuit à point et croustillant des deux côtés.
4. Dans un saladier, mélangez la sauce soja avec le sucre. Versez le saké sur le poisson et faites flamber. Une fois les flammes éteintes, augmentez le feu et enduisez les morceaux de chaque côté d'une couche épaisse de préparation à la sauce soja.
5. Laissez cuire encore 1 à 2 minutes, jusqu'à ce que la sauce devienne gluante. Déposez le poisson sur un plat chaud, versez dessus ce qui reste de sauce et servez.

Qualités nutritionnelles

Par portion	
Kilocalories/Kjoules	312/1 300
Lipides (g)	19
% des calories	55
Acides gras saturés (g)	3
% des calories	9
Glucides (g)	5
Amidon (g)	0
Fibres (g)	0
Protéines (g)	31
Sodium (g)	498

Bonne source de niacine, de phosphore, de sélénium, de vitamines B6 et B12.

Liens possibles avec la santé

Polyarthrite rhumatoïde, p. 81.
Circulation et santé cardiaque, p. 82-85.
Psoriasis, p. 88.

✣ Omelette aux asperges ✣

Ingrédients

- *250 g d'asperges vertes fraîches préparées*
- *1 cuillerée à soupe d'huile de tournesol*
- *55 g de parmesan fraîchement râpé*
- *Poivre noir fraîchement moulu*
- *8 œufs, bien battus*

Pour compenser la teneur en graisse relativement élevée de ce plat, servez-le accompagné de beaucoup de riz, de patates douces cuites au four ou d'un autre féculent.

1. Faites cuire les asperges à la vapeur ou à l'eau bouillante pendant 3 à 5 minutes ou jusqu'à ce qu'elles soient à peine cuites et égouttez-les. Coupez les asperges en tronçons de 5 cm.
2. Dans une petite poêle à fond épais, faites chauffer la moitié de l'huile et faites revenir les asperges rapidement pendant 2 à 3 minutes à feu vif. Retirez-les de la poêle et réservez-les.
3. Incorporez le parmesan et le poivre aux œufs battus.
4. Mettez le reste de l'huile à chauffer dans une poêle. Baissez le feu et versez-y les œufs. Au bout d'1 minute, ajoutez les asperges. Continuez la cuisson pendant environ 8 minutes à feu très doux.
5. Faites chauffer le gril. Une fois cuit le dessous de l'omelette, posez la poêle sous le gril pendant 1-2 minutes jusqu'à ce que le dessus soit pris.
6. Faites glisser l'omelette sur une assiette et servez-la chaude, tiède ou froide découpée en tranches.

Qualités nutritionnelles

Par portion	
Kilocalories/Kjoules	258/1 073
Lipides (g)	19
% des calories	68
Acides gras saturés (g)	6
% des calories	22
Glucide (g)	1
Amidon (g)	traces
Fibres (g)	1
Protéines (g)	20
Sodium (mg)	291

Bonne source de calcium, d'acide folique, de zinc, de phosphore, de vitamines A, B12 et E.

Liens possibles avec la santé

Les reins p. 92.

Variante

- *Omelette aux artichauts : utilisez 250 g de fonds d'artichaut en boîte, poids égoutté.*

✣ Céleri aux amandes ✣

Ingrédients

- *4 cœurs de céleri en branche vert, coupés en deux dans la longueur*
- *2 cuillerées à café d'huile de tournesol*
- *4 gousses d'ail coupées en quatre, facultatif*
- *300 ml d'eau ou de bouillon*
- *60 g de parmesan fraîchement râpé*
- *100 g d'amandes effilées non blanchies*
- *Poivre noir fraîchement moulu*

Le céleri vert est plus décoratif que le céleri blanc pour réaliser ce plat principal léger et raffiné.

1. Coupez le céleri en tronçons de 10 cm de long. Posez les morceaux de céleri sur une seule épaisseur au fond d'une grande casserole ou d'une sauteuse munie d'un couvercle.
2. Dans une autre casserole, faites chauffer 1 cuillerée à café d'huile. Ajoutez l'ail, si désiré, et laissez-le cuire environ 2 minutes à feu moyen, en remuant souvent. Ajoutez l'eau ou le bouillon et portez à ébullition. Retirez du feu et versez sur le céleri.
3. Portez à ébullition l'eau ou le bouillon contenant le céleri, couvrez hermétiquement, baissez le feu et laissez mijoter pendant 25 minutes ou jusqu'à ce que le céleri soit tendre.
4. Mettez le gril à chauffer à température moyenne. Égouttez le céleri et transvasez-le dans un plat de service résistant à la chaleur.
5. Arrosez le céleri avec le reste de l'huile, saupoudrez le parmesan, les amandes et le poivre. Passez le plat sous le gril jusqu'à ce que les amandes soient dorées, pendant 1 ou 2 minutes et servez sans attendre.

Qualités nutritionnelles

Par portion	
Kilocalories/Kjoules	264/1 104
Lipides (g)	22
% des calories	75
Acides gras saturés (g)	5
% des calories	15
Glucides (g)	4
Amidon (g)	1
Fibres (g)	5
Protéines (g)	13
Sodium (mg)	347

Bonne source de calcium, de magnésium, de phosphore, de potassium et de vitamine E.

Liens possibles avec la santé

Goutte et polyarthrite rhumatoïde, p. 80-81. Circulation et santé cardiaque, p. 82-85. Rétention d'eau, p. 84.

Variantes

- *Chou-fleur aux amandes : utilisez 2 choux-fleurs, pesant chacun 600 g, coupés en quatre et laissez-les cuire 10 à 15 minutes.*
- *Épinards aux amandes : utilisez 1,5 kg d'épinards frais. Lavez-les et faites-les cuire pendant 3 à 5 minutes avec l'eau laissée sur les feuilles après le lavage.*

Poêlée de brocoli

Ingrédients

- *2 cuil. à soupe de sauce soja*
- *2 cuillerées à café de Maïzena ou de fécule de pommes de terre*
- *2 cuillerées à café de sucre ou de miel*
- *1 cuil. à soupe de jus de pomme ou de Xérès*
- *1 cuillerée à soupe de vinaigre de riz*
- *2 cuillerées à café d'huile de sésame*
- *6 échalotes ou 1 oignon, émincés*
- *2 gousses d'ail, finement émincées*
- *1 morceau de gingembre frais d'environ 3,5 cm, émincé finement*
- *2 carottes coupées en allumettes*
- *450 g de florettes de brocoli*
- *450 g de légumes émincés (haricots verts, fenouil, asperges, bettes ou soja)*
- *100 g d'amandes non blanchies et de graines de tournesol*
- *2 cuillerées à café d'huile de sésame*

Les légumes verts et orange apportent une large gamme de nutriments. Ne préparez pas les ingrédients trop à l'avance et ne les soumettez pas à une cuisson trop longue.

1. Versez la sauce soja, la Maïzena, le sucre, le jus et le vinaigre dans un verre mesureur et mélangez jusqu'à obtention d'une préparation homogène. Ajoutez de l'eau jusqu'au repère de 250 ml, mélangez et réservez.
2. Dans une grande poêle ou un wok, faites chauffer l'huile de sésame jusqu'à ce qu'elle grésille. Ajoutez les échalotes et l'ail et faites-les revenir pendant 3 à 4 minutes.
3. Ajoutez le gingembre, les carottes et le brocoli, puis les légumes mélangés, en veillant à ce que les légumes à feuilles tels que les bettes ou les pousses de soja soient ajoutés en dernier. Laissez-les revenir pendant 7 à 8 minutes. Si le mélange semble trop sec, couvrez et baissez le feu pendant 1 à 2 minutes.
4. Ajoutez les amandes, les graines de tournesol et l'huile de sésame et laissez-les dorer pendant 30 secondes.
5. Versez la sauce, en remuant sans cesse jusqu'à ébullition. Laissez cuire 1 minute supplémentaire et servez immédiatement.

Qualités nutritionnelles

Par portion	
Kilocalories/Kjoules	339/1 413
Lipides (g)	20
% des calories	*53*
Acides gras saturés (g)	2
% des calories	*5*
Glucides (g)	25
Amidon (g)	10
Fibres (g)	10
Protéines (g)	17
Sodium (mg)	462

Bonne source de carotènes, cuivre, acide folique, fer, magnésium, phosphore, vitamines A, C et E et zinc.

Liens possibles avec la santé

Circulation et santé cardiaque, p. 82-85.
Les défenses de l'organisme, p. 89.

Variante

◆ *Poêlée de brocoli et de tofu : remplacez les amandes et les graines de tournesol par 200 g de tofu ferme coupé en dés.*

Chou farci à la manière japonaise

Ingrédients

- *20 g de champignons shiitake séchés*
- *12 grandes feuilles de chou vert*
- *200 g de tofu nature ferme ou de sarrasin cuit*
- *250 g de viande de porc maigre, hachée*
- *150 g d'oignon nouveau finement émincé*
- *1 cuillerée à café d'huile de sésame*
- *2 cuillerées à soupe de mirin ou de saké plus 1 cuillerée de sucre*
- *1 pincée de sel*
- *1 cuillerée à café de sucre*
- *12 lanières de poireau, facultatif*
- *1 grosse carotte coupée en rondelles*
- *500 ml de bouillon de légumes, y compris l'eau de trempage des champignons*
- *1 cuillerée à soupe de sauce soja*
- *4 petits œufs durs, facultatif*
- *Sauce au raifort et vinaigre de riz doux en accompagnement*

Ce chou est réalisé selon un mode de cuisson d'origine japonaise et associe ses bienfaits à ceux du tofu.

1. Déposez les champignons séchés dans un saladier résistant à la chaleur et versez dessus 300 ml d'eau bouillante. Laissez reposer 20 à 30 minutes.
2. Portez de l'eau à ébullition dans un grand faitout. Plongez-y les feuilles de chou pendant environ 10 secondes jusqu'à ce qu'elles deviennent flexibles. Égouttez-les et réservez.
3. Égouttez les champignons, en réservant l'eau de trempage et émincez-les. Découpez le tofu en 24 tranches fines.
4. Dans un saladier, mélangez les champignons, le porc, les oignons, l'huile de sésame, le mirin, le sel et la moitié du sucre.
5. Posez chaque feuille de chou à plat, étalez un peu de préparation au porc, 2 tranches de tofu ou 1 cuillerée bombée de sarrasin. Repliez l'extrémité où se trouve la tige, puis les côtés et enroulez-la. Fermez-la avec une lanière de poireau si désiré.
6. Déposez les rondelles de carottes dans une cocotte. Disposez les papillotes de chou les unes contre les autres sur les rondelles de carottes.
7. Dans une casserole, faites chauffer le bouillon, la sauce soja et le reste du sucre presque jusqu'à ébullition. Versez sur les papillotes, couvrez et laissez-les cuire pendant 15 minutes à feu moyen, en les retournant à mi-cuisson.
8. À l'aide d'une écumoire, déposez les papillotes sur le plat de service réchauffé. Versez par-dessus le liquide de cuisson.
9. Décorez avec les rondelles de carottes et les œufs, si désiré. Servez-les accompagnées de sauce au raifort et de vinaigre de riz.

Qualités nutritionnelles

Par portion	
Kilocalories/Kjoules	308/1 288
Lipides (g)	15
% des calories	44
Acides gras saturés (g)	4
% des calories	11
Glucides (g)	17
Amidon (g)	1
Fibres (g)	5
Protéines (g)	27
Sodium (mg)	542

Bonne source de calcium, de carotènes, d'acide folique, de niacine, de phosphore, de vitamines A, B12 et C et de zinc.

Liens possibles avec la santé

Ménopause, p. 87.
Les défenses de l'organisme, p. 89.

Variantes

- *Remplacez le porc par 250 g de tofu frit ou parfumé.*
- *Remplacez le bouillon de légumes par du bouillon japonais d'algues et de bonite, ou* dashi, *voir la recette de la* Soupe Suimono, *p. 101.*

Pilaf aux noix et aux cerises

Ingrédients

- 2 cuil. à soupe d'huile de tournesol
- 1 oignon finement émincé
- 1 cuillerée à soupe de beurre
- 1 pincée de safran ou de curcuma, facultatif
- 350 g de riz long grain, de préférence du basmati brun
- 40 g d'amandes non blanchies
- 40 g de pignons de pin ou de graines de tournesol ou de potiron
- 3 branches de céleri, finement émincées
- 250 g de cerises fraîches ou surgelées, dénoyautées
- 1,5 cuil. à café de cannelle en poudre
- 1 cuillerée à soupe de jus de citron
- 60 g d'oignons nouveaux hachés
- 2 cuillerées à soupe de menthe ou d'aneth frais, haché
- Poivre noir fraîchement moulu, sel

L'Asie centrale possède des centaines de recettes de pilafs, qui sont des plats colorés et parfumés à base de riz. Ces plats associent du riz long grain ou du boulgour avec toutes sortes de fruits, d'herbes, de noix et parfois de la viande.

1. Dans une casserole à fond épais, faites chauffer l'huile, ajoutez l'oignon et laissez-le revenir pendant 10 minutes à feu doux, à découvert.
2. Ajoutez le beurre, le safran ou le curcuma, si désiré, le riz, long grain ou Basmati, les amandes entières non blanchies et les pignons de pins ou les graines de tournesol ou de potiron et laissez-les dorer pendant 2 à 3 minutes.
3. Ajoutez le céleri, les cerises et la cannelle. Ajoutez le double de volume du riz en eau pour du riz long grain et 850 ml d'eau pour du riz basmati. Portez à ébullition. Mélangez une fois, couvrez, baissez le feu et laissez frémir pendant 20 à 45 minutes ou jusqu'à ce que toute l'eau ait été absorbée.
4. Une fois le riz cuit, incorporez le jus de citron, les oignons et les herbes aromatiques. Assaisonnez à votre goût et servez.

Qualités nutritionnelles

Par portion	
Kilocalories/Kjoules	609/2 562
Lipides (g)	27
% des calories	39
Acides gras saturés (g)	5
% des calories	7
Glucides (g)	87
Amidon (g)	7
Fibres (g)	3
Protéines (g)	12
Sodium (mg)	56

Bonne source de cuivre, de phosphore et de vitamine E.

Liens possibles avec la santé

Goutte, p. 81. Santé cardiaque, p. 82-85. Santé des diabétiques, p. 90-91.

Falafel

Ingrédients

- 350 g de pois chiches, poids sec
- 1 oignon finement haché
- 6-8 oignons nouveaux, finement hachés
- 1 ou 2 gousses d'ail selon grosseur, écrasées
- 1 cuillerée à café de cumin moulu
- 2 cuillerées à café de graines de coriandre moulu
- Poivre noir fraîchement moulu
- 1/2 cuillerée à café de levure chimique
- 1/2 cuillerée à café de poivre de Cayenne
- 1 œuf, facultatif
- 4 cuillerées à soupe d'huile d'olive extra-vierge

Cette version allégée d'un plat classique du Moyen-Orient est réalisée sans friture. Servez-le avec du Hummus allégé, voir p. 140 et des pitas.

1. Laissez tremper les pois chiches une nuit.
2. Égouttez-les, rincez-les et couvrez-les d'eau fraîche. Portez à ébullition, baissez le feu et laissez frémir pendant 30 minutes, puis égouttez-les.
3. Dans un robot, mixez les légumes cuits avec l'oignon, les oignons nouveaux, l'ail, le cumin, les graines de coriandre, le poivre, la levure chimique et le poivre de Cayenne jusqu'à obtention d'une préparation onctueuse. Ajoutez l'œuf si le mélange semble sec afin que la réalisation des boulettes soit plus facile.
4. Préchauffez le four à 220 °C (thermostat 8). Faites chauffer la moitié de l'huile dans un plat à gratin.
5. Pendant ce temps, fabriquez des boulettes de la taille d'une noix en faisant rouler une petite quantité de préparation, puis aplatissez légèrement chaque boulette. Faites chauffer le reste de l'huile dans une poêle à fond épais et faites frire les boulettes à feu vif en les retournant souvent pour les saisir de toutes parts.
6. Transvasez les boulettes dans le plat à gratin, en prenant des précautions pour ne pas vous brûler. Laissez-les cuire au four pendant 10 à 15 minutes en secouant fréquemment le plat jusqu'à ce qu'elles soient uniformément dorées. Égouttez-les sur du papier absorbant et servez.

Qualités nutritionnelles

Par portion	
Kilocalories/Kjoules	431/1 809
Lipides (g)	21
% des calories	43
Acides gras saturés (g)	3
% des calories	5
Glucides (g)	47
Amidon (g)	39
Fibres (g)	10
Protéines (g)	20
Sodium (mg)	98

Bonne source de cuivre, d'acide folique, de fer, de magnésium, de phosphore et de zinc.

Liens possibles avec la santé

Santé cardiaque, p. 82-85.
Anémie, p. 85.
Santé des diabétiques, p. 90-91.

Plats d'accompagnement

Les plats d'accompagnement qui transforment les légumes et les légumes secs en aliments savoureux, constituent un bon moyen de séduire tous ceux qui généralement n'aiment pas les légumes. Dans ce choix de recettes, l'accent a été mis sur la couleur – avec des ingrédients tels que le chou rouge, les lentilles corail, les tomates, les patates douces et les courges à la chair orange, – et sur la saveur douce de plats longuement cuisinés. Contrairement aux légumes verts, la plupart des légumes présentés ici peuvent être préparés à l'avance et réchauffés sans problème. Les plats d'accompagnement à base de légumes secs permettent de rendre un repas léger, tel qu'une salade par exemple, plus consistant. Les légumes secs apportent également du fer et des protéines et forment un équilibre parfait avec un plat principal à base de légumes. Les légumes secs sont sous-employés car ils doivent en général être mis à tremper avant d'être utilisés mais en fait ils sont faciles à cuisiner, polyvalents, et plus savoureux, plus nourrissants et plus économiques qu'en boîte.

Haricots blancs à la sauge et à l'ail
Nourrissants et délicieux, les haricots blancs mijotés avec de l'ail complètent parfaitement un plat principal à base de légumes.

La sauge et l'ail sont des antiseptiques végétaux ; ils donnent une consistance savoureuse aux haricots blancs délicatement parfumés.

Les haricots blancs sont une source de fibres solubles, de vitamines B, de potassium et de fer.

HARICOTS BLANCS À LA SAUGE ET À L'AIL

INGRÉDIENTS

250 g de haricots blancs secs

2 à 3 cuillerées à soupe d'huile d'olive extra-vierge

2 feuilles de laurier

600 ml d'eau

1 gousse d'ail, finement émincée

4 feuilles de sauge, grossièrement hachées

Le jus d'1/2 citron

Poivre noir fraîchement moulu

Sel de mer

2 à 3 cuillerées à soupe d'herbes aromatiques fraîches, telles que de la ciboulette ou du persil, pour décorer

La clé du succès de cette recette d'inspiration grecque réside dans l'utilisation d'une huile d'olive extra-vierge.

1. Faites tremper les haricots blancs une nuit, puis égouttez-les.
2. Dans une grande casserole, faites chauffer 1 cuillerée à soupe d'huile d'olive, ajoutez les haricots blancs et laissez-les cuire à feu doux, en remuant de temps en temps, pendant 10 minutes.
3. Ajoutez les feuilles de laurier et l'eau et portez à ébullition. Baissez le feu et laissez mijoter, à couvert, pendant 40 minutes ou jusqu'à ce que les haricots soient tendres. Égouttez-les en réservant le liquide de cuisson.
4. Dans la même casserole, faites chauffer le reste de l'huile, ajoutez l'ail et la sauge, en frottant les feuilles entre vos doigts pour libérer leur saveur. Mettez-les à cuire à feu moyen jusqu'à ce qu'ils grésillent. Incorporez les haricots et laissez cuire à couvert sur feu doux pendant quelques minutes. Au fur et à mesure qu'ils se dessèchent, rajoutez quelques cuillerées de liquide de cuisson.
5. Ajoutez le jus de citron et assaisonnez à votre goût. Décorez avec les herbes hachées et servez chaud, mais pas brûlant.

QUALITÉS NUTRITIONNELLES

Par portion	
Kilocalories/Kjoules	268/1127
Lipides (g)	10
% des calories	35
Acides gras saturés (g)	2
% des calories	5
Glucides (g)	33
Amidon (g)	29
Fibres (g)	10
Protéines (g)	12
Sodium (mg)	26

Bonne source de cuivre, de fer, de magnésium, de phosphore, de potassium et de zinc.

LIENS POSSIBLES AVEC LA SANTÉ

Santé cardiaque, p. 82-85.
Anémie, p. 85.
Santé des diabétiques, p. 90-91.

COURGE D'HIVER AUX ÉPICES

INGRÉDIENTS

1 kg de courge d'hiver ou de petit giraumon

1 cuillerée à soupe d'huile d'olive extra-vierge ou d'huile de sésame

1 gros oignon finement émincé

3 cuillerées à café de gingembre frais râpé

250 ml d'eau

1 pincée de cannelle

Poivre noir fraîchement moulu

Sel de mer

La courge, l'oignon, le gingembre et la cannelle ont des saveurs qui s'associent parfaitement et composent un plat coloré riche en carotène.

1. Préchauffez le four à 190 °C, thermostat 6.
2. Coupez la courge ou le giraumon en deux, déposez-le côté chair dans un plat à gratin légèrement graissé. Faites-le cuire pendant 30 à 45 minutes ou jusqu'à ce que la chair soit tendre.
3. Pendant ce temps, dans un grand faitout, faites chauffer l'huile et faites doucement revenir l'oignon à feu doux jusqu'à ce qu'il soit doré et translucide, au moins 15 minutes. Ajoutez le gingembre, mélangez pendant 1 à 2 minutes, retirez du feu et réservez.
4. Retirez les graines au centre de la courge ou du giraumon. Avec une grosse cuillère, évidez la chair et ajoutez-la au mélange oignon-gingembre.
5. Ajoutez l'eau dans le faitout, portez à ébullition et couvrez. Baissez le feu et laissez mijoter 20 minutes, en remuant de temps en temps. Ajoutez un peu d'eau si le mélange est trop sec.
6. Mixez la préparation en entier jusqu'à obtention d'une purée parfaitement lisse ou une partie seulement si vous préférez une consistance plus granuleuse. Ajoutez la cannelle, assaisonnez à votre goût et servez.

QUALITÉS NUTRITIONNELLES

Par portion	
Kilocalories/Kjoules	150/624
Lipides (g)	4
% des calories	25
Acides gras saturés (g)	0,6
% des calories	4
Glucides (g)	26
Amidon (g)	20
Fibres (g)	6
Protéines (g)	3
Sodium (mg)	9

Bonne source de carotène, de magnésium, de potassium et de vitamine C.

LIENS POSSIBLES AVEC LA SANTÉ

Circulation et santé cardiaque, p. 82-85.

Chou rouge braisé

Ingrédients

- *1 chou rouge, finement émincé*
- *1 cuillerée à soupe d'huile de tournesol*
- *2 oignons finement émincés*
- *2 grosses pommes à cuire, épluchées et grossièrement hachées*
- *Le jus d'1 à 2 citrons*
- *3 clous de girofle*
- *5 grains de poivre blanc ou noir*
- *2 cuillerées à café de miel*
- *Sel de mer*

Le chou rouge braisé, à la saveur sucrée/salée peut faire découvrir le chou à de nouveaux amateurs.

1. Déposez le chou dans un saladier résistant à la chaleur et recouvrez-le d'eau bouillante. Attendez 1 minute puis égouttez-le.
2. Faites chauffer l'huile dans une grande casserole, ajoutez les oignons et laissez-les revenir à découvert à feu très doux pendant 10 minutes.
3. Ajoutez le chou, les pommes, le jus d'1 citron, les clous de girofle, les grains de poivre et le miel. Portez à ébullition, couvrez hermétiquement et baissez le feu au minimum. Laissez mijoter pendant environ 1 heure, en remuant de temps en temps.
4. Retirez les clous de girofle et les grains de poivre. Vérifiez la saveur, ajoutez du jus de citron ou du miel si nécessaire, assaisonnez selon votre goût et servez.

Qualités nutritionnelles

Par portion	
Kilocalories/Kjoules	139/586
Lipides (g)	5
% des calories	29
Acides gras saturés (g)	1
% des calories	3
Glucides	23
Amidon (g)	traces
Fibres (g)	7
Protéines (g)	3
Sodium (mg)	18

Bonne source d'acide folique et de vitamine C.

Liens possibles avec la santé

Les défenses de l'organisme, p. 89.

Oignons confits

Ingrédients

- *4 gros oignons, pesant environ 200 g chacun*
- *2 cuillerées à café d'huile de tournesol*
- *300 ml d'eau ou de bouillon, ou 150 ml de vin/150 ml d'eau et de bouillon*
- *120 g de fromage blanc maigre en accompagnement, facultatif*

Laissons les oignons occuper le devant de la scène. Dans ce plat simple et raffiné, les oignons sont lentement confits au four jusqu'à ce qu'ils deviennent fondants.

1. Préchauffez le four à 180 °C (thermostat 6).
2. Retirez les éventuelles racines au pied des oignons mais ne les épluchez pas. Déposez-les dans un plat à four et enduisez-les d'huile au pinceau.
3. Versez l'eau ou le bouillon autour des oignons. Mettez-les au four pendant environ 1 heure, en les arrosant de temps en temps, jusqu'à ce qu'ils soient tendres.
4. Coupez le dessus de chaque oignon en croix et rabattez les épaisseurs supérieures pour former une sorte de petite corolle. Déposez une cuillerée de fromage blanc sur le dessus de chaque oignon, si désiré, et servez.

Qualités nutritionnelles

Par portion	
Kilocalories/Kjoules	94/392
Lipides (g)	3
% des calories	28
Acides gras saturés (g)	1
% des calories	3
Glucides (g)	16
Amidon (g)	0
Fibres (g)	3
Protéines (g)	2
Sodium (mg)	6

Liens possibles avec la santé

Infections respiratoires, p. 76.
Circulation et santé cardiaque, p. 82-85.
Santé des diabétiques, p. 90-91.

Frites de patates douces

Ingrédients

- *600 g de patates douces à chair orange*
- *1 à 2 cuillerées à soupe d'huile d'arachide*

Voici une délicieuse façon d'intégrer les patates douces aux menus courants, pour tirer parti de leur exceptionnelle teneur en vitamine E et en carotène.

1. Épluchez les patates douces puis découpez-les en grosses frites d'environ 1 cm d'épaisseur.
2. Dans une grande poêle à fond épais, faites chauffer l'huile puis faire frire les patates douces à feu très vif environ 8 à 9 minutes, jusqu'à ce qu'elles soient dorées et craquelées par endroits.

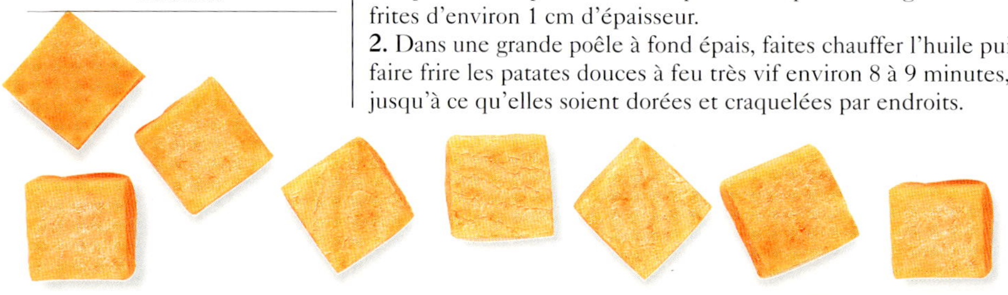

Qualités nutritionnelles

Par portion	
Kilocalories/Kjoules	175/743
Lipides (g)	5
% des calories	28
Acides gras saturés (g)	1
% des calories	2
Glucides	32
Amidon (g)	23
Fibres (g)	4
Protéines (g)	2
Sodium (mg)	60

Bonne source de carotène, de potassium, de vitamines A, C et E.

Liens possibles avec la santé

Santé cardiaque, p. 82-85.

DHAL

INGRÉDIENTS

250 g de lentilles corail, rincées
1/2 cuil. à café de curcuma en poudre
600 ml d'eau
Huile d'olive extra-vierge
1 oignon, finement émincé
1 piment vert épépiné et haché
175 g de tomates fraîches hachées
1 morceau de gingembre frais de 3 cm émincé très finement
2 gousses d'ail, écrasées
1 cuil. à café de graines de cumin écrasées
Les graines de 3 gousses de cardamome écrasées
3 à 4 cuillerées à soupe de coriandre fraîche hachée, pour décorer

Le* dhal *est un classique de la cuisine indienne qui permet de savourer les lentilles, un des légumes secs les plus nourrissants, riche en fer, en thiamine et en zinc.

1. Déposez dans un faitout, l'eau, les lentilles et le curcuma. Portez à ébullition, couvrez, baissez le feu et laissez mijoter pendant 20 à 25 minutes jusqu'à ce que les lentilles soient tendres.
2. Pendant ce temps, dans une casserole, faites chauffer 1/2 cuil. à soupe d'huile et ajoutez l'oignons. Faites-le revenir à feu doux, en remuant souvent, pendant environ 10 minutes jusqu'à ce qu'il soit doré. Ajoutez le piment et les tomates et laissez cuire à feu moyen, en remuant souvent pendant environ 10 minutes jusqu'à obtention d'une purée.
3. Dans une petite poêle, faites chauffer 1/2 cuil. à soupe d'huile, ajoutez le gingembre, l'ail, le cumin et la cardamome. Laissez cuire 2 minutes.
4. Incorporez la préparation aux oignons, les épices et la moitié de la coriandre dans les lentilles.
5. Assaisonnez selon votre goût, décorez avec le reste de la coriandre hachée et servez.

QUALITÉS NUTRITIONNELLES

Par portion	
Kilocalories/Kjoules	259/1 095
Lipides (g)	5
% des calories	18
Acides gras saturés (g)	1
% des calories	3
Glucides (g)	40
Amidon (g)	33
Fibres (g)	4
Protéines (g)	16
Sodium (mg)	34

Bonne source de cuivre, de fer, de phosphore, de thiamine et de zinc.

LIENS POSSIBLES AVEC LA SANTÉ

Infections respiratoires, p. 76.
Circulation et santé cardiaque, p. 82-85.
Anémie, p. 85.
Santé des diabétiques, p. 90-91.

TOMATES AU FOUR

INGRÉDIENTS

8 tomates rondes
1 gousse d'ail, écrasée
Poivre noir fraîchement moulu
1 bonne pincée de sel de mer
3 cuillerées à soupe de basilic, de ciboulette ou de persil frais haché
2 cuillerées à café d'huile d'olive extra-vierge

Voici une recette d'inspiration italienne facile à réaliser, qui rehausse la saveur des tomates tout en conservant leur riche teneur en antioxydants.

1. Préchauffez le four à 225 °C (thermostat 8). Huilez un plat à four peu profond.
2. Retournez les tomates et découpez un chapeau dans chacune d'entre elles d'environ 1 cm d'épaisseur. Réservez les chapeaux et posez les tomates dans le plat à four, la partie découpée vers le haut.
3. À l'aide d'un couteau bien aiguisé, tracez plusieurs entailles sur le dessus de chaque tomate. Saupoudrez-les d'ail, de poivre, de sel, d'herbes et arrosez-les d'1 cuillerée à café d'huile.
4. Remettez en place les chapeaux et versez le reste de l'huile sur les tomates. Faites-les cuire dans le haut du four pendant 20 à 25 minutes ou jusqu'à ce que les tomates soient ramollies mais pas effondrées, et commencent à se craqueler vers le haut. Servez-les tièdes, et non dès leur sortie du four.

QUALITÉS NUTRITIONNELLES

Par portion	
Kilocalories/Kjoules	98/407
Lipides (g)	8
% des calories	74
Acides gras saturés (g)	1
% des calories	11
Glucides (g)	5
Amidon (g)	traces
Fibres (g)	2
Protéines (g)	1
Sodium (mg)	112

Bonne source de carotène et de vitamine C.

LIENS POSSIBLES AVEC LA SANTÉ

Les défenses de l'organisme, p. 89.

DESSERTS

Si on vous demande d'imaginer un dessert sain, vous pensez sûrement à des fruits frais. Mais si vous pensez à votre dessert favori, il vous viendra sûrement à l'esprit quelque chose de bien plus riche. Les desserts présentés ici comblent le fossé entre ces deux catégories : ils sont alléchants mais tout de même pauvres en graisses et en sucre. Les recettes sont également polyvalentes, présentant des méthodes utilisables avec une grande variété d'ingrédients. Le dessert est un moment idéal pour manger davantage de fruits qui apportent essentiellement de la vitamine C, mais sont également des sources inestimables de fibres, de potassium, de bêta-carotène et d'autres nutriments. La clé pour éviter d'ajouter trop de sucre consiste à mélanger un fruit acide avec un fruit très sucré, par exemple du cassis avec de la poire. Les abricots secs sont particulièrement précieux. Pour conserver le maximum de nutriments, limitez les temps de cuisson et consommez le liquide de cuisson.

PUDDING D'ÉTÉ
Ce magnifique pudding, pratiquement dénué de matière grasse, apporte les bienfaits des fruits rouges.

Pudding d'été

Ingrédients

125 g de pain complet sans la croûte

750 g de fruits mélangés tels que 500 g de baies fraîches ou surgelées, cassis, myrtilles, groseilles à maquereaux et cerises dénoyautées et 250 g de fruits sucrés tels que des abricots et des brugnons, dénoyautés et grossièrement hachés

1 à 2 cuillerées à soupe de miel

1 branche de menthe ou des rondelles de fruits pour décorer

Ce pudding traditionnel figure parmi les plus faciles à réaliser et les plus pauvres en graisse, malgré son allure spectaculaire. Chaque ingrédient est bénéfique pour la santé.

1. Foncez un moule à pudding d'1 litre avec les tranches de pain complet, en les coupant si nécessaire afin qu'elles suivent la forme du moule. Réservez 1-2 tranches pour le dessus.
2. Déposez les fruits rincés dans une casserole avec 250 ml d'eau. Portez à ébullition, baissez le feu et laissez mijoter pendant environ 5 minutes, jusqu'à ce qu'ils soient ramollis mais pas réduits en purée. Laissez refroidir un peu et ajoutez du miel selon votre goût.
3. Réservez 3 cuillerées à soupe de jus des fruits cuits. Versez le reste du jus et les fruits cuits dans le moule à pudding. Posez les tranches de pain par-dessus.
4. Posez une petite assiette sur le moule (elle doit tenir à l'intérieur) et posez un poids de 500 g dessus. Laissez au réfrigérateur pendant au moins 5 heures avant de servir.
5. Retournez le pudding sur une assiette. Si certains morceaux de pain n'ont pas été imbibés de fruits, enduisez-les de jus au pinceau. Décorez avec la menthe ou les rondelles de fruits et servez.

Qualités nutritionnelles

Par portion	
Kilocalories/Kjoules	140/600
Lipides (g)	1
% des calories	5
Acides gras saturés (g)	1
% des calories	1
Glucides (g)	31
Amidon (g)	12
Fibres (g)	7
Protéines (g)	5
Sodium (mg)	177

Bonne source de cuivre et de vitamine C.

Liens possibles avec la santé

Les yeux, p. 77. Constipation, p. 78. Goutte, p. 81. Circulation et santé cardiaque, p. 82-85.

Variante

- *Pudding d'hiver : utilisez 500 g de pommes et de poires, évidées et hachées et 250 g de myrtilles surgelées.*

Bananes au four au gingembre

Ingrédients

25 g de raisins de Smyrne, facultatif

2 cuillerées à café de beurre

4 grosses bananes bien fermes, coupées en deux dans la longueur

2 morceaux de gingembre en conserve finement émincés

1 cuillerée à soupe de sirop provenant du gingembre

2 cuillerées à soupe de jus d'orange

2 cuillerées à soupe de rhum

12 à 15 lanières de zestes d'orange

Variantes

- *Remplacez les bananes par un autre fruit, tels que des pêches, des abricots, des brugnons, des pommes et des poires coupés en deux et cuits au four de la même façon.*
- *Ajoutez 1 cuil. à café de cannelle*
- *Remplacez le rhum par 4 cuil. à soupe de jus d'orange et 1 cuil. à café de miel.*

Ce dessert rapide à préparer offre un mélange de saveurs classiques et montre que l'on peut apprécier le goût du beurre tout en l'utilisant en petite quantité.

1. Préchauffez le four à 200 °C (thermostat 7). Si vous utilisez les raisins secs, déposez-les dans une tasse et recouvrez-les d'eau bouillante. Laissez-les tremper 5 minutes puis égouttez-les.
2. Pendant ce temps, mettez le beurre dans un moule peu profond, suffisamment large pour permettre de disposer les bananes en une seule épaisseur et laissez-le au four jusqu'à ce que le beurre ait fondu. Retirez-le, ajoutez les bananes coupées en deux et arrosez-les de beurre fondu. Saupoudrez les bananes avec les raisins, si désiré, le gingembre, le sirop, le jus d'orange, le rhum et le zeste d'orange.
3. Mettez au four pendant 15 minutes, en les arrosant 2 à 3 fois. Servez chaud.
4. Si vous désirez faire flamber les bananes, faites-les cuire avec une seule cuillerée de rhum. Avant de servir, faites chauffer le reste du rhum dans une louche sur une flamme. Versez-le sur les bananes et faites flamber.

Qualités nutritionnelles

Par portion	
Kilocalories/Kjoules	169/714
Lipides (g)	2
% des calories	13
Acides gras saturés (g)	1
% des calories	8
Glucides (g)	33
Amidon (g)	3
Fibres (g)	1
Protéines (g)	2
Sodium (mg)	31

Liens possibles avec la santé

Diarrhée, p. 78-79.
Nausée, p. 78-79.
Circulation, p. 82-85.

Fondue d'ananas

Ingrédients

- 1 petit ananas
- 100 g de chocolat noir de bonne qualité, cassé en carrés
- 2 cuillerées à soupe de crème liquide
- 2 cuillerées à café de rhum ou de cognac, facultatif
- 2 à 3 cuillerées à soupe de lait demi-écrémé

Le chocolat, dégusté en petites quantités, n'est pas néfaste pour la santé. Dans cette recette, la fraîcheur des morceaux d'ananas fait durcir la sauce au chocolat.

1. Épluchez et coupez l'ananas en petits morceaux et mettez-les au réfrigérateur le temps de préparer la sauce au chocolat.
2. Posez un petit bol résistant à la chaleur sur une casserole remplie d'eau frémissante. Déposez-y tous les autres ingrédients, en réservant une cuillerée à soupe de lait.
3. Tandis que le mélange chauffe doucement, mélangez continuellement jusqu'à obtention d'une sauce au chocolat onctueuse. Ajoutez le reste du lait si nécessaire pour donner à la sauce une consistance un peu épaisse. Faites attention de ne pas trop faire cuire la sauce.
4. Répartissez la sauce dans 4 coquetiers réchauffés.
5. Posez un coquetier rempli de sauce au chocolat sur chaque assiette. Disposez autour des morceaux d'ananas et déposez une fourchette qui servira à tremper les morceaux d'ananas dans la sauce. Servez immédiatement.

Qualités nutritionnelles

Par portion	
Kilocalories/Kjoules	221/931
Lipides (g)	9
% des calories	37
Acides gras saturés (g)	5
% des calories	21
Glucides (g)	35
Amidon (g)	1
Fibres (g)	2
Protéines (g)	2
Sodium (mg)	15

Bonne source de cuivre et de vitamine C.

Liens possibles avec la santé

Digestion, p. 78-79. Cicatrisation, p. 88.

Variante

- *Utilisez 600 g de cerises fraîches non dénoyautées.*

Mousse aux abricots et aux amandes

Ingrédients

- 250 g d'abricots secs
- 500 ml de yaourt nature
- 1 cuillerée à café de miel, facultatif
- 40 g d'amandes non blanchies, grossièrement hachées ou émincées
- Menthe fraîche ou fleurs comestibles pour décorer, facultatif

Variantes

- *Mousse aux pommes et aux amandes : remplacez les abricots par 700 g de pommes à couteau évidées et grossièrement hachées et une rondelle de citron. Dans une grande casserole, portez à ébullition 300 ml d'eau et ajoutez les pommes. Couvrez, baissez le feu et laissez mijoter pendant 6 à 12 minutes ou jusqu'à ce qu'elles soient juste tendres. Jetez le citron et reprenez la recette ci-dessus à partir de l'étape n° 3.*
- *Mixez les fruits avec deux morceaux de gingembre en conserve.*

Les abricots secs, le yaourt et les amandes permettent de réaliser un dessert riche en nutriments. Le fait de blanchir les abricots permet d'éliminer l'essentiel du conservateur.

1. Déposez les abricots dans une casserole, couvrez-les d'eau froide, portez à ébullition et laissez frémir pendant 5 minutes. Égouttez-les et couvrez-les à nouveau avec de l'eau fraîche.
2. Portez de nouveau à ébullition, couvrez, baissez le feu et laissez mijoter 20 minutes ou jusqu'à ce que les abricots soient ramollis.
3. Laissez refroidir un peu. Mixez-les avec suffisamment d'eau de cuisson pour obtenir une compote épaisse. Attendez qu'elle devienne tiède.
4. Incorporez le yaourt et le miel, si désiré. Laissez au réfrigérateur jusqu'au moment de servir.
5. Juste avant de servir, faites chauffer les amandes dans une poêle sans matière grasse à feu vif, pendant 2 à 3 minutes, jusqu'à ce qu'elles commencent à dorer. Saupoudrez les amandes chaudes sur la mousse, décorez avec la menthe ou les fleurs comestibles, si désiré, et servez.

Qualités nutritionnelles

Par portion	
Kilocalories/Kjoules	320/970
Lipides (g)	7
% des calories	27
Acides gras saturés (g)	1
% des calories	4
Glucides (g)	33
Amidon (g)	traces
Fibres (g)	5
Protéines (g)	11
Sodium (mg)	114

Bonne source de calcium, cuivre, phosphore, potassium et vitamine E.

Liens possibles avec la santé

Constipation, p. 78.
Gastro-entérite, p. 79.
Santé cardiaque, p. 82-85.
Candidose, p. 87.

❖ Müesli authentique ❖

Ingrédients

3 cuil. à soupe d'avoine ou 4 cuil. à soupe de flocons d'avoine

180 ml de yaourt nature

4 cuillerées à café de jus de citron

4 cuillerées à soupe de miel

800 g de pommes rouges bien brossées

4 cuillerées à soupe d'amandes ou de noisettes non blanchies

La recette originale du müesli du Dr Bircher-Benner, un naturopathe suisse, est un plat qui constitue un savoureux dessert et non une simple recette pour le petit déjeuner.

1. Faites tremper l'avoine ou les flocons d'avoine pendant une nuit dans 135 ml d'eau.
2. Dans un saladier, mélangez le yaourt avec le jus de citron, incorporez l'avoine et le miel.
3. Râpez grossièrement les pommes non épluchées dans la préparation, en remuant souvent pour éviter l'oxydation.
4. Saupoudrez avec les amandes ou les noisettes, et servez.

Qualités nutritionnelles

Par portion	
Kilocalories/Kjoules	273/1 149
Lipides (g)	10
% des calories	32
Acides gras saturés (g)	1
% des calories	3
Glucides (g)	42
Amidon (g)	5
Fibres (g)	5
Protéines (g)	7
Sodium (mg)	48

Source de phosphore et de vitamine E.

Liens possibles avec la santé

Constipation, p. 78. Diarrhée, p. 78-79. Ulcères gastro-duodénaux, p. 79. Santé cardiaque, p. 82-85. Candidose, p. 87. Santé des diabétiques, p. 90-91.

❖ Gâteau au fromage blanc, au miel et au citron ❖

Ingrédients

50 g de chapelure de pain complet

25 g de flocons d'avoine

25 g de margarine non hydrogénée

25 g d'amandes non blanchies fraîchement hachées ou un mélange d'amandes et de graines de tournesol, plus 1 goutte d'essence d'amandes

Pour la garniture

500 g de fromage blanc à 40 ou 20 % de matière grasse

2 cuillerées à soupe de miel extrait à froid ou en rayon

100 à 150 ml de yaourt nature épais ou de crème liquide

40 g de raisins de Smyrne ou d'abricots secs, hachés

4 à 5 gouttes de vanille liquide

Le zeste râpé d'1 citron

Pour la décoration

225 g de fruits frais, tels que des abricots, des cerises ou des myrtilles

La simplicité de cette recette permet de servir ce gâteau aussi souvent qu'on le désire, sans le réserver pour les grandes occasions. Riche en protéines, il convient parfaitement après une salade.

1. Préchauffez le four à 190 °C (thermostat 6). Pour réaliser la pâte du gâteau, mélangez la chapelure et l'avoine dans un saladier et ajoutez la margarine en l'incorporant avec une fourchette. Ajoutez les amandes et les graines de tournesol, si désiré, ainsi que l'essence d'amande.
2. Foncez un moule rond à charnière graissé avec ce mélange, en l'étalant avec une fourchette jusqu'à ce que le dessus soit bien lisse. Faites-le cuire 20 minutes au four.
3. Pour préparer la garniture, mélangez le fromage blanc avec le miel et suffisamment de yaourt ou de crème liquide pour obtenir une crème onctueuse un peu épaisse.
4. Incorporez les fruits secs, la vanille et le zeste de citron. Vérifiez que la préparation est suffisamment sucrée. Étalez-la sur le fond et mettez le gâteau au réfrigérateur pendant 1 heure minimum avant de servir.
5. Disposez les fruits frais sur le gâteau et servez.

Qualités nutritionnelles

Par portion	
Kilocalories/Kjoules	445/1 857
Lipides (g)	28
% des calories	57
Acides gras saturés (g)	14
% des calories	27
Glucides (g)	33
Amidon (g)	9
Fibres (g)	3
Protéines (g)	17
Sodium (mg)	150

Bonne source de phosphore et de vitamines A et E.

Liens possibles avec la santé

Digestion, p. 78-79.
Santé de la peau, p. 88.
Infections urinaires, p. 92.

Compote d'airelles et d'abricots

Ingrédients

250 g d'abricots secs

250 g d'airelles fraîches ou surgelées

1 cuillerée à soupe de miel, facultatif

Le zeste d'1 citron, pour décorer

Variantes

- *Remplacez les airelles par 400 g de cassis ou de cerises dénoyautées Remplacez les abricots secs par des pêches ou des poires séchées et faites-les cuire avec une rondelle de citron sans pépin.*

Les abricots secs permettent d'adoucir les airelles et l'harmonie des couleurs est somptueuse.

1. Déposez les abricots dans une casserole, couvrez-les d'eau, portez à ébullition et laissez frémir pendant 5 minutes. Égouttez-les et recouvrez-les d'eau froide.
2. Portez à nouveau à ébullition, baissez le feu et laissez-les mijoter à couvert, pendant 20 minutes, jusqu'à ce qu'ils soient tendres.
3. Ajoutez les airelles, portez de nouveau à ébullition et poursuivez la cuisson à feu moyen pendant 6 à 8 minutes, jusqu'à ce que les airelles aient éclaté.
4. Versez les fruits dans un plat de service avec suffisamment de liquide de cuisson pour les recouvrir. Ajoutez du miel selon votre goût et décorez avec le zeste de citron.
5. Attendez quelques minutes pour permettre aux saveurs de se mélanger. Servez froid ou chaud.

Qualités nutritionnelles

Par portion	
Kilocalories/Kjoules	108/462
Lipides (g)	1
% des calories	4
Acides gras saturés (g)	0
% des calories	0
Glucides (g)	30
Amidon (g)	0
Fibres (g)	6
Protéines (g)	3
Sodium (mg)	10

Bonne source de potassium.

Liens possibles avec la santé

Constipation, p. 78.
Santé cardiaque, p. 82-85.
Infections urinaires, p. 92.

Kissel

Ingrédients

500 g de fruits rouges frais ou surgelés, tels que du cassis, des myrtilles ou des airelles et des cerises dénoyautées

250 g de fruits d'été tels que des pêches, des abricots ou des brugnons, dénoyautés et grossièrement hachés

150 ml d'eau

1 à 3 cuillerées à soupe de miel, selon votre goût

2 cuillerées à soupe d'arrow-root ou de fécule de pomme de terre

Voici un dessert parfait pour l'été. L'arrow-root donne de l'éclat aux fruits rouges et le fait de manger ceux-ci avec des fruits plus sucrés limite la quantité de sucre à ajouter.

1. Dans une grande casserole, portez les fruits à ébullition avec l'eau. Couvrez, baissez le feu et laissez mijoter pendant environ 5 minutes, jusqu'à ce que les fruits soient à peine ramollis. La quantité de liquide va augmenter dans la casserole.
2. Retirez du feu. Incorporez le miel ; le cassis et les airelles nécessitent davantage de sucre que les autres baies.
3. Mélangez l'arrow-root avec un peu d'eau jusqu'à obtention d'une pâte onctueuse. Ajoutez-la aux fruits, en mélangeant continuellement.
4. Portez de nouveau à ébullition, en remuant et laissez mijoter 2 à 3 minutes, jusqu'à ce que le mélange épaississe et devienne transparent.
5. Versez la préparation dans un plat de service et laissez le kissel au réfrigérateur 1 ou 2 heures. Mangez-le dans les 24 heures.

Qualités nutritionnelles

Par portion	
Kilocalories/Kjoules	119/506
Lipides (g)	traces
% des calories	1
Acides gras saturés (g)	0
% des calories	0
Glucides (g)	29
Amidon (g)	7
Fibres (g)	4
Protéines (g)	2
Sodium (mg)	4

Bonne source de vitamine C.

Liens possibles avec la santé

Santé des yeux, p. 77.
Circulation et santé cardiaque, p. 82-85.
Infections urinaires, p. 92.

Crumble au tournesol, aux pommes et aux abricots

Ingrédients

Pour la garniture

50 g d'abricots secs

500 g de fruits frais, tels que des pommes, des cerises, des abricots, dénoyautés et grossièrement hachés, utilisés séparément ou ensemble

Pour la pâte

50 g de farine de blé complet

20 g de margarine non hydrogénée

1 cuillerée à soupe de lait en poudre écrémé

25 g de graines de tournesol, hachées grossièrement

25 g de flocons d'avoine

4 cuillerées à café de sucre roux ou de fructose

Le crumble, dont voici une version moins riche en graisses et en sucre, constitue une excellente façon d'encourager les membres de votre famille à manger davantage de fruits.

1. Préchauffez le four à 190 °C (thermostat 6).
2. Déposez les abricots dans une casserole, couvrez-les d'eau, portez à ébullition et laissez frémir pendant 5 minutes. Égouttez les abricots puis recouvrez-les d'eau fraîche.
3. Portez de nouveau à ébullition, baissez le feu puis laissez mijoter à couvert pendant environ 20 minutes jusqu'à ce qu'ils soient tendres.
4. Ajoutez les autres fruits et laissez cuire 5 minutes à couvert.
5. Égouttez les fruits, en réservant le liquide de cuisson. Découpez chaque abricot sec en 3 ou 4 morceaux. Déposez les fruits dans un plat à four avec 150 ml du liquide de cuisson.
6. Versez la farine dans un saladier et incorporez la margarine en les faisant rouler entre vos doigts jusqu'à obtention d'une pâte granuleuse. Incorporez le lait en poudre, les graines de tournesol, l'avoine et le sucre en réservant 1 cuillerée à café de celui-ci.
7. Répartissez la pâte sur les fruits et saupoudrez le reste du sucre. Mettez au four pendant 15 minutes, ou jusqu'à ce que le dessus soit doré et servez.

Qualités nutritionnelles

Par portion	
Kilocalories/Kjoules	250/1 051
Lipides (g)	9
% des calories	31
Acides gras saturés (g)	2
% des calories	7
Glucides (g)	39
Amidon (g)	13
Fibres (g)	4
Protéines (g)	6
Sodium (mg)	70

Bonne source de vitamine E

Liens possibles avec la santé

Constipation, p. 78.
Santé cardiaque, p. 82-85.

Variante

- *Vous pouvez utiliser 500 g de cassis ou d'airelles mélangées à 100 g d'abricots secs cuits en compote et du miel selon votre goût.*

Cakes, gâteaux et muffins

L'un des avantages d'une alimentation saine, c'est que l'on conseille de manger davantage de féculents, si l'on adopte des recettes comme celles présentées ici. En effet, les quantités de matières grasses et de sucre ont été réduites au minimum, contrairement à la plupart des recettes classiques et elles sont tout aussi réussies avec de la farine complète. Cela ne signifie pas pour autant qu'elles ont un goût étrange ou qu'elles sont plus difficiles à réaliser. L'abondance de fruits et d'épices donne une saveur riche et moelleuse aux recettes de gâteaux tandis que les agrumes sont précieux pour leur saveur acidulée. Pour les gâteaux réalisés avec de la farine complète, préférez la qualité la plus fine qui donne les meilleurs résultats. La quantité de liquide qu'absorbent les farines varie selon les qualités. À moins d'une indication contraire, ajoutez la farine jusqu'à obtention d'une consistance assez ferme, la pâte devant tomber et non couler de la cuillère.

Gâteau polonais aux carottes
Ce gâteau est moelleux non en raison des matières grasses mais de la quantité importante de carotte qu'il contient.

Le glaçage *est pauvre en graisse et contient peu de sucre.*

Les carottes *apportent des carotènes, des fibres et une couleur appétissante.*

Gâteau polonais aux carottes

Ingrédients

Huile pour le moule

Pour le gâteau

- *115 ml de miel liquide*
- *50 g de margarine de tournesol non hydrogénée*
- *75 g de raisins de Smyrne*
- *250 g de carottes finement râpées*
- *Le zeste râpé d'1 citron*
- *140 ml de yaourt nature*
- *2 œufs, battus*
- *170 g de farine complète à levure incorporée, ou normale avec 1,5 cuil. à café de levure chimique*
- *40 g de graines de pavot écrasées*
- *1 cuillerée à café de cannelle en poudre*

Pour le glaçage

- *125 g de fromage frais ou de fromage blanc maigre*
- *2 cuillerées à café de miel*
- *2 gouttes de vanille liquide*

Une grosse part de ce gâteau possède autant de qualités nutritives qu'un plat principal. Pour 10 parts.

1. Préchauffez le four à 180 °C (thermostat 6). Graissez un moule carré de 18 cm ou un moule rond de 20 cm de diamètre.
2. Dans une grande casserole, faites doucement chauffer le miel, la margarine et les raisins secs.
3. Retirez du feu, incorporez les carottes, le zeste de citron et les œufs.
4. Tamisez la farine avec la levure chimique et mélangez soigneusement. Ajoutez les graines de pavots et la cannelle.
5. Versez la pâte dans le moule à gâteau, mettez à cuire pendant 1 heure, puis baissez le feu à 150 °C (thermostat 4) et laissez cuire encore 30 minutes jusqu'à ce que les bords du gâteau commencent à s'écarter du moule.
6. Laissez refroidir le gâteau dans le moule pendant 20 minutes, puis retournez-le sur une grille.
7. Pour préparer le glaçage, mélangez les ingrédients dans un saladier jusqu'à obtention d'une préparation homogène. Étalez le glaçage sur le gâteau à l'aide d'une spatule ou d'un couteau.
8. Servez le gâteau coupé en parts fines. Conservez-le dans un récipient fermé au réfrigérateur. À consommer dans les 4 jours.

Qualités nutritionnelles

Par portion	
Kilocalories/Kjoules	190/801
Lipides (g)	8
% des calories	34
Acides gras saturés (g)	2
% des calories	9
Glucides (g)	30
Amidon (g)	11
Fibres (g)	2
Protéines (g)	6
Sodium (mg)	139

Bonne source de carotènes, de phosphore et de vitamines A et B12.

Liens possibles avec la santé

Constipation, p. 78.
Santé cardiaque, p. 82-85.

Pain d'épice au gingembre et aux amandes

Ingrédients

- *Huile pour le moule*
- *170 g de miel*
- *50 g de margarine de tournesol*
- *300 ml de lait écrémé*
- *2 à 4 morceaux de gingembre en conserve hachés*
- *75 g de raisins de Smyrne*
- *225 g de farine complète*
- *2 cuillerées à café de levure chimique*
- *2 cuil. à café de gingembre en poudre*
- *1 cuillerée à café de quatre-épices*
- *50 g de farine d'avoine ou de son d'avoine*
- *25 g d'amandes non blanchies, hachées grossièrement*

Ce pain d'épice, réalisé selon une recette traditionnelle du Lancashire sera encore plus savoureux si vous attendez 3 à 4 jours avant de le déguster. Pour 15 parts.

1. Préchauffez le four à 180 °C (thermostat 6).
Graissez légèrement un moule à cake d'1 kg.
2. Dans une grande casserole, faites doucement chauffer le miel et la margarine, jusqu'à ce qu'ils deviennent liquides. Incorporez le lait, le gingembre et les raisins secs. Retirez du feu.
3. Dans un saladier, tamisez la farine avec la levure, le gingembre en poudre et le quatre-épices. Ajoutez ensuite la farine ou le son d'avoine.
4. Ajoutez le mélange de farine à la mélasse.
Mélangez rapidement.
5. Versez la pâte dans le moule. Saupoudrez avec les amandes. Mettez au four pendant 1 heure ou jusqu'à ce qu'un couteau inséré au centre ressorte propre.
6. Laissez-le refroidir dans le moule jusqu'à ce qu'il soit à peine tiède, puis retournez-le sur une grille.
Conservez-le dans un récipient hermétique.

Qualités nutritionnelles

Par portion	
Kilocalories/Kjoules	153/644
Lipides (g)	5
% des calories	30
Acides gras saturés (g)	1
% des calories	7
Glucides (g)	25
Amidon (g)	12
Fibres (g)	2
Protéines (g)	4
Sodium (mg)	114

Bonne source de phosphore.

Liens possibles avec la santé

Nausées, p. 78-79.
Circulation et santé cardiaque, p. 82-85.

Cake aux fruits secs et aux airelles

Ingrédients

50 g d'abricots secs
100 g de pruneaux dénoyautés
200 ml d'eau
Huile pour le moule
2 cuillerées à soupe de whisky ou de jus d'orange
75 g de margarine de tournesol non hydrogénée
2 cuillerées à soupe de miel
3 œufs battus
Le zeste et le jus d'1 citron
225 g de raisins de Smyrne ou de raisins de Corinthe
75 g d'écorce de citron confite
250 g d'airelles ou de myrtilles fraîches
50 g de graines de tournesol
225 g de farine complète
2 cuillerées à café de levure chimique
1,5 cuillerée à café de quatre-épices

Parsemé d'airelles rouge vif et de graines de tournesol vertes, voici un gâteau moelleux, moins riche en graisses que la plupart des cakes aux fruits. Pour 20 tranches.

1. Dans une petite casserole, portez à ébullition l'eau, les abricots et les pruneaux. Couvrez, baissez le feu et laissez mijoter pendant 15 minutes ou jusqu'à ce qu'ils soient ramollis.
2. Préchauffez le four à 180 °C (thermostat 6). Graissez un moule carré de 18 cm ou un moule rond de 20 cm de diamètre.
3. Dans un robot, réduisez en compote le mélange de fruits en ajoutant le whisky ou le jus d'orange.
4. Versez la compote dans un grand saladier. Ajoutez la margarine, le miel, les œufs, le zeste et le jus de citron, les différentes sortes de raisins, l'écorce de citron, les airelles, les graines de tournesol et mélangez.
5. Tamisez la farine, la levure et le quatre-épices. Ajoutez le son déposé dans le tamis à l'exception de 2 cuillerées à soupe. Mélangez bien mais rapidement.
6. Déposez la préparation dans le moule avec une cuillère, en lissant le dessus. Mettez à cuire sur la grille centrale du four pendant 30 minutes puis baissez la température à 160 °C (thermostat 5) et laissez cuire le cake pendant 1 h 30 ou jusqu'à ce qu'un couteau inséré au centre ressorte propre.
7. Laissez refroidir le cake dans son moule pendant 10 minutes puis démoulez-le sur une grille. Découpez-le en tranches et servez.

Qualités nutritionnelles

Par portion	
Kilocalories/Kjoules	150/630
Lipides (g)	6
% des calories	34
Acides gras saturés	1
% des calories	8
Glucides (g)	22
Amidon (g)	8
Fibres (g)	2
Protéines (g)	3
Sodium (mg)	91

Bonne source de phosphore.

Liens possibles avec la santé

Constipation, p. 78.
Santé cardiaque, p. 82-58.

Variantes

- *Décorez avec des fruits mélangés, comme des abricots secs, des cerneaux de noix, des amandes coupées en deux et des rondelles d'écorces d'agrumes confites.*
- *Après avoir décoré le cake, faites réchauffer 2 cuillerées à soupe de confiture d'abricot, ajoutez-y une cuillerée à soupe d'eau bouillante et versez le tout sur le cake.*

Cake au thé Earl Grey

Ingrédients

300 ml de thé Earl Grey corsé, fraîchement infusé
100 g de raisins de Corinthe
100 g de raisins de Smyrne
100 g d'écorces d'agrume confites
Huile pour le moule
1 œuf battu
50 g de sucre de canne non raffiné
150 g de farine complète
1 cuillerée à café de levure chimique

L'écorce confite et le thé corsé donnent à ce cake une saveur rafraîchissante. Pour 10 tranches.

1. Dans un grand saladier, mélangez le thé, les raisins secs, les raisins de Smyrne et l'écorce d'agrume. Laissez macérer une nuit.
2. Préchauffez le four à 180 °C (thermostat 6). Huilez légèrement un moule à cake de 500 g.
3. Incorporez les œufs et le sucre dans le mélange de thé et de fruits. Tamisez la farine et la levure. Ajoutez le son laissé dans le tamis à l'exception de 2 cuillerées à soupe et mélangez soigneusement.
4. Versez la pâte dans le moule et laissez cuire 1 heure ou jusqu'à ce que les bords du cake s'écartent du moule et que le cake soit ferme sous le doigt.
5. Laissez refroidir le cake dans le moule pendant quelques minutes puis démoulez-le sur une grille. Découpez-le en tranches et servez.

Qualités nutritionnelles

Par portion	
Kilocalories/Kjoules	158/672
Lipides (g)	2
% des calories	9
Acides gras saturés (g)	0,3
% des calories	2
Glucides (g)	35
Amidon (g)	10
Fibres (g)	2
Protéines (g)	3
Sodium (mg)	79

Liens possibles avec la santé

Constipation, p. 78.
Les défenses de l'organisme, p. 89.

MUFFINS AU SON D'AVOINE

INGRÉDIENTS

Huile pour les moules à alvéoles
25 g de sucre, facultatif
125 g de son d'avoine
2 cuil. à café de cannelle en poudre
2 cuillerées à café de levure chimique
175 g de pommes à couteau, bien brossées
1 morceau d'écorce de citron de 2,5 cm
3 cuillerées à soupe d'eau
175 ml de lait écrémé
1 blanc d'œuf
30 g de raisins secs

Ces muffins sont bien meilleurs pour la santé que les gâteaux secs. Cette recette a l'avantage, en outre, d'être sans gluten. Pour 12 muffins.

1. Préchauffez le four à 200 °C (thermostat 7). Huilez soigneusement 12 moules à alvéoles.
2. Dans un saladier, mélangez le sucre, si désiré, le son d'avoine, la cannelle et la levure.
3. Dans un robot, réduisez en purée la pomme, l'écorce de citron, l'eau, le lait et le blanc d'œuf. Ajoutez le mélange au son, puis les raisins secs. La pâte paraît très liquide au départ mais elle épaissit rapidement.
4. Répartissez le mélange dans les moules et laissez cuire les muffins en haut du four pendant 15 à 18 minutes ou jusqu'à ce qu'ils commencent à dorer.
5. Démoulez-les, laissez-les refroidir sur une grille. Conservez-les dans un récipient hermétique et consommez-les sous 4 jours.

QUALITÉS NUTRITIONNELLES

Par portion	
Kilocalories/Kjoules	62/260
Lipides (g)	1
% des calories	18
Acides gras saturés (g)	traces
% des calories	3
Glucides (g)	11
Amidon (g)	6
Fibres (g)	2
Protéines (g)	2
Sodium (mg)	136

Bonne source de fer.

LIENS POSSIBLES AVEC LA SANTÉ

Santé cardiaque, p. 82-85.
Santé des diabétiques, p. 90-91.
Agitation, p. 93.

VARIANTES

- *Vous pouvez ajouter un de ces ingrédients à la pâte juste avant d'enfourner :*
- *150 g de myrtilles, de cassis ou de cerises dénoyautées et hachés, frais ou surgelés.*
- *50 g de graines de potiron ou de tournesol.*

CAKE À LA BANANE ET AUX NOIX

INGRÉDIENTS

Huile pour le moule
75 g de dattes hachées
50 g de margarine de tournesol non hydrogénée
2 bananes très mûres, écrasées
1 filet de jus de citron
100 ml de lait demi-écrémé
75 g de cerneaux de noix hachés grossièrement
75 g de sucre de canne non raffiné
1 œuf battu
225 g de farine de blé complète à levure incorporée
25 g de cacao

Ce cake tire l'essentiel de ses lipides et de ses glucides d'ingrédients qui apportent également des vitamines, des minéraux et des fibres. Pour 12 tranches.

1. Préchauffez le four à 180 °C (thermostat 6). Huilez légèrement un moule à cake d'1 kg.
2. Dans une grande casserole, faites chauffer 100 ml d'eau avec les dattes et portez à ébullition. Retirez du feu et écrasez les dattes grossièrement. Incorporez la margarine.
3. Ajoutez les bananes, le jus de citron, le lait, les noix, le sucre et l'œuf et mélangez jusqu'à obtention d'une pâte lisse.
4. Ajoutez la farine et la poudre de cacao et mélangez soigneusement.
5. Versez la pâte dans le moule et laissez cuire au four pendant 1 h 15 ou jusqu'à ce qu'un couteau inséré au centre ressorte propre.
6. Laissez refroidir le cake dans le moule. Consommez-le dans les 2 jours suivant la cuisson. Si vous souhaitez le conserver plus longtemps, découpez-le en grosses tranches et congelez celles-ci que vous pourrez ensuite passer au micro-ondes ou au grille-pain juste avant de les déguster.

QUALITÉS NUTRITIONNELLES

Par portion	
Kilocalories/Kjoules	200/839
Lipides (g)	10
% des calories	43
Acides gras saturés (g)	2
% des calories	7
Glucides (g)	25
Amidon (g)	12
Fibres (g)	2
Protéines (g)	5
Sodium (mg)	95

Bonne source de cuivre, de phosphore et de sélénium.

LIENS POSSIBLES AVEC LA SANTÉ

Constipation, p. 78.
Santé cardiaque, p. 82-85.
Nervosité, p. 93.

Sauces et assaisonnements

La plupart des sauces réalisées à base de légumes crus, constituent un accompagnement rafraîchissant et coloré. Ils se marient bien aux viandes et aux poissons, en lieu et place des sauces lourdes généralement réalisées avec du beurre et de la crème. Souvent pauvres en matières grasses, les sauces et les assaisonnements permettent également d'ajouter des fruits et des légumes au menu. Leur saveur piquante relève le goût des plats qu'ils accompagnent ce qui permet de cuisiner ceux-ci avec moins de graisses et de sel. Les nouvelles vinaigrettes, quant à elles, contiennent moins d'huile. Les huiles sont préférables pour la santé aux matières grasses solides mais leur valeur énergétique est la même – et beaucoup d'entre nous brûlent moins d'énergie dans leur vie quotidienne. Plus vous mangez régulièrement de la salade, plus il est important d'utiliser un assaisonnement pauvre en matières grasses, que vous pouvez parfumer avec des herbes aromatiques ou des jus d'agrumes.

Assaisonnement à l'ananas

Ingrédients

- *100 g d'ananas frais coupé en petits dés*
- *2 cuillerées à soupe de poivron rouge haché*
- *1 cuil. à café de piment vert épépiné et finement haché*
- *3 cuil. à café de coriandre fraîche hachée*
- *2 cuil. à café de menthe fraîche hachée*
- *1 cuillerée à soupe de jus de citron vert ou de citron*

Cet assaisonnement associe des saveurs très rafraîchissantes. Il accompagne tous les plats principaux, en particulier les plats à base de riz, de volaille ou de poissons gras.

1. Dans un saladier, mélangez tous les ingrédients.
2. Laissez les saveurs se mêler pendant au moins 10 minutes avant de servir. Cet assaisonnement se conserve 2 jours au réfrigérateur. Servez-le toujours à température ambiante.

Qualités nutritionnelles

Par portion	
Kilocalories/Kjoules	15/64
Lipides (g)	traces
% des calories	8
Acides gras saturés (g)	traces
% des calories	traces
Glucides (g)	3
Amidon (g)	traces
Fibres (g)	traces
Protéines (g)	traces
Sodium (mg)	2

Bonne source de vitamine C.

Liens possibles avec la santé

Digestion, p. 78-79.
Circulation, p. 82-85.

***Les poivrons rouges** sont l'une des meilleures sources de vitamine C et de carotènes.*

***L'ananas frais** facilite la digestion.*

Zhoug

Ingrédients

- *120 g de coriandre fraîche hachée*
- *2 petits piments moyennement piquants, épépinés et finement hachés*
- *6 gousses d'ail écrasées*
- *Les graines de 6 gousses de cardamome, écrasées*
- *4 à 5 cuillerées à soupe d'huile de tournesol non raffinée*
- *Poivre noir fraîchement moulu*
- *Sel de mer*

Originaire du Yémen, cet assaisonnement apporte du piquant aux plats à base de riz, de pâtes et de pommes de terre. Pour 6 personnes.

1. Dans un petit saladier, mélangez tous les ingrédients et assaisonnez à votre goût.
2. Laissez les saveurs se mêler pendant 5 à 10 minutes avant de servir.
3. Conservez-le au frais, dans un récipient fermé et consommez-le dans les 3 jours.

Qualités nutritionnelles

Par portion	
Kilocalories/Kjoules	95/391
Lipides (g)	10
% des calories	96
Acides gras saturés (g)	1
% des calories	11
Glucides (g)	1
Amidon (g)	traces
Fibres (g)	traces
Protéines (g)	1
Sodium (mg)	6

Bonne source de vitamine C lorsqu'il est consommé frais et de vitamine E.

Liens possibles avec la santé

Infections respiratoires, p. 76.
Digestion, p. 78-79.
Circulation et santé cardiaque, p. 82-85.

Sauce à la tomate

Ingrédients

- *250 g de tomates à chair ferme*
- *2 à 3 oignons nouveaux ou 1 échalote finement hachés*
- *1 piment vert épépiné et haché*
- *2 cuillerées à soupe de jus de citron ou de citron vert*
- *2 cuillerées à soupe de coriandre fraîche hachée*
- *Sel de mer*

Variantes

- *Sauce au poivron rouge : ajoutez un poivron rouge cru ou grillé coupé en dés.*
- *Sauce à l'ail confit : faites cuire 8 à 10 gousses d'ail épluchées sur une plaque légèrement enduite d'huile d'olive à 180 °C thermostat 6 pendant 1 heure. Coupez-les en deux et ajoutez-les à la Sauce à la tomate ou au poivron.*
- *Sauce au citron vert : ajoutez le zeste râpé d'1 citron vert.*
- *Sauce chaude : faites cuire la sauce dans une cuillerée d'huile pendant quelques minutes et servez-la chaude.*

Les salsas, sauces mexicaines, ajoutent une saveur rafraîchissante à pratiquement tous les plats.

1. Découpez une incision dans chaque tomate avec un couteau aiguisé et déposez-les dans un saladier résistant à la chaleur. Recouvrez-les d'eau bouillante et attendez 1 ou 2 minutes.
2. Soulevez les tomates l'une après l'autre avec une fourchette et épluchez-les. La peau devrait se retirer facilement. Sinon, remettez les tomates dans l'eau chaude pendant une ou deux minutes de plus.
3. Hachez les tomates et mélangez-les avec les autres ingrédients, sauf le sel. Attendez au moins 20 minutes avant de servir. Assaisonnez juste avant de servir. À consommer dans la journée.

Qualités nutritionnelles

Par portion	
Kilocalories/Kjoules	14/59
Lipides (g)	traces
% des calories	17
Acides gras saturés (g)	traces
% des calories	4
Glucides (g)	2
Amidon (g)	traces
Fibres (g)	1
Protéines (g)	1
Sodium (mg)	8

Bonne source de vitamine C.

Liens possibles avec la santé

Infections respiratoires, p. 76.
Digestion, p. 78-79.
Circulation, p. 82-85.

***Les tomates** apportent l'un des carotènes les moins courants, le lycopène.*

Assaisonnement au miel et à la moutarde

Ingrédients

- 1 cuillerée à soupe d'huile de tournesol non raffinée
- 150 ml de yaourt nature maigre
- Le jus d'1 citron ou d'1/2 orange
- 1 cuillerée à café de vin rouge ou blanc, facultatif
- 1 cuillerée à café de moutarde de Dijon à l'ancienne
- 1 cuillerée à café de miel extrait à froid
- Poivre noir fraîchement moulu
- Sel de mer

Cet assaisonnement convient à de nombreuses salades, en particulier à celles composées de chou et de légumes racines. Quantité suffisante pour deux salades.

1. Dans un saladier, mélangez l'huile, le yaourt, le jus, le vin, si désiré, la moutarde et le miel.
2. Assaisonnez à votre goût. Conservez au frais et consommez dans les 2 à 3 jours.

Qualités nutritionnelles

Par portion	
Kilocalories/Kjoules	30/126
Lipides (g)	2
% des calories	62
Acides gras saturés (g)	1
% des calories	10
Glucides (g)	2
Amidon (g)	0
Fibres (g)	traces
Protéines (g)	1
Sodium (mg)	26

Liens possibles avec la santé

Digestion, p. 78-79.

Hoummos allégé

Ingrédients

- 170 g de pois chiches
- 25 g de graines de sésame
- 1/2 cuillerée à café de graines de coriandre
- 2 gousses d'ail écrasées
- Le jus d'1 ou 2 citrons, selon votre goût
- 2 cuillerées à soupe d'huile d'olive
- 120 g de fromage frais maigre
- Sel de mer
- 1 pincée de paprika et 2 cuillerées à soupe de coriandre fraîche hachée pour décorer

Cette version allégée d'un plat typique du Moyen-Orient, qui se déguste traditionnellement avec des pitas et de la salade, contient moins d'huile et plus de pois chiches riches en fer et en zinc.

1. Mettez les pois chiches à tremper pendant une nuit, puis égouttez-les.
2. Recouvrez-les d'eau froide et portez à ébullition. Baissez le feu, couvrez et laissez mijoter pendant environ 1 h 30 jusqu'à ce que les pois chiches soient parfaitement cuits.
3. Dans l'intervalle, dans une poêle sans matière grasse, faites griller les graines de sésame à feu doux pendant 3 à 4 minutes, puis ajoutez les graines de coriandre. Après une minute supplémentaire, retirez les graines du feu et broyez-les dans un moulin à café.
4. Égouttez les pois chiches, en réservant l'eau de cuisson. Mettez-les dans le robot, ajoutez les graines de sésame et de coriandre hachées, l'ail, le jus d'1 citron, 1 cuillerée à soupe d'huile d'olive et réduisez-les en purée avec un peu d'eau de cuisson pour qu'elle soit épaisse.
5. Transvasez cette purée dans une casserole et incorporez le fromage frais. Rectifiez l'assaisonnement et ajoutez davantage de jus de citron si désiré.
6. Au moment de servir, étalez le hoummos sur une assiette plate, arrosez-le avec le reste de l'huile d'olive, saupoudrez de paprika et de coriandre.

Qualités nutritionnelles

Par portion	
Kilocalories/Kjoules	301/1 258
Lipides (g)	17
% des calories	52
Acides gras saturés (g)	4
% des calories	11
Glucides (g)	23
Amidon (g)	19
Fibres (g)	5
Protéines (g)	14
Sodium (mg)	95

Bonne source de cuivre, acide folique, fer, magnésium, phosphore et zinc.

Liens possibles avec la santé

Circulation et santé cardiaque, p. 82-85. Anémie, p. 85. Santé des diabétiques, p. 90-91.

Sauce aux airelles et à l'orange

Ingrédients

125 g d'airelles fraîches ou surgelées, décongelées

2 cuillerées à soupe de miel

Le jus et le zeste d'1/2 orange

Le zeste d'1/2 citron ou d'1 citron vert

1 grosse pomme à couteau bien brossée

Cette sauce est délicieuse seule ou en accompagnement d'un plat de viande, de poisson ou de féculents.

1. Hachez grossièrement les airelles. Incorporez 1 cuillerée à soupe de miel et de jus d'orange.
2. Ajoutez le zeste d'orange et de citron ou de citron vert.
3. Râpez grossièrement la pomme et ajoutez-la à la préparation, en mélangeant bien pour éviter qu'elle brunisse. Ajoutez du miel selon votre goût.
4. Mettez au frais, dans un récipient fermé pendant au moins 2 heures avant de servir. À consommer dans les 3 jours.

Qualités nutritionnelles

Par portion	
Kilocalories/Kjoules	49/207
Lipides (g)	traces
% des calories	2
Acides gras saturés (g)	0
% des calories	0
Glucides (g)	12
Amidon (g)	0
Fibres (g)	2
Protéines (g)	traces
Sodium (mg)	4

Bonne source de vitamine C lorsqu'elle est consommée rapidement (réduite par la conservation).

Liens possibles avec la santé

Constipation, p. 78. Gastro-entérite, p. 79. Infections urinaires, p. 92.

Sauce au yaourt et à la menthe

Ingrédients

15 g de menthe fraîche

15 g de persil frais

10 g de ciboulette fraîche

200 ml de yaourt nature maigre

Le zeste et le jus d'1/2 citron

1/2 cuillerée à café de paprika

1 pincée de sucre, facultatif

Poivre noir fraîchement moulu

Sel de mer

Variantes

- *Remplacez la menthe par du basilic, de l'aneth, du fenouil, de la coriandre ou du cresson frais.*
- *Ajoutez 1 cuillerée à café de graines de carvi ou de fenouil, ou 1 cuil. à soupe de graines de lin, de tournesol ou de potiron, grillées et concassées.*

Voici un assaisonnement sans huile, pour les salades d'été. La quantité proposée permet d'assaisonner 2 salades.

1. Remplissez le bol du robot avec les herbes et hachez-les avec juste assez de yaourt pour obtenir une purée onctueuse.
2. Transvasez la préparation dans un saladier. Ajoutez le reste du yaourt, le zeste et le jus de citron, le paprika et le sucre, si désiré, en mélangeant à la main.
3. Assaisonnez à votre goût. Laissez au frais jusqu'au moment de servir et consommez dans les 3 jours.

Qualités nutritionnelles

Par portion	
Kilocalories/Kjoules	17/72
Lipides (g)	traces
% des calories	17
Acides gras saturés (g)	traces
% des calories	9
Glucides (g)	2
Amidon (g)	traces
Fibres (g)	traces
Protéines (g)	2
Sodium (mg)	24

Liens possibles avec la santé

Gastro-entérite, p. 79.
Ostéoporose, p. 80.
Candidose, p. 87.

***Les herbes fraîches** donnent à cet assaisonnement une ravissante couleur vert pâle.*

RÉPERTOIRE DES AUTRES ALIMENTS BÉNÉFIQUES

De nombreux aliments qui ne figurent pas dans la première partie de cet ouvrage méritent toutefois notre attention. Ces aliments apportent une grande quantité de nutriments par calorie et s'intègrent facilement à une alimentation équilibrée. Ils élargissent la gamme des aliments nourrissants et permettent de composer des repas qui conviennent à tous les goûts, tous les budgets et toutes les saisons. Certains de ces aliments, tels que les mûres, contiennent des substances auxquelles on attribue des vertus bénéfiques dans d'autres aliments. Mais comme ils n'ont pas fait l'objet de recherches, il n'est pas certain qu'ils aient une action identique. D'autres, tels que la betterave et les fraises, sont des remèdes traditionnels mais, jusqu'à présent, leur action n'a pas reçu de confirmation sur le plan scientifique.

LÉGUMES ET FRUITS

L'AVOCAT est riche en vitamine E, avec un apport de 3 mg en moyenne pour 100 g de chair. Il est également riche en lipides (10 à 14 %, essentiellement en acides gras monoinsaturés) et en calories, alors dégustez-en de temps en temps.

LES GERMES DE SOJA apportent une quantité intéressante de fer. Ainsi, les germes de mungo apportent 1 à 2 mg de fer pour 100 g et s'ils sont rapidement cuits à la poêle, 40 mcg d'acide folique.

LA BETTERAVE, en particulier crue, est une source exceptionnelle d'acide folique, apportant 60 à 150 mcg pour 100 g, et elle apporte également 0,7 mcg de fer pour la même quantité.

LE CÉLERI-RAVE contient les mêmes nutriments que le céleri en branche, voir p. 54-5, mais davantage de fer, 0,8 mg pour 100 g, et d'acide folique, 51 mcg pour 100 g, de céleri-rave cru. Le céleri-rave est généralement consommé cru, râpé en salade, mais il faut immédiatement l'asperger de citron ou d'assaisonnement pour éviter qu'il brunisse.

LES CHAMPIGNONS apportent une quantité non négligeable de potassium, de niacine, d'acide pantothénique et de fer pour un faible apport calorique. Certaines variétés orientales, notamment le shiitake, ont des propriétés antivirales et pourraient éviter le développement de certains cancers.

LES DATTES SÈCHES peuvent être considérées comme une forme de sucre très nourrissante. La compote de dattes remplace très bien le sucre dans les pâtisseries. Les dattes sèches constituent une bonne source de fibres ; elles sont très riches en potassium, en niacine et contiennent un peu de fer.

LES FIGUES, en particulier les figues sèches, sont laxatives. Les figues sèches sont riches en fibres, en potassium, en calcium, en magnésium et en fer et peuvent remplacer le sucre en cuisine. Les premiers résultats des recherches indiquent qu'elles pourraient avoir une action préventive contre certains cancers.

LES FRAISES sont une des meilleures sources de vitamine C, apportant en moyenne 77 mg pour 100 g de fruits frais. Réputées pour leurs vertus diurétiques, elles sont utilisées pour soulager les rhumatismes et la goutte.

LA GOYAVE est très riche en vitamine C, avec en moyenne 230 mg pour 100 g, bien que la teneur varie de 10 à 410 mg.

LE MAÏS sucré apporte davantage d'amidon et de calories que la plupart des légumes. C'est un aliment utile pour stabiliser le taux de glucose dans le sang car les parois de ses cellules et l'amidon qu'il contient résistent à une digestion rapide. Malgré sa couleur, il contient peu de carotènes et peu de vitamine C mais une quantité utile de fer et de potassium. Le maïs sucré frais ou congelé est très riche en acide folique.

LA MANGUE est une bonne source de vitamine E, de fer et de vitamine C. Mûre, elle est riche en carotènes, avec environ 300 à 3 000 mcg pour 100 g de chair.

LE MELON à chair orange, tel que le cantaloup ou le charentais, apporte 800 à 1 900mcg de carotènes pour 100 g de chair. Comme les portions de melon sont généralement généreuses, il constitue une excellente source de carotènes. Le cantaloup pourrait avoir une action anticoagulante sur le sang.

LES MÛRES constituent l'une des meilleures sources de vitamine E, avec 2,4 mg pour 100 g de baies. Comme les autres baies de même couleur, les mûres sont riches en anthocyanes, voir p. 22, mais la recherche n'a pas encore démontré qu'elles sont bénéfiques pour la santé.

LA NECTARINE apporte environ 37 mg de vitamine C pour 100 g de chair.

LA PAPAYE crue contient un enzyme qui digère les protéines. Elle peut donc servir à attendrir la viande et à la rendre plus digeste. La papaye apporte environ 60 mg de vitamine C et 800 mcg de carotènes pour 100 g de fruit.

LES PÊCHES FRAÎCHES n'ont pas de qualités nutritionnelles exceptionnelles, si ce n'est qu'elles apportent 28 mg de vitamine C pour 100 g de chair. Les pêches sèches sont très riches en potassium, et contiennent une quantité non négligeable de fer, de carotènes et de niacine.

LE POIREAU contient une quantité intéressante de vitamine E, de carotènes, de fer et, lorsqu'il est cru ou à peine cuit, de l'acide folique, de la vitamine C et de la vitamine B1.

LES POMMES DE TERRE sont le seul féculent, à l'exception des patates douces et du maïs, à apporter une quantité substantielle de vitamine C. Elles constituent une grande source de potassium, notamment car la portion moyenne est, en général, d'au moins 200 g et une bonne source de vitamines B1 et B6. Les pommes de terre sont déconseillées aux personnes sujettes à des fluctuations de la glycémie car celles-ci provoquent une augmentation rapide du sucre dans le sang comparé aux autres féculents.

LES PRUNEAUX sont réputés pour leur action laxative et apportent une quantité intéressante de fibres et de fer.

LE RAISIN est plus sucré que la plupart des autres fruits. Toutes les variétés contiennent une quantité non négligeable de potassium.

LES RAISINS SECS ET LES RAISINS DE SMYRNE contiennent une bonne quantité de potassium et de fer. Ils remplacent le sucre en cuisine.

Oléagineux

LES NOISETTES contiennent à peu près autant de vitamine E que les amandes, voir p. 70-71, et sont également riches en vitamines B1 et B6. Elles sont également riches en lipides (60 %, essentiellement des acides gras monoinsaturés), alors consommez-les avec modération. L'huile de noisette est délicieuse et convient dans les préparations froides et pour la cuisson à basse température.

LES NOIX DE CAJOU sont riches en fer, en zinc, en magnésium, en sélénium et en vitamine B1. Elles contiennent aussi environ 50 % de lipides, essentiellement des acides gras monoinsaturés, et sont donc à consommer avec modération.

LES PIGNONS DE PINS apportent plus de 13 mg de vitamine E pour 100 g, ainsi qu'une grande quantité de fer, de magnésium, de manganèse, de zinc et de vitamine B1.

Viandes et poissons

LE GIBIER contient peu de lipides et essentiellement des acides gras insaturés. Le lièvre, les perdrix, les pigeons, les grouses et les venaisons sont plus riches en fer que les autres viandes à l'exception des abats, avec beaucoup de zinc (en particulier dans les venaisons), de vitamines B2, B6 et B12, de niacine et de pantothénate.

LA VIANDE MAIGRE est peu ou moyennement riche en lipides. Le bœuf, l'agneau et le foie sont très riches en fer et en zinc sous une forme que l'organisme assimile bien. Toutes les viandes contiennent la gamme complète des vitamines B, mais c'est le foie qui en apporte le plus (en particulier de l'acide folique) et la viande est la source principale de sélénium. La viande issue d'élevages traditionnels contient généralement moins de lipides que la viande d'élevages industriels. Le fait de consommer une petite quantité de protéine de viande au cours d'un repas améliore l'absorption du fer apporté par les autres aliments consommés au cours du même repas.

LES POISSONS BLANCS, tels que la morue, le haddock, le carrelet et le colin, contiennent moins de vitamines et de minéraux que les poissons gras, les fruits de mer ou la viande, mais sont riches en protéines, en iode et en sélénium, avec une quantité non négligeable de vitamine B6 et E. Les poissons blancs sont très pauvres en lipides et en acides gras saturés et peuvent améliorer l'absorption du fer apporté par les aliments d'origine non animale consommés au cours du même repas.

Produits laitiers

LES ŒUFS sont riches en cholestérol, mais apportent peu d'acides gras saturés. La consommation de 3-5 œufs par semaine s'intègre à une alimentation pauvre en graisse, apportant une bonne quantité de sélénium et d'iode, avec du zinc, des vitamines D et E et la gamme complète des vitamines B. Les œufs contiennent une quantité intéressante de fer mais sous une forme peu assimilable. On absorbera mieux le fer contenu dans les œufs si l'on consomme au cours du même repas un aliment riche en vitamine C. Les blancs d'œufs, qui peuvent remplacer les œufs entiers en pâtisserie, ne contiennent pratiquement pas de lipides, de calories, de minéraux ou de vitamines. La consommation régulière de blancs d'œufs crus empêche l'absorption de la biotine. Les œufs contiennent une petite quantité d'œstrogènes.

LES FROMAGES, en particulier le Parmesan, sont riches en calcium sous une forme facilement assimilée, et en vitamine B2, en protéines et en zinc. Les fromages contiennent généralement plus de 30 % d'acides gras saturés et sont riches en sel ; il vaut mieux les consommer avec modération, essentiellement pour parfumer les plats.

LES FROMAGES FRAIS, tels que le cottage cheese et le fromage blanc, contiennent peu de calcium et de zinc comparé aux fromages mais ils sont riches en vitamine B2. Le fromage blanc est une bonne source de protéines et le fromage frais contient moins de sel que le fromage.

Autres

L'ALCOOL. Une petite quantité de boissons alcoolisées telles que le vin ou les apéritifs peut remplacer le sel ou les condiments riches en lipides dans la préparation de certains plats. L'alcool est détruit par la cuisson mais il conserve sa saveur.

L'HUILE DE COTON, que l'on trouve dans certaines spécialités à tartiner et quelques assaisonnements, vient en second derrière l'huile de germe de blé et l'huile de tournesol pour sa teneur en vitamine E, avec 43 mg pour 100 g. Elle n'est pas disponible non raffinée.

Les consommateurs de **VIN ROUGE** sont moins sujets aux maladies cardiaques. On pense que cela est dû aux polyphénols, dont les tanins, contenus dans le raisin rouge, voir Flavonoïdes, p. 22. Il est possible que ceux-ci transmettent au vin leurs propriétés antioxydantes et antivirales que n'ont pas les autres boissons alcoolisées.

VITAMINES ET MINÉRAUX

Les vitamines et les minéraux sont essentiels pour la santé et doivent être apportés par l'alimentation. Les carences restent aujourd'hui encore responsables de décès à travers le monde, soit directement, soit en réduisant les défenses de l'organisme face aux maladies. Un mode de vie moins actif signifie que l'on a besoin de consommer moins d'aliments, ce qui rend l'apport de tous les nutriments nécessaires plus difficile, surtout si l'on consomme une quantité importante de produits sucrés et d'alcool qui ne fournissent quasiment aucune vitamine et pas de minéraux. Moins on consomme de calories, plus il est important que chaque calorie apporte avec elle des vitamines et des minéraux. Certaines personnes ont besoin d'un apport plus important que la moyenne d'un ou de plusieurs nutriments. Un apport supérieur à la normale d'une vitamine n'est pas automatiquement bénéfique mais on sait que pour certaines vitamines, un apport plus important est positif pour des personnes qui n'ont aucun signe de carence. Pour de nombreuses vitamines, il est conseillé de viser un apport optimal.

LES NUTRIMENTS INDISPENSABLES

LES VITAMINES QUE NOUS POUVONS STOCKER

Les vitamines A, D, E et B12 peuvent être stockées dans notre organisme pendant longtemps. Les réserves nous protègent contre les effets d'une carence de courte durée. Mais le stockage signifie également que les taux dans l'organisme peuvent s'accumuler et lorsqu'elles sont apportées par des produits d'origine animale, des quantités même modérément excessive de vitamine A et D ont des effets néfastes. Bien que l'organisme produise de la vitamine A à partir de notre consommation de carotènes dans les légumes et les fruits, une grande consommation de ces derniers ne provoque pas un excès de vitamine A, de même que le soleil ne provoque pas d'excès de vitamine D.

Dans les pays développés, les carences en vitamines A, D, E, liposolubles, sont essentiellement dues à une alimentation mal équilibrée ou, pour la vitamine D, à un manque d'exposition au soleil. Certaines personnes risquent une carence parce qu'elles absorbent mal les graisses, en raison d'une maladie ou de la prise de certains médicaments, ou de l'utilisation régulière de laxatifs. Une partie des vitamines A et E contenues dans les aliments est détruite par l'exposition à l'air pendant la conservation et la trop forte chaleur pendant la cuisson, voir p. 96-97.

LES VITAMINES QUE NOUS STOCKONS TRÈS PEU

Les vitamines du groupe B et les vitamines C et K sont peu stockées par l'organisme ; il est donc important de les consommer quotidiennement, bien que l'organisme fabrique l'essentiel de la vitamine K dont il a besoin. Une partie de ces vitamines est détruite au contact de l'eau, par exemple lors de la mise en conserve, du trempage ou de la cuisson dans beaucoup d'eau. Le raffinage des aliments, l'exposition des surfaces coupées à l'air et à la lumière et une exposition prolongée à des températures élevées peuvent également entraîner une perte importante de vitamines. Cela signifie que le risque de carences est le plus élevé parmi les personnes qui se nourrissent d'aliments industriels ou qui font trop cuire leurs aliments. Une alimentation mal équilibrée et certains médicaments font aussi courir un risque de déficience. Au cours de maladies ou de périodes de stress, un apport plus important de vitamines que l'organisme ne peut pas stocker peut jouer un rôle bénéfique. Comme toutes les vitamines du groupe B ont une action associée, si vous prenez un complément médicamenteux, prenez en pour toutes les vitamines du groupe B. Pour conserver le maximum des vitamines apportées par les aliments, reportez-vous p. 96-97.

LES MINÉRAUX

On sait qu'environ 15 minéraux sont essentiels pour la santé, tandis que d'autres font encore l'objet de recherches. La quantité précise à consommer est encore moins facile à définir que pour les vitamines car pour la plupart des minéraux, la quantité absorbée varie considérablement en fonction des aliments dans lesquels nous les puisons. Nous assimilons moins bien certains minéraux dans des aliments riches en fibres - en particulier lorsqu'ils contiennent aussi de l'acide phytique. Cela ne signifie pas qu'il ne faut pas consommer de fibres, seulement qu'il faut éviter les excès.

Certains minéraux peuvent se révéler dangereux même en quantités relativement faibles. Pour le fer, il semble que la marge soit relativement étroite, la consommation devant être suffisamment importante pour éviter les conséquences d'une carence mais en même temps suffisamment faible pour que l'on ne risque pas de favoriser la formation de radicaux libres, voir Antioxydants, p. 21. Un apport important d'un minéral pourrait empêcher l'absorption par l'organisme d'un autre minéral. Ce genre de problème risque peu de survenir si nous puisons les minéraux dans l'alimentation plutôt que dans des compléments alimentaires qui en contiennent bien plus.

VITAMINES

SOURCES PRINCIPALES	RÔLE	CONSÉQUENCES D'UNE CARENCE
VITAMINE A Disponible sous forme de rétinol dans le foie, l'anguille, la margarine enrichie, les rognons, le lait entier et les œufs. Le fromage, le beurre et les poissons gras en apportent également. Elle est aussi produite par les carotènes des carottes, des brocolis, des légumes verts à feuilles, des courges d'hiver, des patates douces, du poivron rouge, de la mangue, du potiron, et des abricots secs.	Nécessaire pour la croissance et le développement normal des tissus ; utile pour la bonne santé de la peau et des tissus, en particulier ceux doublés de muqueuses, tels que les bronches. Ces muqueuses sont les premières défenses de l'organisme contre les infections. La vitamine A est également nécessaire pour la vision.	Une carence en vitamine A chez des personnes correctement alimentées auparavant peut ne se manifester par aucun signe pendant un an ou plus. Les premiers effets comprennent une diminution de la vision nocturne ou crépusculaire ; la peau sèche, une diminution de la résistance aux infections, en particulier au niveau des poumons.
VITAMINE B1 (THIAMINE) Les petits pois, les germes de blé, les graines de tournesol, les céréales du petit déjeuner enrichies, le foie, les levures et extraits de levure, les cacahuètes, les pommes de terre, le porc, le pain blanc enrichi, le pain et les céréales complètes.	Essentielle pour de nombreuses fonctions de l'organisme, notamment la transformation en énergie des glucides, de l'alcool et des lipides, et la santé du système nerveux et des muscles. Plus la consommation de glucides et d'alcool est grande, plus l'apport de vitamine B1 doit être important.	Les premiers signes sont l'irritabilité, le manque de concentration, les troubles du sommeil, la perte d'appétit et un malaise général. Les carences prolongées entraînent une détérioration des nerfs, une diminution musculaire, de la confusion mentale et des pertes de mémoire. Les carences déclarées sont courantes chez les alcooliques et les carences prolongées sont fatales.
VITAMINE B2 (RIBOFLAVINE) Le foie, les rognons, le yaourt, le lait (si l'emballage le protège de la lumière), le fromage, les céréales du petit déjeuner enrichies, les germes de blé, les œufs, les extraits de levure, le crabe, les moules, les bigorneaux, les poissons gras, le carrelet, le merlan, les champignons, les amandes et les graines de potiron.	La vitamine B2 joue un rôle important dans de nombreuses fonctions de l'organisme, en particulier pour la transformation des aliments en énergie, la croissance des enfants, et la réparation et l'entretien des tissus de l'organisme.	Les premiers signes de carence sont des crevasses douloureuses aux commissures des lèvres et un malaise général. Les autres symptômes sont une forme d'eczéma sur les ailes du nez, sur le menton et les parties génitales, une langue rouge et douloureuse et des yeux rouges et irrités. Ces symptômes sont réversibles en quelques jours et n'entraînent pas de handicaps.
NIACINE (APPARTIENT AU GROUPE B) Les meilleures sources sont le foie, les viandes maigres, les céréales du petit déjeuner enrichies, les poissons gras, le lait, le fromage, les œufs, les petits pois, les champignons, les œufs de poissons, les légumes verts à feuilles, les artichauts, les asperges et les pommes de terre.	La niacine comprend de l'acide nicotinique et de la nicotinamide, tous deux nécessaires pour la libération d'énergie dans les cellules. Les nicotinamides participent à de nombreux processus enzymatiques, dont le métabolisme des acides gras, la respiration des tissus et l'élimination des toxines. Des recherches sont actuellement menées sur l'action de la niacine sur la schizophrénie.	Les carences sont peu probables si vous avez une alimentation variée, d'autant que certaines céréales du petit-déjeuner sont enrichies en cette vitamine. Les carences légères se traduisent par un manque d'énergie, de la dépression et quelquefois une irritation de la peau, qui devient rouge foncé lorsqu'elle est exposée au soleil. Les carences prolongées, très rares de nos jours, peuvent provoquer la pellagre et la mort.
VITAMINE B5 (ACIDE PANTOTHÉNIQUE) La plupart des aliments, sauf le sucre, les lipides et l'alcool, contiennent de l'acide pantothénique ou pantothénate. Les aliments riches en acide pantothénique sont le foie, les céréales complètes, l'extrait de levure, les avocats, les germes de blé, les jaunes d'œufs, les cacahuètes, les noix, les poires et les abricots secs, les dattes et les champignons.	Elle joue un rôle essentiel dans la transformation des lipides et des glucides en énergie nécessaire à la production de substances vitales pour l'organisme, dont la production des hormones stéroïdes et des acides gras. Il existe un certain nombre de données selon lesquelles des compléments alimentaires d'acide pantothénique sont bénéfiques en cas de polyarthrite rhumatoïde, voir p. 81.	Les carences sont rares et difficiles à identifier. Les symptômes sont vagues, en partie parce qu'une carence en vitamine B5 est généralement associée à d'autres carences en vitamines. Les signes connus sont notamment une perte de sensibilité et des picotements dans les pieds, des maux de tête, de l'irritabilité et de l'agitation, des vertiges, de la fatigue et des maux d'estomac.

SOURCES PRINCIPALES	RÔLE	CONSÉQUENCES D'UNE CARENCE
Vitamine B6 (pyridoxine) Les germes de blé, les bananes, les pommes de terre, la dinde, le poisson, les oléagineux en particulier les noix, les graines de sésame, les poivrons, les légumes crucifères, en particulier les choux de Bruxelles, le chou-fleur et le cresson, les avocats et les céréales pour le petit déjeuner enrichies.	Nécessaire à l'organisme pour la transformation des protéines, la libération du glucose, et la production de niacine à partir du tryptophanne. Toutes ces fonctions assurées par l'organisme sont nécessaires à la croissance, à la fabrication du sang et à une meilleure protection contre les infections. Plus on consomme de protéines, plus on a besoin de vitamine B6.	Les carences sont rares sauf chez les personnes prenant certains médicaments contre les rhumatismes, la tuberculose ou l'hypertension. Les symptômes comprennent des crevasses autour de la bouche, de la dépression, de l'irritabilité, de l'eczéma et parfois une inflammation d'un nerf qui entraîne une douleur. Un apport de 50 mg par jour chez les femmes souffrant du syndrome prémenstruel entraîne souvent des effets secondaires.
Biotine Le foie, les rognons, les germes de blé, les oléagineux, l'avoine, les jaunes d'œufs, les haricots cornilles et les graines de soja cuits, les haricots mangetout, les artichauts et les champignons. La biotine est non seulement apportée par les aliments, elle est aussi fabriquée par l'organisme.	Nécessaire pour transformer les aliments en énergie, par exemple pour la synthèse des lipides et pour l'élimination des déchets protidiques.	Les seules personnes courant un risque de carence sont celles qui consomment plus de 1 ou 2 blancs d'œufs crus par jour, ce qui empêche l'absorption de la biotine. Les symptômes de carence sont notamment les dérèglements nerveux et les dermatoses séborrhéiques.
Acide folique Le foie, l'extrait de levure, les germes de blé, les légumes verts à feuilles, en particulier le persil, le cresson, les épinards, la frisée et les brocolis à jet à têtes pourpres, la betterave crue, les céréales du petit déjeuner enrichies, les oléagineux, en particulier les cacahuètes, et les légumes secs.	Nécessaire pour la fabrication de nombreuses substances essentielles de l'organisme. Il joue un rôle important avec la vitamine B12 dans la division cellulaire, fabriquant de l'acide nucléique (ADN) pour chaque cellule. Elle est également nécessaire pour le bon fonctionnement du système immunitaire.	Une carence légère peut entraîner de l'anémie, des blessures labiales, une langue douloureuse, une perte d'appétit, un malaise général et une mauvaise croissance chez les enfants. Une carence sévère peut entraîner une détérioration cérébrale. Les femmes possédant un taux peu important d'acide folique au moment de la conception de leur enfant courent un risque plus élevé d'avoir un bébé atteint de *spina bifida.*
Vitamine B12 (cyanocobalamine) Présente dans tous les produits d'origine animale, (foie, algues, bière, extrait de levure enrichi et céréales du petit déjeuner enrichies).	Nécessaire pour la production des acides nucléiques (ADN et ARN) présents dans toutes les cellules, la vitamine B12 est aussi indispensable pour la formation de globules rouges, l'utilisation de l'acide folique et la bonne santé de la gaine qui protège les nerfs.	Bien qu'une quantité infime de vitamine B12 soit nécessaire pour la santé, une carence peut se développer chez les personnes qui en manquent durablement ou qui l'absorbent mal. La carence se traduit d'abord par de l'anémie, qui entraîne de la fatigue et un manque de résistance aux infections. Les carences prolongées entraînent une anémie mégoblastique qui provoque des dégâts irréversibles du système nerveux.
Vitamine C (acide ascorbique) Les légumes verts à feuilles, en particulier crus, le cassis, les agrumes, les fraises, les poivrons, les goyaves, les tomates et les pommes de terre.	Essentielle pour la formation et l'entretien des tissus conjonctifs, la cicatrisation des plaies, la santé des gencives et la bonne santé générale. Il existe un lien très fort entre un apport supplémentaire de vitamine C et un risque réduit de maladies cardio-vasculaires, de cataracte et de certains cancers.	Les symptômes de carences apparaissent après 3 à 4 semaines : cicatrisation de plus en plus difficile des plaies, fatigue, moins bonne santé des gencives, avec saignements des petits vaisseaux dans les gencives, douleurs articulaires, troubles du sommeil et de l'humeur. Une consommation supérieure à la normale en vitamine C est conseillée aux fumeurs. Les experts en antioxydants conseillent un apport de 200 mg par jour.

SOURCES PRINCIPALES	RÔLE	CONSÉQUENCES D'UNE CARENCE
Vitamine D (calciférols) La vitamine D est essentiellement fabriquée par l'organisme lorsque la peau est exposée au soleil sauf à travers du verre. Les apports alimentaires sont rares : les poissons gras, notamment le hareng, le hareng fumé, le saumon, le pilchard, la sardine, le sprat et le flétan et, en quantité bien moins importante, le beurre et les œufs.	Nécessaire pour l'absorption du calcium apporté par les aliments et pour l'utilisation du calcium et du phosphore. Elle affecte donc la croissance et la solidité des os et des dents, ainsi que la santé des nerfs et des muscles, en association avec le calcium.	Chez les enfants, une carence en vitamine D entraîne une moins bonne croissance des os (rachitisme), une faiblesse musculaire et une prédisposition aux infections respiratoires. Chez les adultes, les carences ramollissent les os, ce qui provoque des douleurs, une faiblesse musculaire et un risque plus élevé de fractures.
Vitamine E Les oléagineux et les graines, en particulier les graines de tournesol, les amandes, les noisettes, les pignons de pin et les germes de blé. Les margarines de tournesol, l'huile de tournesol, les brocolis, les légumes verts à feuilles, les patates douces, l'avoine, l'avocat et les céréales complètes apportent également cette vitamine en quantité intéressante.	Deux sortes de vitamine E, les tocophérols et les tocotriénols, sont probablement nécessaires pour leurs propriétés antioxydantes qui nous protègent des effets toxiques de l'oxydation. Plus vous consommez d'acides gras polyinsaturés, plus vous avez besoin de vitamine E.	Des résultats convaincants montrent que les personnes au taux de vitamine E moins important courent un plus grand risque de maladies cardio-vasculaires, de cataractes et de certains cancers. Chez les rares personnes qui ne parviennent pas à absorber la vitamine E, un trouble neurologique se développe ; il affecte les yeux, le système nerveux, les muscles et provoque de l'anémie.
Vitamine K Les légumes verts à feuilles (chou vert, choux de Bruxelles, chou-fleur, épinards, foie, haricots, petits pois et carottes). Au moins la moitié des besoins quotidiens n'est pas couverte par l'alimentation mais fabriquée par l'organisme.	Essentielle pour la formation des protéines responsables de la coagulation et pour d'autres fonctions, la vitamine K pourrait jouer un rôle dans la bonne santé des os.	Les carences chez l'adulte sont rares, sauf chez les personnes qui digèrent mal les graisses ou les personnes souffrant de calculs biliaires importants. Le manque de coagulation entraîne des saignements durables. Les nouveau-nés manquent de vitamine K. On leur en donne souvent pour les protéger des hémorragies.

Minéraux

SOURCES PRINCIPALES	RÔLE	CONSÉQUENCES D'UNE CARENCE
Calcium Le lait, les yaourts, le fromage, le tofu, certains poissons tels que la blanchaille, les sardines en boîte, les sprats et le thon en boîte, les légumes verts à feuilles, le cresson, les épinards, le gombo, les amandes, l'eau dure. Le lait demi-écrémé et les yaourts maigres contiennent autant de calcium que le lait et les yaourts entiers.	Essentiel pour la croissance et pour la solidité des os et des dents. Le calcium contrôle également la transmission des impulsions nerveuses du cerveau et la contraction des muscles.	À court terme, les signes de carences ne sont pas visibles car l'organisme puise dans les os le calcium qui lui fait défaut. Les carences durables, jusqu'à l'âge de 35 à 40 ans, empêchent les os d'atteindre leur densité complète, ce qui pourrait accroître le risque de problèmes osseux au moment de la vieillesse.
Chlore Le sel (chlorure de sodium) contient environ 60 % de chlore.	Associé au sodium et au potassium, il joue un rôle dans l'équilibre des fluides de l'organisme.	Les carences sont très rares, sauf à la suite d'épisodes longs et importants de transpiration ou de vomissements.
Chrome La viande, les céréales complètes, les légumes secs, les oléagineux et les fruits de mer.	Il y a seulement 30 ans environ que le chrome a été identifié comme un oligo-élément essentiel et aujourd'hui encore on ne comprend pas très bien son rôle. Il appartient à un complexe nécessaire au bon fonctionnement du métabolisme de l'insuline.	On identifie rarement les signes de carence mais on sait qu'elle provoque une mauvaise tolérance du glucose et fait monter le taux de cholestérol dans le sang. Chez les animaux, le manque de chrome provoque une maladie très proche du diabète.

SOURCES PRINCIPALES	RÔLE	CONSÉQUENCES D'UNE CARENCE
CUIVRE Les crustacés, le foie, les germes de blé, le curry en poudre et les céréales complètes.	Le cuivre est nécessaire pour de multiples fonctions : la formation du sang et des os, la production de la mélanine, un pigment de la peau et des cheveux, et la transformation des aliments en énergie. Le cuivre fait partie d'un enzyme antioxydant, le superoxide dismutase. L'utilisation de bracelets en cuivre pour soulager les rhumatismes suscite un certain intérêt.	Les carences chez l'adulte sont rarement identifiées mais leurs premiers symptômes peuvent inclure troubles cardiaques et anémie. Des recherches portant sur les conséquences des carences sont en cours.
FER Le foie, les rognons, le gibier, la venaison et les perdrix, la blanchaille, les coques, les moules, les poissons gras, les sardines et les pilchards, les abricots secs, les pruneaux, les légumes verts à feuilles, les légumes secs et le tofu.	Essentiel pour la formation des globules rouges, donc nécessaire pour la circulation car les globules rouges transportent l'oxygène. Le fer est également présent dans un certain nombre de réactions enzymatiques dont celles qui permettent la libération de l'énergie.	Les carences légères ont des conséquences néfastes sur la capacité de travail, les performances intellectuelles, le comportement, la résistance aux maladies et la régulation de la température de l'organisme. Une carence importante entraîne une anémie.
FLUOR Le thé, les fruits de mer et les algues. L'eau de boisson et d'autres aliments peuvent apporter une quantité importante de fluor ou au contraire quasiment nulle, en fonction du taux de fluor contenu dans le sol d'où viennent les aliments et l'eau.	On ne lui connaît aucune fonction essentielle si ce n'est de réduire les risques de carie. Il est associé au calcium dans les os et les dents.	Entraîne un taux plus élevé de carie, bien que celui-ci dépende aussi des habitudes alimentaires et de l'hygiène dentaire. Un excès même limité de fluor dans l'organisme peut tacher les dents irrémédiablement ; le dentifrice ne doit donc en aucun cas être avalé.
IODE Les fruits de mer, les algues, et le sel iodé. La quantité d'iode contenue dans les aliments cultivés varie énormément en fonction du taux d'iode contenu dans le sol. Le lait peut devenir une source d'iode avec l'utilisation de désinfectants et de produits stimulant la lactation dans les laiteries.	Nécessaire pour la production de l'hormone thyroïdienne par la glande thyroïde, qui règle plus de 100 systèmes enzymatiques, affectant le rythme métabolique, la croissance, la reproduction et de nombreuses autres fonctions vitales.	La glande thyroïde grossit pour essayer de puiser davantage d'iode dans le sang ce qui provoque un goitre. Le rythme métabolique ralentit, ce qui entraîne un ralentissement de l'activité physique et mentale, une prise de poids, et le dessèchement des cheveux. Une carence sévère provoque une dégradation des capacités mentales chez l'adulte et un retard mental chez le bébé.
MAGNÉSIUM Les céréales complètes, les germes de blé, les oléagineux et les graines, les crevettes, les bigorneaux, les gombos, les blettes, les graines de soja, le tofu et les abricots secs. L'absorption du magnésium est réduite lorsqu'une grande quantité de calcium, de protéines et de phosphate est consommée simultanément.	Essentiellement présent dans les os et vital pour leur croissance, le magnésium est également nécessaire aux cellules et pour le fonctionnement de certains enzymes indispensables à la libération de l'énergie apportée par les nutriments. Il est également nécessaire pour l'utilisation normale du calcium.	Les carences n'entraînent pas de symptômes au départ puisque l'organisme puise ce qu'il lui faut dans les os. Ultérieurement, les carences entraînent un affaiblissement musculaire, une mauvaise interaction muscles-nerfs, de la léthargie, de la dépression, de l'irritabilité, et dans certains cas extrêmes un infarctus.
MANGANÈSE Le thé, les céréales complètes, les oléagineux (pignons de pin, noix de pecan, noix de macademia, noisettes et noix), les légumes verts à feuilles, les graines de soja et les produits à base de protéines de soja, tels que le tofu.	Le manganèse intervient dans plusieurs mécanismes enzymatiques, où il joue parfois un rôle déclencheur, notamment pour l'action des antioxydants et la libération d'énergie.	Il n'existe pas chez l'être humain de troubles liés aux carences. Chez l'animal, le manque de manganèse provoque la naissance de petits anormaux et une croissance osseuse insuffisante.

SOURCES PRINCIPALES	RÔLE	CONSÉQUENCES D'UNE CARENCE
MOLYBDÈNE Le sarrasin, les germes de blé, le foie, les céréales complètes et les légumes verts à feuilles. La teneur des aliments varie en fonction de la teneur du sol dans les zones de production des aliments.	Intervient dans de nombreux processus enzymatiques, dont le mécanisme permettant l'élimination de l'acide urique, l'utilisation du fer et le métabolisme de l'ADN.	Les carences sont rares chez les personnes s'alimentant à l'occidentale. Un apport insuffisant pourrait contribuer à une prédisposition aux caries.
PHOSPHORE Présent dans tous les aliments protéiques et ajoutés dans de nombreux aliments industriels, notamment les boissons sucrées.	Associé au calcium, le phosphore aide à entretenir la solidité des os et des dents. Le phosphore est nécessaire à l'organisme pour utiliser l'énergie et la vitamine B apportées par les aliments. Il est présent dans de nombreuses substances organiques et divers mécanismes de contrôle de l'organisme.	Chez les adultes, les carences surviennent après une surconsommation prolongée et régulière de médicaments antiacides qui empêchent l'absorption du phosphore. Le phosphore nécessaire est puisé dans les os qui peuvent s'affaiblir et devenir douloureux.
POTASSIUM Les fruits, en particulier les fruits secs, tels que les abricots, ainsi que les bananes et les agrumes ; les légumes en particulier lorsqu'ils sont crus ou cuits sans eau, surtout les légumes verts à feuilles et les pommes de terre, le café.	Il contribue avec le sodium à réguler les fluides de l'organisme. Il joue un rôle important pour aider le corps à éliminer l'excès de sodium, ce qui aide à prévenir et à limiter l'hypertension.	Les carences sont immédiatement visibles, avec pour symptômes faiblesse, soif, confusion et fatigue. En cas de carences sévères, ces symptômes sont plus prononcés et entraînent de la confusion mentale et une augmentation de la pression artérielle, un facteur essentiel des maladies cardio-vasculaires.
SÉLÉNIUM Les noix du Brésil, les céréales complètes, les graines de tournesol, les fruits de mer, les algues et la viande. Seuls les noix du Brésil, les fruits de mer et les algues en contiennent une quantité stable. Dans les autres aliments la teneur en sélénium dépend de la richesse du sol dans la région de production des aliments.	De par ses propriétés antioxydantes, le sélénium tient une place essentielle dans le système de défense de l'organisme. Il agit avec la vitamine E et peut en partie la remplacer. Le sélénium pourrait contribuer à nous protéger du cancer mais les preuves en ce sens sont encore insuffisantes.	Les carences pourraient se traduire par une réduction de la fertilité. Elles provoquent la maladie de cœur de Keshan, constatée dans des régions de Chine où la teneur en sélénium du sol est faible. Une carence en sélénium est également associée à une diminution de l'action protectrice des antioxydants, voir p. 21.
SODIUM Plus des deux tiers du sodium que nous consommons sont contenus dans le sel et les conservateurs ajoutés dans les aliments tels que la viande et la charcuterie, la poitrine fumée, le fromage, le pain, la levure chimique, les chips, les potages, les cornichons, les céréales du petit déjeuner et les légumes en conserve. Le sodium est également apporté par le sel ajouté à la cuisson et est présent naturellement dans les aliments et l'eau.	Le sodium est essentiel en petites quantités pour l'équilibre des fluides corporels, en association avec le potassium et le chlore.	Les carences sont excessivement rares et dans les pays industrialisés, la surconsommation de sodium est quasiment générale. Celle-ci peut entraîner rétention d'eau et hypertension. Seule une chaleur excessive ou une transpiration abondante peuvent entraîner des symptômes liés à une carence tels que la soif, les crampes ou la faiblesse musculaire.
ZINC Les huîtres et autres fruits de mer, les viandes maigres, les graines de potiron, le lait, le fromage, les yaourts, les oléagineux, les graines de tournesol, les haricots et le pain complet.	Nécessaire pour la santé du système immunitaire, la croissance, la formation des tissus, la maturation sexuelle masculine, et l'activation de divers enzymes. Un apport supérieur de zinc est nécessaire pour fabriquer de nouveaux tissus, par exemple après une opération, une brûlure ou la cicatrisation d'une plaie.	Une carence entraîne une perte d'appétit, un affaiblissement du goût et de l'odorat, un ralentissement de la cicatrisation, une mauvaise croissance des cheveux, des dermatites, une moins bonne résistance aux maladies, une mauvaise croissance, et des complications pendant la grossesse.

Apports journaliers conseillés

La consommation de vitamines et de minéraux indiquée ci-dessous est suffisante ou plus que suffisante pour toute personne en bonne santé. Ces apports journaliers recommandés sont également adéquats pour les personnes aux besoins plus importants que la moyenne (mais pas pour les besoins en cas de maladie).

Vitamine A

H + de 12 ans	1 000 mcg
F + de 112 ans	800 mcg

Attention

L'excès de rétinol est néfaste chez les femmes enceintes : attention aux compléments alimentaires. Une grande consommation d'aliments riches en carotènes est sans danger et a d'autres bienfaits, outre de garantir un apport de vitamine A, *voir p. 22.*

Vitamine B1

H + de 12 ans	1,5 mg
F + de 12 ans	1,3 mg

Vitamine B2

H + de 12 ans	1,8 mg
F + de 12 ans	1,5 mg

Niacine

H + de 12 ans	18 mg
F + de 12 ans	15 mg

Acide pantothénique

H/F + de 11 ans	3 à 7 mg

Vitamine B6

H + de 12 ans	2,2 mg
F + de 12 ans	2 mg

Biotine

Enfant	50 à 90 mcg
Adulte	100 à 300 mcg

Acide folique

H/F de + de 12 ans	300 mcg

Attention

Les femmes enceintes devraient prendre 500 mcg d'acide folique par jour pendant les douze premières semaines ou pendant toute la durée de la grossesse.

H = Homme
F = Femme

Vitamine B12

H/F + de 12 ans	3 mcg

Vitamine C

H/F + de 12 ans	80 mg

Attention

Il est conseillé aux fumeurs de consommer 80 mg de vitamine C. Plus de 1 g par jour provoque parfois la diarrhée et augmente le risque de calculs rénaux.

Vitamine D

H/F – de 65 ans	10 mcg
H/F + de 65 ans	12 mcg

Attention

Il est conseillé aux personnes qui s'exposent rarement aux rayons du soleil de prendre de la vitamine D sous forme médicamenteuse. Pour tirer de l'alimentation une quantité suffisante de vitamine D, il faudrait un apport hebdomadaire de 450 g environ des aliments les plus riches tels que le hareng.

Vitamine E

H + de 12 ans	12 mg
F + de 12 ans	12 mg

Attention

Les apports journaliers recommandés en vitamine E sont bien inférieurs à ceux conseillés par certains experts qui fixent la quantité conseillée aux personnes susceptibles de développer une maladie dégénérative à 40 à 60 mg par jour. Pour tirer des aliments une telle quantité de vitamine, il faut consommer plus d'aliments à base de tournesol et de germes de blé.

Vitamine K

H/F + de 19 ans
1/2 mcg par kilo

Calcium

Pour les deux sexes

10 à 19 ans	800 à 1 000 mg
H + de 19 ans	900 mg
F + de 19 ans	1 000 mg

Attention

La prise de calcium par voie orale réduit la quantité de magnésium, de fer et de zinc absorbée par l'organisme.

Chrome

Le manque de données ne permet pas d'établir un apport recommandé en chrome mais on estime à 25 mcg par jour les besoins des adultes. Plus on mange de sucre, plus les besoins en chrome augmentent.

Cuivre

H/F + de 19 ans	2,5 mg

Attention

La consommation excessive de cuivre est toxique mais elle n'est pas liée à l'alimentation sauf si on utilise des casseroles en cuivre pour faire la cuisine.

Fluor

Il est conseillé aux personnes qui vivent dans les régions pauvres en fluor de se brosser les dents avec du dentifrice enrichi en fluor (mais sans l'avaler) plutôt que de prendre des compléments qui font courir un risque de surdose.

Fer

H + de 19 ans	10 mg
F de 13 à 50 ans	18 mg

Attention

Les femmes qui perdent beaucoup de sang au moment des règles ont parfois besoin d'un apport supplémentaire en fer. Mais il faut avoir effectué une prise de sang révélant un faible taux de globules rouges.

Iode

H/F + de 19 ans	150 mcg

Attention

Les personnes qui habitent dans des régions où le sol est pauvre en iode courent un risque plus important de carence.

Magnésium

H de 19 à 65 ans	420 mg
F de 19 à 65 ans	330 mg
F + de 65 ans	420 mg

Manganèse

Il n'existe pas d'apports recommandés.

Molybdène

Il n'existe pas d'apports recommandés par manque de données mais le *Food and Nutrition Board* américain suggère 500 mcg.

Phosphore

H/F + de 19 ans	800 mg

Potassium

H/F + de 15 ans	3 500 mg

Sélénium

H + de 19 ans	70 mcg
F + de 19 ans	55 mcg

Attention

Le sélénium est toxique à partir de 3 à 6 mg par jour

Sodium

H/F + de 15 ans	1 600 mg

Zinc

H + de 19 ans	15 mg
F + de 19 ans	12 mg

Attention

Les compléments de zinc doivent être pris régulièrement uniquement si une carence en zinc a été établie, car l'excès de zinc réduit l'absorption du fer et du cuivre.

BIBLIOGRAPHIE

ABRICOT
Voir Antioxydants, Apports journaliers recommandés, Fibres.

ACIDES GRAS ESSENTIELS
Simopoulos A P. 'Le rôle des acides gras oméga-3 dans la santé et la maladie ainsi que dans la croissance'. Mise au point. Am J Clin Nutr (1991) ; 54 : 43-63.
Rapport sur les acides gras insaturés. British Nutrition Foundation, Londres, Rev. ed. 1994.

AGRUMES
Plusieurs études, dont
Baekay P A et al. 'La pectine des pamplemousses inhibe l'hypercholestérolémie et l'athérosclérose chez le porc nain'. Clin Cardiol (1988) ; 11(9) : 595–600.
Galati E M et al. Actions biologiques de l'hespéridine, un flavonoïde présent dans les agrumes : action anti-inflammatoire et analgésique. Il Farmaco (1994) ; 49(11) : 709–12.
Parker R, Root M. Article sur les agrumes et le cancer présenté à la 2e Conférence internationale sur les vitamines antioxydantes et le bêta-carotène, Berlin, Allemagne, 1994.
Tanizawa H et al. 'Études sur les antioxydants naturels présents dans les agrumes 1. Mise en évidence de l'action antioxydante des agrumes'. Chem Pharm Bull (1992) ; 40(7) : 1940–2.
Wattenberg L W et al. 'Inhibition de la carcinogenèse par certains composants alimentaires mineurs'. Princess Takamatsu Symp. (1985) ; 16 : 193–203. Voir aussi Flavonoïdes.

AIL
Nombreuses études, dont
Adetumbi M A et al. 'Allium sativum : un antibiotique naturel'. Med. Hypotheses (1983) ; 12(3) : 227–37.
Barrie S A et al. 'Action de l'essence d'ail sur l'aggrégation plaquettaire, le taux de lipides dans le sang et la tension artérielle chez les humains'. J Orthomol Med (1987) ; 2(1) : 15–21.
Ernst E. 'Action cardio-vasculaire de l'ail (Allium sativum) : une synthèse'. Pharmatherapeutica (1987) ; 5(2) : 83–9.
Hughes B G et al. 'Action antimicrobienne de l'ail'. Phytother Res (1991) ; 5 : 154–8.
Lau B H S et al. 'Allium sativum (ail) et prévention du cancer (synthèse)'. Nut Res (1990) ; 10 : 937–48.
Warshafsky S et al. 'Action de l'ail sur le cholestérol total'. Ann Intern Med (1993) ; 119 : 599–605.
Weber N D et al. 'Action virocide in vitro de l'extrait d'Allium sativum (ail) et composés'. Planta Med, Allemagne (1992) ; 58 : 417–23.
You W C et al. 'Les légumes de la famille de l'Allium et la réduction des risques de cancer de l'estomac'. J Natl Cancer Inst (1989) ; 81(2) : 162–4.
Voir aussi Oignon, Autres propriétés particulières.

AIRELLE
Konowalchuk J, Speirs J I. 'Action antivirale des jus de fruits et boissons industriels'. App and Envir Microbiol (1978) ; 35 : 1219–29.
Light et al. 'Rôle du calcium urinaire ionisé dans la lithiase urinaire'. Urology (1973) ; 1 : 67–70.
Schmidt D R, Sobota A E. 'Étude de l'action anti-adhérente du jus d'airelles sur les isolats bactériens urinaires et non-urinaires'. Microbios (1988) ; 55 : 173–81.
Sobota A E. 'Inhibition de l'adhérence bactérienne par le jus d'airelles : utilisation potentielle dans le traitement des infections urinaires'. J Urol (1984) ; 131 : 1013–6.
Swartz J H, Medrek T F. 'Propriétés antifongiques du jus d'airelles'. App Microbiol (1968) ; 16 : 1527–7.
Zafriri et al. 'Action inhibitoire du jus d'airelles sur l'adhérence des Escherichia coli de type 1 et de type P frangé sur les cellules eucaryotiques'. Antimicrob Agents Chemother (1989) ; 33 : 92–8.
Voir aussi Myrtille.

ALGUES
Plusieurs études, dont
Eskin B et al. 'Dysplasie des glandes mammaires en cas de carence en iode'. JAMA (1967) ; 200 : 691–5.
Ghent W R et al. 'Apport complémentaire d'iode en cas de dysplasie des seins'. Abstract Proc Annu Meet Am Assoc Cancer Res (1986) ; 27 : 189.
Teas J. 'Consommation de laminaria, une algue brune, et prévention du cancer du sein'. Nutrition Cancer (1983) ; 4(3) : 217–22.
Teas J et al. 'Algues comestibles (Laminaria) et carcinogenèse mammaire chez les rats'. Cancer Res (1984) ; 44(7) : 2758–61.
Yamamoto I et al. 'Action antitumorale des algues marines comestibles.' Hydrobiologica (1984) ; 116/117 : 145–8.

AMANDE
Abbey M et al. 'Le remplacement partiel des acides gras saturés par des amandes ou des noix fait baisser le cholestérol plasmatique total et le cholestérol des lipoprotéines de basse densité'. Am J Clin Nutr (1991) ; 59(5) : 995–9. 2 études à grande échelle,
Fraser G E et al. 'Action protectrice possible des noix contre le risque de maladies cardio-vasculaires : Étude médicale adventiste'. Arch Intern Med (1992) ; 152 : 1416–24.
Voir aussi Antioxydants, Acides gras essentiels.

ANANAS
Des centaines d'études, dont
Chen G R. 'Études in vitro et in vivo de l'effet de la bromélaïne sur la protéine fixatrice du cholestérol'. Diss Abstr Inter (1975) ; B35 : 6013.
Cohen G. 'Traitement de la polyarthrite rhumatoïde par la bromélaïne'. Penn Med J (1964) ; 127–31.
Felton G E. 'L'action fibrinolytique et antithrombotique de la bromélaïne pourrait éliminer la thrombose chez les malades cardiaques'. Medical Hypoth (1980) ; 1123–33.
Heinecke R M et al. 'Les effets de la bromélaïne (Ananas) sur l'aggrégation plaquettaire chez l'être humain'. Experientia (1972) ; 28 : 844.
Nieper H A. 'Wirkung von Bromelain auf Koronare Herzkrankheit und Angina Pectoris'. Erfahrungsheilkunde (1978) ; 5 : 274–5.
Taussig S J et al. 'La bromélaïne, l'enzyme complexe de l'ananas (Ananas comosus) et ses applications cliniques : mise à jour'. J Ethnopharm (1988) ; 22 : 191–203.

ANTIOXYDANTS
Albanes D et al. 'L'action de la vitamine E et du bêta-carotène sur le risque de cancer du poumon et d'autres cancers chez les fumeurs de sexe masculin'. NE J Med (1994) ; 330(15) : 1029–35.
Colditz G A et al. 'Consommation accrue de légumes verts et jaunes et baisse de la mortalité par cancer dans un groupe de personnes âgées'. Am J Clin Nutr (1985) ; 11(1) : 32–6.
Diplock A. 'Les antioxydants et la prévention des maladies' (étude). Molec Aspects Med (1994) ; 15 : 293–376.
Gey K F. 'Corrélation inverse entre le taux de vitamines antioxydantes dans le plasma et le risque de cardiopathie ischémique dans l'épidémiologie transversale'. Agents et Actions (1987) ; 222 : 3–4.
Gey K F et al. 'Un mauvais statut en carotène et en vitamine statut C est associé à un taux plus élevé de mortalité par cardiopathie ischémique et attaque cérébrale : Étude prospective de Bâle'. Clin Invest (1993) ; 71 : 3–6.
Jacques P et al. 'Bilan en antioxydants chez des personnes atteintes ou non de cataracte'. Arch Opthalmol (1988) ; 106 : 337.
Kardinaal et al. 'Les antioxydants dans le tissu adipeux et le risque d'infarctus du myocarde : l'étude EURAMIC'. The Lancet (1993) ; 342 : 1379–84.
Kune G A et al. 'Alimentation, alcool, tabac, taux de bêta-carotène et de vitamine A dans le sang chez des malades de sexe masculin atteint d'un cancer de la peau non mélanocytaire et témoins'. Nutr Cancer (1992) ; 18(3) : 237–44.
Manson J E et al. 'Consommation de vitamine antioxydante et risque d'attaque cérébrale chez les femmes'. Circulation (1993) ; 87 : 678.
Momas I et al. 'Importance relative des facteurs de risque dans la carcinogenèse de la vessie : quelques nouveaux

effets des habitudes méditerranéennes'. Cancer Causes Control (1991) ; 5(1) : 326–32.
Riemersma R A et al. 'Risque d'angine de poitrine et concentrations de vitamines A, C et E et carotène dans le plasma'. The Lancet (1991) ; 5 Jan.
Seddon J M et al. 'Caroténoïdes, vitamines A, C et E d'origine alimentaire et dégénération maculaire liée au vieillissement'. JAMA (1994) ; 272(18) : 1413–20.
Veris. 'Synthèse de la recherche sur la vitamine E', (Septembre 1991). 5325 South Ninth Avenue, LaGrange, Illinois 60525, USA.
Woodall A A et al. 'Apports supplémentaires de caroténoïdes alimentaires : effets sur le taux d'alphatocopherol et prédisposition des tissus à l'oxydation'. BJ Nutr (1996) ; 76 : 307–317.

Artichaut
Gebhardt R. 'Action protectrice antioxydante de l'extrait d'artichaut sur les cellules hépatiques'. Elsevier Science BV, Amsterdam, Pays-Bas.
Wojcicki J et al. 'Effet de la préparation Cynarex sur le taux de lipides dans le sang chez les ouvriers exposés à l'action chronique du sulfure de carbone'. Elsevier Science BV, Amsterdam, Pays-Bas.

Asperge
Dalvi S S et al. 'Effet de l'Asparagus racemosus (Shatavari) sur la durée de vidange gastrique chez des volontaires en bonne santé'. J Postgrad Med (1990) ; 36(2) : 91–4.
Grieve M. A Modern Herbal, Rev. ed. Tiger Books, Londres, 1992.
Autres propriétés particulières
Plus de cent études, dont.
Gillman M W et al. 'Action protectrice des fruits et légumes sur le développement des attaques cérébrales chez les hommes'. JAMA (1995) ; 273(14) : 1113.
Helser M A et al. 'Influence des jus de fruits et de légumes sur la formation endogène de N-nitrosoproline et N-nitrosothiazolidine-4-acides carboxyliques chez des personnes suivant un régime surveillé'. Carcinogenesis (Royaume-Uni) (1992) ; 13/12 : 2277–80.
Howe G R et al. 'Facteurs alimentaires et risque de cancer du sein : analyse combinée de 12 études cas témoins. J Natl Cancer Inst (1990) ; 83 : 561–9.
Potter J. 'Alimentation végétalienne et risque de cancer'. The Caroline Walker Lecture (1994). Pub. Caroline Walker Trust, Londres.
Rhodes M J C. 'Substances physiologiquement actives contenues dans les végétaux : une vue d'ensemble'. BJ Nutr (1996) ; 55 : 1B : 371–384.
Steinmetz K A et al. 'Légumes, fruits et cancer. I. Épidémiologie. II. Mécanismes'. Cancer causes and Control (1991a) ; 2 : 325–357 et (1991b) ; 2 : 427–42.

Avoine
Nombreuses études, dont.
Anand, Becker H et al. 'Biologie, Chemie und Pharmakologie pflanzlicher sedativa'. Zeitschrift für phytother (1984) ; 5 : 817–23.
Anderson J Dr Anderson's HCF Diet. Martin Dunitz, Londres, 1984.
Anderson J et al. 'L'action hypocholestérolémique de l'apport de son ou de grain d'avoine chez les hommes hypercholestérolémiques'. Am J Clin Nutr (1984) ; 6 : 1146.
Janatuinen E K et al. 'Comparaison de régimes avec ou sans avoine chez les adultes souffrant de maladie coeliaque'. NE J Med (1995) ; 333 : 1033–37.
Turnbull W H, Leeds A R. 'Réduction du cholestérol total et du cholestérol LDL dans le plasma par les flocons d'avoine'. J Clin Nutr and Gastroent (1987) ; 2(4).
Valle-Jones J C. 'Étude ouverte de l'action des biscuits au son d'avoine sur la constipation chez les personnes âgées'. Curr Med Res Opin (1985) ; 10 : 716–20.
Van Horn, L V et al. 'Réponse des lipides à la consommation d'avoine associée à un régime pauvre en graisses'. J Am Dietetic Ass (1986) ; 6 : 759–64.

Banane
Plusieurs études, dont **Spring B et al.** 'Glucides, tryptophane et comportement'. Psychological Bulletin (1987) ; 102(2) : 234–256.
Wurtman R J. 'Différentes actions des aliments sur le cerveau'. Nutrition Review/Supplement (1986) ; Mai : 2–5.
Voir aussi Fibres.

Blé, riz et céréales complètes
Leathwood P et al. 'Les effets des glucides à digestion lente sous la forme de flocons sur l'évolution de la faim et de la satiété chez l'homme'. Appetite (1988) ; 10 : 1–11.
Voir aussi Fibres, Phyto-oestrogènes.

Brocoli
Voir Antioxydants,
Autres propriétés particulières.

Carottes
Beuchat L R et al. 'Effets inhibiteurs des carottes crues sur les monocytogènes du Listeria'. App and Environ Microbiol (1990) ; 56(6) : 1734–42.
Nguyen T C et al. 'L'action létale de la carotte sur le listeria'. J App Bacteriol (1991) ; 70(6) : 479–88.
Robertson et al. 'L'action de la carotte crue sur le taux de lipides dans le sang et le fonctionnement du colon'. Am J Clin Nutr (1979) ; 32 : 1889–92.
33 études sur le cancer, dont celle de **Pisani P et al.** 'Les carottes, les légumes verts et le cancer du poumon : une étude de cas'. Int J Epidemiol (1986) ; 15(4) : 463–8.
Steinmetz K A et al. Étude, Voir Autres propriétés particulières.
Voir aussi Antioxydants,
Autres propriétés particulières.

Cassis
Kyerematen G et al. 'Études pharmacologiques préliminaires du Pecarin, une nouvelle préparation à base de fruits de l'espèce Ribes nigrum'. Acta Pharm Suececa (1986) ; 23(2) : 101–6.
Voir aussi Flavonoïdes, Myrtille.

Céleri
Grieve M. A Modern Herbal. Rev. ed. Tiger Books, Londres, 1992.
Kulshrestha V K et al. 'Étude de l'action pharmacologique centrale d'une fraction alcaloïde de l'Apium graveolens Linn'. Ind J Med Res (1970) ; 58, Jan 1.
Le O T et al. 'Mécanismes de l'effet hypotenseur de 3-normal-butyl phthialide (BUPH)'. Clin Res (1992) ; 40(2) : 326.
Mills S Y. Dictionary of Modern Herbalism. Thorsons, Londres, 1985.
Tsi D et al. 'Actions de l'extrait aqueux de céleri (Apium graveolens) sur le taux des lipides de rats recevant une alimentation riche en graisses'. Planta Med, Allemagne (1995) ; 61/1 : 18–21.

Cerise
Blau L W. 'Contrôle de l'action de la cerise sur la goutte et l'arthrite'. Texas Rep Bio Med (1950) ; 8 : 309–11.

Chou
Cheney G et al. 'Le facteur alimentaire dans l'ulcère gastro-duodénal. J Am Diet Assoc. (1950) ; 26 : 668–72.
Michnovicz J J et al. 'Déclenchement du métabolisme de l'estradiol par l'indole-3-carbinol dans l'alimentation chez les humains'. J Natl Cancer Inst (1990) ; 82 : 947–9.
Singh G B et al. 'Effets du Brassica oleracea var. capitata dans la prévention et la cicatrisation d'ulcérations peptiques expérimentales'. Ind J Med Res (1962) ; 50(5) : 741.
Voir aussi Antioxydants,
Légumes crucifères,
Autres propriétés particulières.

Courges d'hiver
Voir Antioxydants,
Autres propriétés particulières

Cresson
Fairweather-Tait S J et al. 'Études portant sur l'absorption du calcium du lait à l'aide d'une méthode de l'isotope stable à double identification'. BJ Nutr (1989) ; 62 : 379–88.
Mességué M. 'Mon herbier de santé'. Robert Laffont, 1975.
Vogel Dr A. 'Le petit docteur'. Genève : Édi-Inter, 1991.
Voir ausi Antioxydants,
Salade
Autres propriétés particulières

Épinards
Kelsay J L et al. 'Bilan minéral d'hommes ayant suivi pendant six semaines un régime comportant des fruits et des légumes pour leurs fibres et des épinards pour leur acide oxalique'. J Nutr (1988) ; 118(10) : 1197–2010.
Voir aussi Antioxydants,
Légumes crucifères
Autres propriétés particulières

Fenouil
Albert-Puleo M. 'Le fenouil et l'anis, des agents oestrogéniques'. J Ethnopharm (1980) ; 2 : 337–44.
Dodds E C et al. 'Étude d'un agent aromatique simple

possédant une action semblable à celle de l'oestrogène'. Nature (1937) ; Avril 10 : 627–8.
Forster H B et al. 'Action antispasmodique de certaines plantes médicinales'. Planta Med, Allemagne (1980) ; 40(4) : 303–19.
Grieve, M. A Modern Herbal. Rev. ed. Tiger Books, Londres, 1992.
Phytothérapie du 13e siècle : *Macer Floridus de Viribus Herbarum.*

FIBRES
Nombreuses études, dont
Anderson J W et al. Fibres solubles : action hypocholestérolémiante et mécanismes envisagés. Fibres alimentaires : composition chimique, physiologie et action sur la santé. New York : Plenum Press, 1990 ; 339–347.
Haber G B et al. 'Diminution et interruption de la consommation de fibres alimentaires. Effets sur la satiété, la glycémie et l'insuline'. The Lancet (1977) ; ii : 679–82.

FLAVONOÏDES
Hertog M G L. 'Données épidémiologiques sur les propriétés potentiellement bénéfiques pour la santé des flavonoïdes'. BJ Nutr (1996) ; 55 : 1B : 385–397.
Knekt P et al. 'Apports de flavonoïdes et mortalité coronarienne en Finlande : une étude prospective'. BMJ (1996) ; 312 : 478–81.

FOIE DE VOLAILLE
Fortes C. 'Vieillissement, zinc et réponse immunitaire à médiation cellulaire'. Aging Clin Exp Res (1995) ; 7 : 75–6.

FRUITS DE MER
Fraker P J et al. 'Corrélation entre le zinc et la fonction immunitaire'. Fed Proc (1986) ; 45 : 1474–9.
Gibson R G et al. 'Le Perna canaliculus dans le traitement de l'arthrite'. The Practitioner (1980) ; 224 : 955–60.
Turnbull A J et al. 'Le zinc – un métal précieux'. Brit Nutritional Foundation Bulletin (1989), Jan : 23–35.

GERME DE BLÉ
Voir Antioxydants, Acides gras essentiels

GINGEMBRE
Grontved A et al. 'Action de la racine de gingembre contre le mal de mer : une expérience contrôlée en mer'. Acta Otol (1988) ; 105 : 45–9.
Mowrey D et al. 'Mal des transports, gingembre et psychophysique'. The Lancet (1982) ; 1 : 655–657.
Srivastava K C, et al. 'Le gingembre (Zingiber officinale) dans le traitement des rhumatismes et des affections musculo-squelettiques'. Med Hypothesis (1992) ; 39 : 342–8.
Suekawa M et al. 'Études pharmacologiques du gingembre'. J Pharm Dyn (1984) ; 7 : 836–48.
Yamahara J et al. 'Action du gingembre et de ses composants actifs sur le comportement digestif'. Chem Pharm Bulletin (1990) ; 38(2) : 430–1.
Voir aussi Oignon.

GRAINE DE LIN
Cunane S C et al. 'La graine de lin *(Linum usitatissimum)* riche en acide alpha-linolénique : qualités nutritionnelles pour l'être humain'. B J Nut (1993) ; 69 : 443–53.
Jens R et al. 'Résultats d'une étude examinant l'utilisation d'une association de graines de lin et de petit-lait pour le traitement de la constipation chronique chez 114 patients dans la région de Vienne'. Der Praktische Arzt (1981) ; 35 : 80–96.
Wirths W et al. 'Les en-cas riches en fibres et leur action sur le système digestif et le taux de lipides dans le sang chez les personnes âgées'. Z Gerontol (1985) ; 18(2) : 107–10.
Voir aussi Acides gras essentiels, Fibres, Phyto-oestrogènes.

GRAINES DE POTIRON
Carbin B E et al. 'Traitement de l'adénome prostatique avec des phytostérols'. B J Urol (1990) ; 66(6) : 639–11.
Suphakarn V S et al. 'Les effets des graines de potiron sur la cristallurie oxalique et la composition de l'urine chez les enfants des régions hyperendémiques'. Am J Clin Nutr (1987) ; 15(1) : 115–21.

HARICOTS ET LENTILLES
Jenkins D J A et al. 'Les légumineuses et la maîtrise de l'hyperlipidémie par l'alimentation'. Am J Clin Nutr (1983) ; 38 : 567–73.
Voir aussi Apports journaliers recommandés, Fibres.

LÉGUMES CRUCIFÈRES
Beecher C W. 'Propriétés actives dans la prévention du cancer des variéties de Brassica oleracea : une enquête'. Am J Clin Nutr (1994) ; 59(5) : 1166S–70S.
Jongen W M F. 'Les glucosinolates dans les brassica : présence et signification de leur action contre le cancer'. BJ Nutr (1996) ; 55 : 1B : 433–446.
Voir aussi Antioxydants, Autres propriétés particulières.

MIEL
Al Somal N et al. 'Sensibilité de l'Helicobacter pylori à l'action antibactérienne du miel Manuka'. J R Soc Med (1994) ; 87 : 9–112.
Ali A T M M et al. 'Le miel naturel empêche les lésions gastriques povoquées par l'indométacine et l'éthanol chez les rats'. Saudi Med J (1990) ; 11 : 275–9.
Haffejee I E et al. 'Le miel dans le traitement des gastro-entérites infantiles'. BMJ (1985) ; 290 : 1866–7.
Jeddar A et al. 'L'action antibactérienne du miel'. South Africa Medical Journal (1985) ; 67(7) : 257–8.
Peterson W. American Bee Journal (1969).
Russell K M. 'Les propriétés antibactériennes du miel'. University de Waikate, Hamilton, Nouvelle-Zélande (1983).

MYRTILLE
Plusieurs études dont **Ghiringhelli C et al.** 'Action sur les capillaires des anthocyanes à fortes doses dans la stase veineuse'. Min Cardioangiol (1978) ; 26 : 255–76.
Grismond G L. 'Traitement des phlébopathies liées à la grossesse'. Min Ginecol (1981) ; 33 : 221–30.
Mian E et al. 'Les anthocyanes et les parois des micro-vaisseaux'. J Minerva Med (1977) ; 68(52) : 3565–81.
Ofek I et al. 'Action du jus d'airelles et de myrtilles contre l'adhérence de l'escherichia Coli'. NE J Med (1991) ; 324 : 1599.
Pennarola R et al. 'L'action thérapeutique des anthocyanes sur les modifications micro-circulatoires liées aux polynévrites'. Gazz Med Ital (1980) ; 139 : 485–91.
Scharrer A et al. 'Les anthocyanes dans le traitement des rétinopathies'. Klin Monatsbl Augenheilkd (1981) ; 178 : 386–9.
Voir aussi Flavonoïdes.

NOIX
2 études à grande échelle
Fraser G E et al. 'Un éventuel effet protecteur de la consommation de noix contre le risque de cardiopathies ischémiques : Étude médicale adventiste'. Arch Intern Med (1992) ; 152 : 1416–24.
Sabata J et al. 'Les effets des noix sur les taux de lipides dans le sang et la tension artérielle chez des hommes ordinaires'. NE J Med (1993) ; 328 : 603–7.
Voir aussi Acides gras essentiels.

OIGNON
Plusieurs études, dont.
Dorsch W et al. 'Action antiallergique and antiasthmatique de l'extrait d'oignon'. Folia Allergol Immunol Clin (1984) ; 30 : 17.
Elnima E I et al. 'L'action antimicrobienne des extraits d'ail et d'oignon'. Pharmazie (1983) ; 38(11) : 747–8.
Gupta N N et al. 'Action de l'oignon sur le cholestérol dans le sang, les facteurs de coagulation sanguine et l'activité fibrinolytique dans la lipémie alimentaire'. Ind J Med Res (1966) ; 54(1) : 48–53.
Kawakishi S et al. 'Nouvel inhibiteur de l'aggrégation plaquettaire dans l'essence d'oignon'. The Lancet (1988) ; Août. 6 : 330.
Louria D B et al. 'L'extrait d'oignon dans le traitement de l'hypertension et de l'hyperlipidémie : une communication préliminaire'. Curr Ther Res (1985) ; 37(1) : 127–31.
Srivastava K C. 'Action des extraits aqueux d'oignon, d'ail et de gingembre sur l'aggrégation plaquettaire et le métabolisme de l'acide arachidonique dans le système vasculaire : une étude *in vitro*'. Prostaglandins Med (1984) ; 13 : 227–35.
Wagner H et al. 'Action antiasthmatique de l'oignon : inhibition de 5-lipo-oxygénase et cyclo-oxygénase *in vitro* par les thiosulfinates et les cepaenes'. Prost Leuk and EFAs (1990) ; 39 : 59–62.
Voir aussi Autres propriétés particulières.

PATATE DOUCE
Voir Antioxydants.

Persil
Ohyama S et al. 'L'ingestion de persil inhibe la mutagénicité de l'urine humaine mâle après la consommation de saumon frit'. Mutat Res (1987) ; 192(1) : 7–10.
Zheng G Q et al. 'Inhibition de la tumorigenèse provoquée par le benzo[a]pyrène grâce à la myristicine, un arôme volatile qui est l'un des composants de l'essence de la feuille de persil'. Carcinogenesis (1992) ; 13(10) : 1921–3. *Voir aussi* Antioxydants.

Petits pois
Smidt L J et al. 'Influence d'un apport complémentaire de thiamine sur la santé et le bien-être général d'une population irlandaise âgée souffrant d'une légère carence en thiamine'. J Gerontol (1991) ; 46 : M16–22. *Voir aussi* Fibres, Phyto-oestrogènes.

Phyto-oestrogènes
Adlercreutz H et al. 'Alimentation et cancer du sein'. Acta Oncolog (1992) ; 31(2) : 175–181.
Cassidy A. 'Action physiologique des phyto-oestrogènes par rapport au cancer et aux autres risques pour la santé'. Proc Nutr Soc (1996) ; 55 : 1B : 399–417.
Cassidy A et al. 'Action biologique des isoflavones chez les jeunes femm es : importance de la composition chimique des produits à base de soja'. BJ Nutr (1995) ; 74 : 587–601.
Erdman J W et al. 'Effets à court terme des isoflavones du soja sur les os chez les femmes ménopausées'. 2e Symposium International sur le soja, Assoc. améri. du soja., Bruxelles, 1996.
Murkies A L et al. 'Les apports complémentaires de farine réduisent les bouffées de chaleur liées à la ménopause : effets du soja et du blé'. Maturitas (1995) ; 21 : 189–195.
Rose D P. 'Fibres alimentaires, phyto-oestrogènes et cancer du sein'. Nutrition (1992) ; 8 : 1 : 47–51.
Wilcox G et al. 'Action oestrogénique des végétaux chez les femmes ménopausées'. BMJ (1990) ; 301, Octobre 20 : 905–6.

Piments
Buck S et al. 'La neuropharmacologie de la capsaicine : présentation de plusieurs constatations récentes'. Pharm Review (1986) ; 38 : 179–226.
Wang J P et al. 'Action antiplaquettaire de la capsaicine'. Thrombosis Research (1984) ; 36 : 497–507.
Ziment I. (ed) Practical Pulmonary disease. John Wiley Sons, New York, 1983.

Poissons gras
Des centaines d'études, dont.
Allen B R. 'L'huile de poisson associée à d'autres thérapies dans le traitement du psoriasis'.
Bjorneboe A et al. 'Action d'un apport complémentaire d'acide eicesapentaénoïque dans le traitement de l'eczéma atopique'. B J Dermat (1987) ; 117 : 463–9.
Bonaa K H et al. 'Action des acides EPA et DHA sur la tension artérielle en cas d'hypertension'. NE J Med (1990) ; 322 : 795–801.
Burr M L et al. 'Effets de la modification des apports en graisses, poisson et fibres sur la mortalité et l'infarctus du myocarde : régime et récidive'. The Lancet (1989) ; ii : 757–61.
Fahrer H et al. 'Alimentation et acides gras : le poisson peut-il remplacer l'huile de poisson ?' Clin and Exper Rheumatology (1991) ; 9 : 403–6.
Kremer J M et al. Ingestion de différentes quantités d'acides gras d'huile de poisson en cas de polyarthrite rhumatoïde évolutive : une étude prospective des paramètres cliniques et immunologiques. Plenum Press, New York, 1989 ; 343–50.
Kromhout D et al. 'Le rapport inverse entre la consommation de poisson et 20 ans de mortalité liée aux maladies cardio-vasculaires'. NE J Med (1985) ; 312(19) : 1205–9.
Simopoulos A P et al. 'Les effets sur la santé des 3 acides gras polyinsaturés présents dans les fruits de mer'. World Rev Nutr Diet (1991) ; 66 : 436–45.
Singer P et al. 'Baisse des lipides et de la tension artérielle provoquée par une alimentation riche en acide eicosapentaénoïque'. Biomedica Biochem (1984) ; Acta 43(8/):S421. *Voir aussi* Acides gras essentiels.

Poivron rouge
Voir Antioxydants, Autres propriétés particulières.

Pomme
Friedman M et al. 'Effets du chauffage sur la mutagénicité des jus de fruits dans le test d'Ames'. J Ag and Food Chem (1990) ; Mars : 740–3.
Konowalchuk J et al. 'Effet antiviral des boissons aux pommes'. App and Environ Microbiol (1978) ; Déc : 798–801.
Sable-Amplis R et al. 'Études complémentaires des effets de la pomme sur la baisse du cholestérol chez les humains : les mécanismes biochimiques concernés'. Nutr Res (1983) ; 3 : 325–8.
Voir aussi Fibres.

Salade
Crosby D G. J Fd Sc (1963) ; 28 : 347.
Grieve M. A Modern Herbal, Rev. ed. Tiger Books, Londres, 1992.
Voir aussi Antioxydants.

Soja
De nombreuses études, dont
Barnes S et al. 'Chimioprévention des tumeurs mammaires chez les rats par la poudre de galettes de soja'. Breast Cancer Res Treat (1988) ; 12 : 128.
Clarkson T B et al. 'Les isoflavones oestrogéniques du soja et les maladies chroniques'. TEM (1995) ; 6 : 11–16.
Harding C et al. 'L'action oestrogénique des compléments alimentaires de soja chez les femmes ménopausées'. 2e Symposium International sur le soja, Ass Amér du soja, Bruxelles, 1996.
Lee H P et al. 'Les conséquences de l'alimentation sur le risque de cancer du sein à Singapour'. The Lancet (1991) ; 337 : 1197–200.
Sirtori C R et al. 'Le soja et la baisse du cholestérol : une expérience clinique'. J Nutr (1995). 125 : 598S–605S ;
Voir aussi Fibres, Phyto-oestrogènes.

Thé
Nombreuses études, dont
Akinyanja et al. 'Corrélation entre le taux de lipides dans le sang et la consommation de café, de thé et d'oeufs chez des sujets vivant à domicile'. Nature (1967) ; 214 : 426–7.
Chung S Y et al. 'Le thé et le cancer'. Synthèse J Nat Cancer Inst (1993) ; 85(13) : 1038–49. Département de la Nutrition, Université de Shizuoka, Japon.
Green and Jucha. 'Les effets du café et du thé sur le taux de lipides dans le sang chez le rat'. J Epidemiol Commun (1986) ; 40 : 324–9.
Lou F Q et al. 'Étude des pigments du thé dans la prévention de l'atherosclérose'. Zhejing Medical Univ. Hospital, Hangzhou, Chine.
Nakayama M et al. 'Inhibition de l'infection par le virus de la grippe grâce au thé'. Letters in App Microbio (1990) ; 11 : 38–40.
Yukihiko H. 'Les effets des polyphénols du thé sur les maladies cardio-vasculaires'. Food Research Labs., Mitsui Norin Co Ltd., Fujieda City, Shizuka Prefecture 426, Japon.
Voir aussi Flavonoïdes.

Tomate
Voir Antioxydants.

Tournesol
Voir Antioxydants.

Yaourt
Nombreuses études, dont
Brassart D et al. 'La sélection de souches bactériennes de laitages aux propriétés antibiotiques fondées sur leur adhérence aux cellules épithéliales de l'intestin chez l'être humain'. Centre de recherche Nestlé, Lausanne, Suisse.
Gotz V P et al. 'Prophylaxie contre la diarhhée associée à l'ampicilline avec une préparation au lactobacillus'. Am J Hosp Pharm (1979) ; 35 : 754–7.
Halpern G M et al. 'Influence de la consommation de yaourt sur une longue durée chez les jeunes adultes'. Int J Immuno-ther (1991) ; VII(4) : 205–10.
Hilton E et al. 'Consommation de yaourt contenant le Lactobacillus acidophilus en tant que prophylaxie contre les vaginites dues au Candida'. Ann Int Med (1992) ; 116 : 353–357.
Marks J. 'Flore intestinale et santé : situation actuelle et perspectives'. Synthèse présentée à la conférence Flore intestinale et santé, Yakult, Londres, 1996.
Niv M et al. 'Le yaourt dans le traitement des diarrhées infantiles'. Clinical Pediatrics (1963) ; 7 : 407–10.
Siitonen S et al. 'Les effets du yaourt au lactobacillus associé à la prise d'antibiotiques dans la prévention des diarrhées'. Ann Med (1990) ; 22 : 57–59.
Wynckel A et al. 'Absorption intestinale du calcium des yaourts chez les sujets souffrant d'un déficit en lactase'. Reprod Nutr Dev (1991) ; 31 : 411–18.

INDEX

Les numéros de pages en **gras** renvoient au chapitre *Aliments en gros plan*, ceux en *italiques* indiquent des recettes.

A

B

C

D

E

F

G

Remerciements

Remerciements de l'auteur
Je tiens à remercier James W. B. Richmond qui m'a apporté une aide inestimable dans mes recherches. Je suis également reconnaissante envers les nombreuses personnes qui m'ont aidée à trouver l'information qui m'était nécessaire, en particulier le Dr Alan Long.

Illustrations
Laura Jackson : symbols.
Mick Gillah et Tony Graham : schéma du système digestif, p. 24.
Lorraine Harrison : dessins dans le chapitre *Améliorez votre santé*, p. 76-93.

Crédits photographiques
Toutes les photographies ont été réalisées par Steve Gorton et Andy Crawford sauf : Science Photo Library/John Mead : p. 9 en haut à gauche, p. 14 en bas à droite ; British Museum, Bridgeman Art Library/ John White : p. 10 en bas à gauche ; Arkopharma, France : p. 11 en haut à droite ; Science Photo Library/John Mead : p. 14 en bas au centre ; Photographies d'aliments p. 12-13 ; 46 ; 98-141 Andrew Whittuck.

Données portant sur la nutrition
Aliments en gros plan p. 30-73 apporte une information nutritionnelle tirée de l'ouvrage *The Composition of Food* reproduite avec la permission de la Royal Society of Chemistry et the Controller of Her Majesty's Stationery Office.

Information nutritionnelle
Tous les chiffres sont approximatifs et sont basés sur des indications figurant dans les tableaux de l'ouvrage *The Composition of Foods* (avec éventuellement un complément d'information) et non de l'analyse de plats confectionnés à cet effet. La teneur et l'absorption des nutriments étant variables, qu'il s'agisse d'ingrédients naturels ou industriels, ces chiffres doivent servir de repères et ne sont pas des données absolues. Lorsque le sel figure dans la liste des ingrédients, il a été inclus dans l'analyse nutritionnelle au chapitre sodium. Lorsqu'une recette précise « assaisonnez selon votre goût », le sel ne figure pas dans l'analyse nutritionnelle. En effet, selon le goût de chacun, la teneur en sodium varie énormément.

La teneur en lipides des aliments frits varie aussi considérablement en raison de plusieurs facteurs tels que la température de l'huile au moment où l'on ajoute les aliments ou la température de l'huile pendant la cuisson. Le chiffre correspondant aux lipides inclut non seulement les acides gras (saturés et insaturés) mais aussi les substances telles que les phospholipides et les stérols.

La quantité et la composition des assaisonnements étant très variables, les assaisonnements ne figurent pas dans l'analyse nutritionnelle sauf pour les recettes qui précisent les quantités et les ingrédients de l'assaisonnement.